SaaS
产品实践方法论
从0到N构建SaaS产品

孙秀 著

电子工业出版社
Publishing House of Electronics Industry
北京·BEIJING

内 容 简 介

本书提供了一套从 0 到 N 的 SaaS 产品实践方法论。本书内容包括 SaaS 行业通识、行业洞察、客户调研及洞察、SaaS 产品竞品分析、SaaS 产品方案设计及立项、SaaS 产品规划、SaaS 产品需求撰写及评估、SaaS 产品上线及迭代，以及 SaaS 产品经理技能精进。另外，本书通过案例分析，让读者更好地理解这些方法论，并提供即用即取的框架，让读者能够轻松上手。

本书的内容主要基于多年的企业软件服务产品实践，并不断进行复盘和总结。SaaS 从业人员、SaaS 创业者和 SaaS 就业者都可以从中获取行业洞察和业务洞察的核心方法论，甚至 SaaS 产品经理可以从本书中获得直接用于产品实践的操作指南。

未经许可，不得以任何方式复制或抄袭本书之部分或全部内容。
版权所有，侵权必究。

图书在版编目（CIP）数据

SaaS 产品实践方法论：从 0 到 N 构建 SaaS 产品 / 孙秀著.—北京：电子工业出版社，2024.2
ISBN 978-7-121-46935-0

Ⅰ.①S… Ⅱ.①孙… Ⅲ.①企业管理 Ⅳ.①F272

中国国家版本馆 CIP 数据核字（2024）第 005687 号

责任编辑：付　睿
印　　刷：三河市华成印务有限公司
装　　订：三河市华成印务有限公司
出版发行：电子工业出版社
　　　　　北京市海淀区万寿路 173 信箱　　邮编：100036
开　　本：720×1000　1/16　印张：15.5　字数：269 千字
版　　次：2024 年 2 月第 1 版
印　　次：2024 年 2 月第 1 次印刷
定　　价：79.00 元

凡所购买电子工业出版社图书有缺损问题，请向购买书店调换。若书店售缺，请与本社发行部联系，联系及邮购电话：(010) 88254888，88258888。

质量投诉请发邮件至 zlts@phei.com.cn，盗版侵权举报请发邮件至 dbqq@phei.com.cn。
本书咨询联系方式：faq@phei.com.cn。

推荐序一

非常开心能够看到孙秀写的《SaaS 产品实践方法论：从 0 到 N 构建 SaaS 产品》一书。当我收到本书的手稿时，心中涌现的是作为老师的荣幸与喜悦。作为一名大学教授，能够见证学生的成长、思想的孕育，以及知识的传播，无疑是我职业生涯中珍贵的体验之一。

本书作者不仅是我的学生，更是一位对社会实践勤于思考、勤于总结的职场人士。本书对丰富的实践经验进行了系统的总结与提炼，更以独到的 SaaS 产品实践方法论为读者提供了一把钥匙，帮助读者开启 SaaS 产品管理的大门。

SaaS 作为推动企业数字化转型的重要力量，不仅能够帮助企业降低成本、提高效率，还能够为企业提供强大的数据分析和商业智能支持。SaaS 产品通过云计算、大数据、人工智能等先进技术，实现了服务的高度集成和智能化，使企业能够更加灵活地响应市场变化。

SaaS 是基于云基础设施构建的软件及服务，较之传统软件具有明显的优势。SaaS 产业的发展与加快我国产业数字化转型、实现经济高质量发展关系密切，市场前景广阔。但作为一种新的软件服务范式，SaaS 产业也面临着巨大的挑战。

本书作者基于在该领域丰富的实践经验和扎实的理论功底，对 SaaS 领域的一系列知识以 SaaS 产品实践方法论的形式做出诠释，包括行业通识、行业洞察、客户调研及洞察、竞品分析、方案设计及立项、产品规划、产品需求撰写及评估、产品上线及迭代等，做到了全流程贯通。

作者以洞察客户场景做技术及创新力提升，以实现客户成功和打造客户价值为主线，汇集了丰富的 SaaS 产品实践经验，通过总结、归纳、提炼及从实践到理论再到实践的多次迭代，为读者提供了一套 SaaS 产品实践方法论，全面系统地回答了从 0 到 N 构建 SaaS 产品中诸多"是什么""为什么""怎么做"的关键问题。

同时，本书的每一个章节都经过精心安排，以确保内容的连贯性和实用性。比如，通过"不同目的"来区分不同类型的客户调研、不同类型的竞品分析；通过案例分析，让读者更好地理解一系列方法论，书中的例子、数据或描述都是具体而详细的，使得读者能够准确把握作者想要传达的信息。本书的内容在实际应用中具有指导意义，能够提供实际操作的步骤或策略，让读者能够轻松上手，具有很强的实用性。

本书是对丰富的 SaaS 产品实践经验进行的总结和归纳，不仅以 SaaS 产品实践方法论的形式做出诠释，还进行了大量的提炼和提升。本书结构严谨、内容丰富、体系化强，且文字犹如行云流水、一气呵成，让人能感受到作者思维的敏捷和文字功底的扎实。

本书不仅对 SaaS 从业者、创业者从 0 到 N 构建 SaaS 产品具有实操性指导意义，而且在职场发展规划意识、产品思维能力、系统化思考力、逻辑化表达力等一些普适性能力方面具有很好的启发价值。从而本书不仅适用于 SaaS 实践者、管理者、创业者，也适合职场新人、职场精进人士、产品经理等阅读。相信大家一定会产生共鸣，获得收获！特此推荐。

薛岩

北京大学教授

曾任国际项目管理协会副主席，

并被该国际组织授予 Honorary Fellowship 荣誉

推荐序二

商业化是产品经理的成人礼

非常感谢孙秀邀请我阅读她的新书《SaaS 产品实践方法论：从 0 到 N 构建 SaaS 产品》。我认真读完之后，很有收获，对 SaaS 产生了新的认知。

有关 SaaS 领域的书本身就少，特别是 SaaS 产品理论的相关图书就更少了。孙秀的这本书系统地讲述了 SaaS 产品方法论，为这个领域添砖加瓦。

我作为 B 端产品经理，对于 SaaS 领域和 SaaS 产品情有独钟。为什么这么说呢？因为这句话：商业化是产品经理的成人礼。

这是我在小米工作时听到的一句话，我对它印象极为深刻，也非常认同。而 SaaS 产品，恰恰是要考虑商业化的产品。SaaS 产品经理需要在市场上搏杀，考虑市场定位、产品功能、运营策略等，最终达成让客户成功且商业成功的目的。

打造一款在市场上可以赚钱的 SaaS 产品，是 SaaS 产品经理最荣耀的奖章。

因此，我结合书中的内容，谈谈我的理解。

一、SaaS 产品设计阶段侧重方案验证

SaaS 产品设计的首要任务是制定产品解决方案。产品解决方案是基于对客户需求的调研和分析，给出的解决客户痛点的方案。

在找到产品解决方案之后，还需要设计商业模式，判断这个解决方案的盈利

空间。商业模式需要回答产品面向的目标客户是谁，通过什么方式为他们提供服务，如何实现盈利。在描述商业模式时，SaaS 产品经理要明确定位关键要素，如目标客户、产品服务内容、收入来源等。

SaaS 产品设计阶段主要专注于方案验证和产品实现。这是检验 SaaS 产品经理管理能力的过程。不过，成功地完成这一阶段的工作也只是将产品推向市场的基础和前提，真正的挑战在于产品的商业化。

二、商业化是 SaaS 产品真正的挑战

在 SaaS 产品的方案验证和产品实现基本完成后，真正的挑战在于将其推向市场，实现商业化。

首先，SaaS 产品经理需要制定科学的市场运营策略。SaaS 产品经理要明确产品的目标客户群体，基于他们的需求和使用习惯制定市场运营策略。

其次，在产品商业化后，SaaS 产品经理还需要建立客户反馈渠道，以获取第一手的产品使用情况。客户使用产品过程中暴露出的问题、建议、需求等，都需要 SaaS 产品经理进行分析整理，并将其转化为产品的迭代优化方向。SaaS 产品的持续迭代是保持产品市场竞争力的必由之路。

再次，SaaS 商业模式决定了客户数和续费率等企业获得利润的关键因素。因此，SaaS 产品经理需要实时跟踪商业化的数据指标，如每月活跃客户数、付费客户占比、客户流失率等。这些指标能最直接地反映产品的商业化效果。

因此，SaaS 产品商业化阶段是对 SaaS 产品经理的全面考验，需要其具备商业思维，这将决定产品最终的成败。

三、商业化是 SaaS 产品经理成为商业管理者的蜕变

成功完成 SaaS 产品商业化，是 SaaS 产品经理成长为商业管理者的重要标志。

在产品设计和方案实现阶段，SaaS 产品经理主要发挥产品管理能力，需要验证产品解决方案的可行性、制订项目计划、协助研发团队完成产品开发，这些都

是 SaaS 产品经理的强项。

但是 SaaS 产品真正实现商业化后，考验的更多的是 SaaS 产品经理的商业意识、市场运营能力。这些是仅思考功能需求的 SaaS 产品经理相对欠缺的。因此，SaaS 产品经理需要在商业化实践中不断学习和提高这些能力，实现商业角色的转变。

所以，商业化是 SaaS 产品经理不可逾越的成人礼，也是其成长为商业管理者的坐标转换。这是对其综合素质的检验，同时能够让企业认可其商业价值。只有通过这一考验，SaaS 产品经理才能在企业中获得战略地位。

最后，期望在商业化领域有所作为的 SaaS 产品经理，一定不要错过这本书。这本书不仅是作者的工作实践总结，更是作者多年勤于思考的结晶升华。阅读这本书后，你一定会有所收获。

李宽

《B 端产品经理必修课》作者

前　言

为什么写书

笔者在上大学的时候就有一种想法：人每三年应该有一个较大的进步。进入社会后，这种想法也没有改变。然而，笔者发现，随着经验的积累，人的进步速度会变慢，需要一定的契机才能实现突破。人的进步不是匀速的，而是阶梯式的。人每迈上一个台阶都需要一定的契机，这个契机既可以是外在的，也可以是内生的。而写书正是笔者给自己设定的一个契机，让笔者能够系统化地沉淀知识，并对自己的成长进行阶段性总结。

为什么是《SaaS 产品实践方法论：从 0 到 N 构建 SaaS 产品》

毕业以来，笔者一直从事产品经理岗位的相关工作，作为一名产品经理，笔者深知这个岗位的特殊性。我们所积累的职场经验是可以应用于各个行业的，这也是笔者写作这本书的动力之一。尤其对于 SaaS 产品经理来说，我们的本职是帮助客户成功。在这个过程中，我们需要掌握各种企业经营方法论、洞察行业本质，这样才能更好地服务客户。这些技能同样适用于其他行业或岗位。因此，笔者决定将这些宝贵的经验与知识整理成书，一方面是为了给自己一个思考和总结的机会，另一方面也是希望向那些有相关需要的小伙伴们分享笔者的经验和见解。

写书时机

这本书创作于笔者休产假期间。只有在这段宝贵的时间里，笔者才能有充足的时间来整理自己的方法论。如果错过了这个时间窗口，笔者将很难完成这本书的创作工作。同时，笔者也很明确，宝宝的优先级是第一位的，其次才是写作。有过宝宝的朋友会很深刻地知道新手妈妈的困难及宝宝的高需求，所以在产假前期笔者以自己照顾宝宝为主。在产假后期，笔者更多依靠家人来照顾宝宝，这样一方面可以让宝宝逐渐适应妈妈上班的情况，另一方面也能让笔者更好地完成本书的写作。笔者明白这样做可能会带来一些挑战，好在笔者的家人比较给力，让笔者少了很多后顾之忧，既让宝宝得到了精心的照顾，也让笔者的写作需求得到了充分的满足。因此，笔者要特别感谢自己的家人，是他们给予了笔者宝贵的支持和理解。

本书的核心

市面上有很多产品经理方法论方面的书，其重点多为从产品经理技能树的维度，讲述从产品规划到产品上线的方法论。与其他书不同的是，本书的核心是 SaaS 产品实践方法论。SaaS 产品的核心在于洞察业务场景，通过业务抽象解决客户问题。SaaS 产品的复杂度高、开发成本高、迭代速度慢、数据滞后，更强调"先胜而后战"。因此，本书更侧重于"洞察"，保证方向的大致正确，并基于 SaaS 产品经理工作过程中常遇到的工作场景梳理方法论，如"了解客户现状""关键问题识别""业务抽象"等，便于读者即拿即用。

阅读说明

首先，笔者想以自己最真诚的心向各位读者致以衷心的感谢。在这个繁忙的时代，大家抽出宝贵的时间来阅读笔者的书，这对笔者来说意义非凡。本书的主要内容来自笔者的工作实践总结，更多的是笔者的个人思考。然而，笔者要强调的是，在 SaaS 产品经理这个领域，存在着众多不同的观点和方法。笔者尽力整合了过往的经验，以提供一个全面且有用的指南，但这并不意味着笔者的观点是唯一正确的。因此，笔者鼓励读者保持开放的思维，对书中的观点进行批判性思考，并与他人进行讨论。只有通过不断交流和学习，我们才能够不断进步。行业和技术的发展如此之快，难免会有一些信息在书出版之后发生变化。因此，如果各位读者发现任何错误或有不同的观点，笔者非常欢迎大家给予指正并与笔者交流。

最后，笔者要感谢仇同学，她给笔者介绍了电子工业出版社的付睿老师。也感谢电子工业出版社的付睿老师，在笔者因为照顾宝宝没有时间而想要放弃的时候，她给予笔者理解和鼓励。另外，感谢其他老师的编辑工作，感谢电子工业出版社。

除此之外，还要感谢与笔者共事过的同事，感谢栽培笔者的领导，以及培养笔者的企业。人生是一个修行场，与你共事的人，就是辅助你修行的人。

谢谢你们的支持和陪伴！

目 录

第1章 SaaS 行业通识 1

1.1 SaaS 行业概述 1
1.1.1 SaaS 的定义 1
1.1.2 SaaS 的发展历程 2

1.2 SaaS 产品的分类 3
1.2.1 业务垂直型 SaaS 产品和行业垂直型 SaaS 产品 3
1.2.2 工具型 SaaS 产品、管理型 SaaS 产品、业务型 SaaS 产品、交易型 SaaS 产品和 SaaS+X 产品 4

1.3 SaaS 产品的常用指标 5
1.3.1 PMF 6
1.3.2 续约率 7
1.3.3 续费率 9
1.3.4 活跃率 10
1.3.5 NPS 12
1.3.6 LTV/CAC 13
1.3.7 ARR 14

1.4 SaaS 产品增长驱动模式 15
1.4.1 SLG 15
1.4.2 MLG 16
1.4.3 PLG 17

第 2 章　行业洞察 19
2.1　宏观数据及趋势 19
2.2　微观数据及趋势 21
2.3　行业产业链分析 23
2.4　行业客户分类 27

第 3 章　客户调研及洞察 30
3.1　客户洞察的 5W2H 31
3.2　以获取最佳实践为目的的客户调研 32
3.2.1　概述 32
3.2.2　事前准备事项 33
3.2.3　事中执行共创 37
3.2.4　事后整理及迭代 38
3.2.5　总结 40
3.3　以了解客户现状/流程为目的的调研 41
3.3.1　概述 41
3.3.2　事前准备事项 41
3.3.3　事中执行调研 44
3.3.4　事后整理及规划 46
3.3.5　总结 46
3.4　以全面摸底为目的的客户调研 47
3.4.1　概述 47
3.4.2　调研时机及对象 47
3.4.3　调研方式及流程 49
3.4.4　调研输出及洞察 57
3.4.5　总结 60
3.5　以识别关键问题为目的的客户调研 62
3.5.1　定义 62
3.5.2　事前准备事项 62

		3.5.3	事中执行调研	63
		3.5.4	事后整理及迭代	64
		3.5.5	总结	65
	3.6	以识别现有产品的使用情况为目的的客户调研		65
		3.6.1	定义	65
		3.6.2	调研时机及对象	66
		3.6.3	总结	70
	3.7	以新产品验证为目的的客户调研		71
		3.7.1	定义	71
		3.7.2	事前准备事项	72
		3.7.3	事中执行调研	74
		3.7.4	事后整理及迭代	76
		3.7.5	总结	77
	3.8	以业务需求抽象为目的的客户调研		78
		3.8.1	定义	78
		3.8.2	事前准备事项	78
		3.8.3	事中执行调研	82
		3.8.4	事后整理及迭代	84
		3.8.5	总结	86
	3.9	制订调研计划并执行		86
第4章	SaaS 产品竞品分析			90
	4.1	SaaS 产品竞品调研的方法及渠道		90
		4.1.1	概述	90
		4.1.2	什么是竞品	91
		4.1.3	选择竞品	92
		4.1.4	快速了解竞品	93
		4.1.5	详细调研竞品	93
	4.2	以业务方向探索为目的的竞品分析		94

4.2.1 概述 94
4.2.2 竞品选择 94
4.2.3 分析框架 95
4.2.4 竞品分析案例 97
4.3 以产品功能研究为目的的竞品分析 101
4.3.1 概述 101
4.3.2 竞品选择 101
4.3.3 分析框架 102
4.4 以竞品动态跟进为目的的竞品分析 115
4.4.1 概述 115
4.4.2 竞品选择 115
4.4.3 动态跟进竞品 115
4.5 单竞品 360 度分析 117
4.5.1 概述 117
4.5.2 分析框架 119

第 5 章 SaaS 产品方案设计及立项 132
5.1 机会挖掘 132
5.1.1 宏/微观趋势机会 133
5.1.2 产业链机会 134
5.1.3 业务流程机会 135
5.1.4 客户业务现状机会 136
5.1.5 客户工作场景机会 137
5.1.6 不同角色机会 138
5.1.7 现有产品机会 138
5.1.8 竞品相关机会 139
5.2 产品解决方案 140
5.2.1 概述 140
5.2.2 如何找到合适的解决方案 141

5.2.3　输出解决方案 142
　　　5.2.4　验证解决方案 142
　5.3　商业模式 142
　　　5.3.1　概述 142
　　　5.3.2　商业画布 143
　　　5.3.3　输出商业模式 145
　5.4　价值分析 146
　　　5.4.1　概述 146
　　　5.4.2　价值分析维度 146
　　　5.4.3　价值验证 148
　5.5　项目计划 148
　　　5.5.1　概述 148
　　　5.5.2　输出项目计划 149
　　　5.5.3　注意事项 149
　5.6　风险及应对 150
　　　5.6.1　概述 150
　　　5.6.2　识别风险的能力及应对风险的策略 150
　　　5.6.3　常见的风险类型 151
　5.7　产品立项 152
　　　5.7.1　概述 152
　　　5.7.2　需要立项的产品方案 153
　　　5.7.3　产品立项框架 154
　　　5.7.4　立项流程 154

第6章　SaaS产品规划 157

　6.1　设定产品目标 157
　　　6.1.1　概述 157
　　　6.1.2　如何设定产品目标 157
　　　6.1.3　拆解产品目标 158

6.2 制定产品原则 ... 159
6.2.1 概述 ... 159
6.2.2 如何制定产品原则 ... 159
6.2.3 SaaS 产品原则举例 ... 160

6.3 确定北极星指标 ... 162
6.3.1 概述 ... 162
6.3.2 北极星指标的标准 ... 162
6.3.3 寻找北极星指标 ... 163
6.3.4 跟进北极星指标 ... 163

6.4 进行业务抽象 ... 164
6.4.1 概述 ... 164
6.4.2 如何进行业务抽象 ... 164
6.4.3 业务抽象举例 ... 165

6.5 设计产品架构 ... 167
6.5.1 概述 ... 167
6.5.2 产品架构举例 ... 167
6.5.3 如何设计产品架构 ... 169
6.5.4 产品路径规划 ... 169

6.6 SaaS 产品的 MVP ... 170
6.6.1 概述 ... 170
6.6.2 MVP 的标准 ... 171
6.6.3 MVP 的设计思路 ... 171

第 7 章 SaaS 产品需求撰写及评估 ... 173

7.1 需求拆解 ... 173
7.1.1 概述 ... 173
7.1.2 需求拆解的目的 ... 173
7.1.3 需求拆解的要求 ... 174
7.1.4 需求拆解的方法 ... 175

7.2 功能性需求 176
7.2.1 概述 176
7.2.2 详尽的内容 176
7.3 性能及安全需求 177
7.3.1 概述 177
7.3.2 性能及安全的重要性 177
7.3.3 需求撰写及举例 178
7.4 易用性需求 179
7.4.1 概述 179
7.4.2 常见的易用性需求 179
7.5 最佳实践内容构建 180
7.5.1 概述 180
7.5.2 最佳实践内容的要求 181
7.6 需求验证 182
7.6.1 概述 182
7.6.2 需求验证的维度 182
7.6.3 需求验证的方式 183
7.7 需求评审 183
7.7.1 概述 183
7.7.2 需求评审环节 184
7.7.3 需求评审的注意事项 185
7.8 需求决策 185
7.8.1 概述 185
7.8.2 SaaS 产品需求决策 186
7.8.3 构建 SaaS 产品需求决策模型 187

第 8 章 SaaS 产品上线及迭代 194
8.1 开发跟进 194

（7.1.5 检查拆解结果 .... 175）

- 8.1.1 概述 194
- 8.1.2 跟进机制 194
- 8.1.3 跟进沟通 195
- 8.1.4 质量把控 196
- 8.2 产品验收 196
  - 8.2.1 概述 196
  - 8.2.2 验收时机 196
  - 8.2.3 验收内容 197
  - 8.2.4 验收注意事项 197
  - 8.2.5 验收结果 198
- 8.3 产品灰度 199
  - 8.3.1 概述 199
  - 8.3.2 灰度策略 199
  - 8.3.3 灰度前的产品培训 200
  - 8.3.4 灰度跟进 201
- 8.4 产品上线 201
  - 8.4.1 产品上线前的注意事项 202
  - 8.4.2 产品上线后的注意事项 203
- 8.5 走向市场 204
  - 8.5.1 概述 204
  - 8.5.2 梳理价值点 204
  - 8.5.3 制定 GTM 策略 204
  - 8.5.4 生成 GTM 材料 205
  - 8.5.5 执行 GTM 策略 205
  - 8.5.6 倾听客户声音 205
- 8.6 产品复盘 206
  - 8.6.1 概述 206
  - 8.6.2 围绕产品目标进行复盘 206
  - 8.6.3 对产品结果进行客观评估 207

- 8.6.4 分析到位 208
- 8.6.5 调整优化 208
- 8.7 产品迭代 209
  - 8.7.1 识别产品现状 209
  - 8.7.2 识别关键问题 209
  - 8.7.3 制定迭代策略 210

第 9 章 SaaS 产品经理技能精进 211

- 9.1 以结果为导向的能力模型 211
  - 9.1.1 概述 211
  - 9.1.2 结果维度 212
  - 9.1.3 能力模型：产品设计结果 213
  - 9.1.4 能力模型：产品数据结果 214
  - 9.1.5 能力模型：商业结果 214
- 9.2 跨团队沟通协作 215
  - 9.2.1 概述 215
  - 9.2.2 统一目标及思想 216
  - 9.2.3 彼此信任 216
  - 9.2.4 有效沟通 216
  - 9.2.5 建立机制 217
  - 9.2.6 建立个人关系 217
- 9.3 项目管理 217
  - 9.3.1 概述 217
  - 9.3.2 项目时间 218
  - 9.3.3 项目资源 218
  - 9.3.4 交付范围 218
  - 9.3.5 找对人 219
  - 9.3.6 跟对事 219
- 9.4 团队管理 220

- 9.4.1 招人 220
- 9.4.2 用人 220
- 9.4.3 育人 221
- 9.4.4 留人 222
- 9.5 职业发展 222
  - 9.5.1 概述 222
  - 9.5.2 事业进阶的 5 个阶段 223
  - 9.5.3 关键技能 223

第 1 章

SaaS 行业通识

通过本章，读者可以了解整个 SaaS 行业的发展、SaaS 产品的分类、SaaS 产品的常用指标、SaaS 企业的增长模式等，可以对 SaaS 行业产生整体认识，便于后续相关内容的学习。

1.1 SaaS 行业概述

1.1.1 SaaS 的定义

SaaS（Software as a Service）意为软件即服务，与传统软件的本地部署不同，SaaS 供应商在云基础设施上构建应用程序，并以订阅的方式为客户提供软件产品或服务，客户可以在任何有网络的设备上访问软件、享受服务。在这种模式下，客户付出相对少的成本即可享受软件服务，并且在不满意的情况下可以不再订阅服务，因此客户对 SaaS 软件的使用成本和试错成本较传统软件均有所降低。SaaS 的软件订阅模式对供应商也提出了很多挑战。因无法一次性收回所有研发成本，客户反悔成本也较低，这要求 SaaS 供应商对客户需求的洞察能力、产品的标准化能力、研发的安全稳定能力都要达到一定的标准，从而留住客户，实现可持续发展。

本书提到的 SaaS 产品更多的是面向企业客户的软件产品，虽然有些企业产品也对个人开放服务，但其主要客户群体（简称客群）还是企业客户。主要客群的画像特征影响需求，进而影响产品架构。比如，针对企业客户提供软件服务必然要考虑企业组织及角色权限。针对同一批客户提供的服务不同，受企业组织架构的影响也不同。比如，前链路服务中的营销服务受企业组织架构的影响有限，后链路服务中的 ERP 服务则受企业组织架构的影响较深。

1.1.2　SaaS 的发展历程

在 20 世纪末，Oracle 前高级副总裁创建了 Salesforce，这标志着 SaaS 模式的诞生。2004 年 Salesforce 成功上市，并在 2020 年市值超过 Oracle，这代表着市场对 SaaS 模式的认可（即便后来 Salesforce 的市值回落，也仍然是市值超过千亿美元的企业）。计算机的发展、互联网的发展，以及市场需求的增加催生了 SaaS 模式。

SaaS 在 2005 年左右进入中国市场，当时国内还处在传统软件普及阶段，对 SaaS 的认知较少。2010 年，越来越多的创业公司及互联网企业进入 SaaS 领域，部分企业对 SaaS 的概念有所认识，但仍存有疑虑。2015 年，随着技术的不断成熟，SaaS 行业开始快速成长，一些赛道开始出现优秀的企业。2020 年，数字化需求进一步深化，部分企业业务场景也发生了较大的变化，对 SaaS 企业的创新能力、业务痛点洞察能力、提出解决方案能力的要求越来越高。到现阶段，国内的 SaaS 企业已经从对标美国转为以自身客户为中心，并围绕客户场景做技术提升和创新力提升，以真正地实现客户成功[①]，打造客户价值。

SaaS 企业在发展过程中常见的经营模式一般以标准化产品打底，用定制服务增值；在扩张过程中，用分销打开市场，用直销来提升服务，以客户成功为服务核心，不断打造客户价值。SaaS 产品的定制化程度越低，则毛利率越高。在 2008 年到 2020 年的 12 年时间里，SaaS 领域的全球 Top5 企业，总市值增长了 44 倍。虽然后来 SaaS 产品的市值有所回落，但不影响大家对于 SaaS 产品商业模式的认可。从某种意义上讲，市场上的起起伏伏会进一步促使企业回归本质，即回归客户成功、为客户创造价值，这才是 SaaS 企业可持续发展的核心。

SaaS 模式的高速发展离不开合适的土壤，即有利的宏观环境。政策上，国家

---

① 客户成功：这是软件企业服务中的一个重要概念，指通过帮助客户实现其业务目标和获得价值，确保客户在使用软件产品或服务的过程中取得成功。客户成功的目标是建立长期的合作关系，通过满足客户需求和提供持续的支持及增值服务，促进客户的业务增长与成功。

或地区支持云计算的发展、对客户隐私安全的保护；经济上，人均 GDP 达到一定的数值，人工成本比较高，客户愿意采购低成本的软件辅助或替代员工工作；技术上，要求云服务的安全性、稳定性、数据部署及处理能力达到一定的阈值；社会上，需要大家对云服务普遍认可，并形成软件付费的意识。

过去，国外 SaaS 企业的发展环境较国内更有利，因为国外劳动力成本相对高，企业对软件的付费习惯已经形成，云技术的发展相对完善，SaaS 生态也更加完善。虽然国内 SaaS 行业发展得较晚，但增速高于全球。随着国内劳动人口的下降、人力成本的上升、数字化转型的深化、产业互联网的发展，以及云技术的发展，国内也涌现出越来越多优秀的 SaaS 企业。中国当前 GDP 增速持续下滑的背后正是中国经济由高速增长阶段转向高质量发展阶段，新一轮科技革命和产业变革将是引领内生增长动力、经济结构优化的关键。SaaS 行业的发展，将以数字化应用推动产业变革，实现经济的高质量发展，也相信未来国内会出现更多估值千亿元的 SaaS 上市企业。

1.2 SaaS 产品的分类

SaaS 产品可以依据产品客群和产品属性进行分类。从产品客群维度，SaaS 产品一般分为业务垂直型 SaaS 产品和行业垂直型 SaaS 产品。从产品属性维度，SaaS 产品一般分为工具型 SaaS 产品、管理型 SaaS 产品、业务型 SaaS 产品、交易型 SaaS 产品、SaaS+X 产品。

1.2.1 业务垂直型 SaaS 产品和行业垂直型 SaaS 产品

业务垂直型 SaaS 产品指聚焦在某个垂直业务，但客群不受行业限制的 SaaS 产品。比如，聚焦在客户关系管理（Customer Relationship Management，CRM）领域的销售易，聚焦在 HR 领域的北森，聚焦在 ERP 领域的金蝶，聚焦在协同办公领域的钉钉等。常见的 SaaS 业务类型有 CRM、企业资源计划（Enterprise Resource Planning，ERP）、协同办公、营销、客服等。在不同的业务类型中，以 CRM 为主营业务的 SaaS 企业占比较高，已超过 40%，其也是全球增长最快的

SaaS产品领域之一。电商和营销类的SaaS服务企业的商业增长更具有竞争机会。大家可以在艾瑞咨询等第三方机构的相关报告中找到业务垂直型SaaS产品的产业图谱。

行业垂直型SaaS产品是指服务于某个行业领域的SaaS产品，其客群受行业的影响较大，同时其业务类型可能会涉及这个行业的端到端业务。比如，聚焦在零售电商的有赞，聚焦在外贸行业的小满，聚焦在餐饮行业的客如云，聚焦在地产行业的明源云。优秀的行业垂直型SaaS产品可以通过企业业务的数字化推动整个产业的发展。然而，行业垂直型SaaS产品抵抗系统性风险的能力较弱，如受政策影响的教育行业SaaS产品、受新冠疫情影响的餐饮行业SaaS产品等。同样，大家可以在艾瑞咨询等第三方机构的相关报告中找到行业垂直型SaaS产品的产业图谱。

1.2.2 工具型SaaS产品、管理型SaaS产品、业务型SaaS产品、交易型SaaS产品和SaaS+X产品

工具型SaaS产品主要面向企业的日常工作提供服务，其主要目的是提高客户的工作效率。比如，文档类产品即工具型SaaS产品。对于工具型SaaS产品，其客户预期明确，供应商交付价值明确，交付的可靠性较高。

管理型SaaS产品主要是指面向企业组织角色、业务流程、企业资产等提供服务，提升企业管理能力及管理效率的SaaS产品。CRM系统为典型的面向企业客户资产的管理型SaaS产品，ERP为典型的面向企业业务流程的管理型SaaS产品。从广义上讲，管理型SaaS产品也可以被认为是工具型SaaS产品，因为它们本质上都是提升工作效率的产品。相较于狭义的工具型SaaS产品，管理型SaaS产品更多地受到企业组织架构的影响，尤其是针对企业后链路提供业务流程管理的SaaS产品，如ERP系统。

业务型SaaS产品主要辅助企业业务的发展，如营销类SaaS产品可以帮助企业获客。业务型SaaS产品的最终目的是帮助企业获取收入或降低成本，进而提升企业利润。对于业务型SaaS产品，可能会存在客户期望较高、交付结果不好衡量的问题。企业业务的发展受多方面的影响，业务型SaaS产品在大多数情况下只能

辅助企业业务的发展，而非决定企业业务的发展。比如，一家外贸公司业务的发展，在公司硬实力上受工厂规模、产品质量的影响，在公司软实力上受企业品牌、专业认证、售后服务的影响，在业务转化上受业务员专业水平的影响。业务型 SaaS 产品或许可以帮助企业获取一定的客户，但客户的转化效果及留存情况受多重因素的影响，这时较难衡量是获取客户的精准性问题，还是客户的转化问题。

交易型 SaaS 产品为企业提供交易能力，并通过收取交易佣金的方式使企业获取额外的收入。电商类软件产品为典型的交易型 SaaS 产品，如有赞、微盟。对于交易型 SaaS 产品，客户的交易额是其客户成功的直接指标，只有客户交易额持续增长才能支持交易型 SaaS 产品的业务增长。

SaaS+X 产品除了为企业提供订阅型产品，还为企业提供更多的增值服务。其中，X 可以是咨询、供应链、运营、培训等增值服务。X 一般是 SaaS 供应商本身具有的某种竞争力，可以帮助 SaaS 企业更好地实现客户成功的目标。比如，具备了供应链优势的领健就属于 SaaS+X 类型的企业，它也是近几年发展较快的 SaaS 企业之一。

小微企业更关注业务发展，与工具型 SaaS 产品、管理型 SaaS 产品相比，小微企业更容易对业务型 SaaS 产品付费。大中型企业的业务发展有自己的规划和方法论，其更关注管理型 SaaS 产品和工具型 SaaS 产品以降本提效。无论是哪种类型的 SaaS 产品，其目标均是客户成功，只是不同类型产品的客户成功指标不同。但是，只有能更具象地描述客户成功的指标，才能更好地衡量 SaaS 产品为客户提供的价值。

1.3　SaaS 产品的常用指标

SaaS 行业近几年在我国高速发展，频上热搜。无论是资本市场，还是就业市场，都广泛关注 SaaS 行业。SaaS 在欧美等国家和地区的发展要先于我国，当前我国的 SaaS 行业发展与这些国家和地区还存在较大的差异。我国当前的劳动力成本相对不高，买方市场的成熟度低，整体 SaaS 赛道的细分、扩展状况有待改善，SaaS 生态不完善，这些都使得当前我国 SaaS 企业的发展面临较大的挑战。但随着老龄化的到来，出生率降低，劳动人口占比减少，劳动成本提升，SaaS 产品在企业降本、提效、增收方面的价值将会越来越凸显。在过往的十几年，全球 Top5 的 SaaS 企业总市值增加了几十倍。在衡量这些企业价值、发展前景、估值时，一些指标被验证与企业的价值和可持续发展能力密切相关。对于这些指标，每个 SaaS 从业者都应做到"知其然，知其所以然"。

1.3.1 PMF

1. PMF 是什么

PMF 即 Product Market Fit，指产品与市场的匹配性。SaaS 供应商所提供的产品正好满足目标市场的需求是产品成功的基础。在企业初创期或项目成立初期，确保 PMF 达标，是产品进一步演进的基础。如果产品在推出之前，已经有一定量级的客户开始咨询该产品，则说明产品方向大致正确。对于 SaaS 产品，如果客户使用几周后，超过 40% 的客户表示因不能继续使用该产品而感到失望，则说明产品和市场达到了一定的匹配性，这个数据可以通过客户调研的方式获取。如果产品与市场的匹配性低，则需要重新定位或修改产品，以达到 PMF 标准。

2. PMF 对企业的价值

PMF 达标是产品成功的基础，如果产品和市场不匹配，则一切都是徒劳的，即便产品卖得好，也只是暂时的繁荣。因为 SaaS 产品容易出现过度销售的情况，卖得好不代表与市场需求匹配得好。同时，PMF 指标直接影响其他指标，如衡量 SaaS 产品业务成功的续约率、续费率等。在项目初期，PMF 是衡量项目是否能够往前演进的关键指标，是 SaaS 企业控制项目风险的手段之一，是保证创新项目先胜而后战的必备条件。

3. PMF 的提升方式

PMF 衡量的是产品与市场的匹配性，提升 PMF 的方式有两种：一种是基于目标市场提供产品，一种是基于产品寻找细分市场。基于目标市场提供产品是企业大部分情况下的选择。SaaS 产品是瞄准特定客群提供匹配的产品及服务，最合适的方式是进行深刻的客户洞察、识别客户需求、给出匹配的解决方案,并不断地验证及优化解决方案。另外,随着宏/微观条件的变化,SaaS 企业需要迭代对客户的认知,识别客户需求场景的变化,调整或重构解决方案。基于产品寻找细分市场是企业在某些特定环境下的选择。如果企业基于各种原因已经研发出某款产品,但推出市场之后发现其 PMF 不好,则说明产品与当前推广面向的客群是不匹配的。如果产品的研发成本过高或暂时不再投入研发成本,又想收回成本,则需要重新匹配市场,即基于产品当前的使用情况,对产品使用情况较好或续费的客户进行画像的抽象,基于抽象的画像扩展目标客群,使得现有产品和目标细分市场需求相匹配,进而提升该产品的满意度、提升产品口碑。例如,A 产品总共有 1000 位客户,仅有 100 位客户的使用情况较好并续费,这时需要抽象这 100 位客户的共用画像,同时这个画像应该是明显有别于另外 900 位客户的,然后基于这 100 位客户的共用画像特征,再去寻找具有类似画像特征的客户,以确保找到的客户尽可能地使用产品并续费。基于产品寻找细分市场,是重新定位产品的一种方式。

1.3.2 续约率

1. 续约率是什么

续约率=续约客户数/到期客户数,用于衡量客户到期之后的续约情况。在到期客户数不变的情况下,续约率越高越好(对于到期客户数,每家企业的计算标准不同,一般不算买断的客户)。一般面向大中型客户的 SaaS 企业的续约率高于面向中小型客户的 SaaS 企业。客户是否续约受到多方面因素影响。常见的影响续约率的产品因素包括产品功能不满足需求,产品体验不佳以至于无法继续使用、有更好的替代方案、服务响应不及时等。常见的影响续约率的客户因素包括客户企业自身业务变更、客户企业自身不再持续经营等。

2. 续约率对企业的价值

续约率越高,说明企业未来可持续获得的收入越高。在极端情况下,如客户的续约率达到 100%,如果企业不断扩展新客户,则企业的收入会成倍增长。即便企业不扩展新客户，通过老客户的续约，也可以有持续的收入。"是否续约"是产品对客户价值的直接体现，有的客户经常提工单、投诉，但是最终续约；而有的客户从不投诉，但不续约，那么毫无疑问，产品对于这个经常投诉的客户的价值更高。低续约率会使企业的发展变得很危险。低续约率对应的是高流失率，随着行业渗透率的提升，这种流失率就会很可怕。当渗透率低时，企业还可以靠获取新客户来获得收入；当渗透率高时，客户流失的绝对值远高于可以获取的新客户的绝对值，口碑下降会加剧恶性循环。因此，客户的高流失对企业而言特别致命，客户数量的减少及口碑的下降会造成恶性循环。提高续约率是企业可持续发展的必要条件。

3. 续约率的提升方式

识别客户断约的原因，对应地，也就知道怎么提升续约率。识别客户断约的原因，最直接的方式就是打电话问客户为什么断约。既然客户已经断约，一般其所说信息的水分也会减少。断约客户的电话接通率低，需要辛苦相关人员多进行一些电话调研。如果电话调研没有办法满足需求，则可以通过线下拜访补充调研。基于客户回复的一手信息，相关人员可能需要在调研时进行挖掘，否则可能会造成信息误判。比如，客户说"产品功能不满足需求"，但事实上，很可能是"有对应的功能，但是客户不知道，或者客户不知道怎么使用"，这完全是两件事情。一个是客户需求挖掘的问题，一个是产品使用体验的问题或客户成功服务的问题，在归因上是大有不同的。除了直接的客户调研，还可以通过数据分析识别客户属性、行为等和续约率的关系，以优化客户结构、协助客户成功。例如，一般情况下，客户的大/中/小程度（购买/激活账号的数量）和续约率成强相关关系，客户的活跃率也和续约率成强相关关系。这里大家还可以再细分和思考，客户哪些关键行为的活跃率和续约率的相关性更强？是什么角色的活跃？是什么功能模块的活跃？这里可以通过算法构建续约模型，识别影响因子，并在实践中验证影响因子；还可以提前建立一个客户续约识别引擎，识别存在续约风险的客户，提前干预客户行为，进而影响续约率。

第一步：识别客户断约的原因

通过直接打电话识别客户断约的原因。用这种方式既可以识别出除产品因素外的原因，也可以给续约模型的建模贡献初始因子。

第二步：分析影响客户续约率的因子

针对影响客户续约率的因子，通过客户成功、运营或产品优化来提升。针对客户属性因子，通过企业战略来优化客户结构或升级客群。找出其他因子，如时间因子，可能发现在每年 3 月激活的客户的续约率更高。在某些垂直行业，客户的续约率受订阅周期的影响，可能会分析出类似的因子。

第三步：建立客户续约识别引擎

基于客户续约识别引擎，做到预测和提前干预，并基于实践结果，进一步验证和迭代续约模型。

1.3.3 续费率

1. 续费率是什么

续费率=续费的金额/到期客户同期贡献的金额，用于衡量客户到期之后的续费情况。这里的续费不限于 SaaS 产品的订阅费用，还可能包括其他费用，如营销类产品的充值金额。续费率与续约率的差别主要在于，一个衡量的是客户数量的变化，一个衡量的是客户贡献收入额的变化。续约率最高不超过 100%，而续费率可能会超过 100%。例如，4 位客户在去年各花费 1 万元订阅了基础版本的 SaaS 软件，而今年到期之后，有 1 位客户不再订阅，有 1 位客户维持原有基础版本续费 1 万元，剩下 2 位客户升级为高级版本，高级版本的软件使用费用为每年 2 万元。基于这个例子，续约率为 75%，续费率为 125%。

2. 续费率对企业的价值

续费率直接影响 SaaS 企业的营收，并影响其他的财务指标，因此，投资者也会很关注续费率。续费率体现了一家企业的交叉销售能力、产品升级能力，以及对关键客户的服务能力。对于电商类、交易类、营销类 SaaS 产品，续费率的计算方式不仅包括产品的订阅金额，还包括交易费用佣金、充值金额提点等。对于这类 SaaS 产品，对续费率的分析更加重要。因为产品收入存在多样性、客户分层明确、关键客户明确、服务的客户自然淘汰率高、企业营收由占更小比例的关键客户贡献，所以对续费率的分析更能体现其可持续发展性。

3. 续费率的提升方式

续费率的提升方式有两种：一种是提升续约率，另一种是提升客户的续费金额。基于客户端到端需求，扩展产品矩阵，提升产品的交叉销售能力是一种提升客户续费金额的方式。比如，CRM 供应商向前可以扩展营销产品，向后可以扩展供销存系统。在垂直业务领域做深产品价值，也是提升客户续费金额的一种方式。比如，通过基础版本向客户提供销售流程工具，通过高级版本向客户提供带有方法论、模板、培训材料、话术资料、专业认证的销售工具，不断做深产品价值，从辅助客户的业务过程到辅助客户取得业务结果。对于关键客户的识别和差异化服务，也是提升客户续费金额的手段，尤其对于电商类、交易类、营销类的 SaaS 产品。比如，对于营销类 SaaS 产品，一个大型客户的充值金额可能是一个小型客户的几十倍。这时，对于小型客户一般通过营销自动化产品帮助其引流，对于中型客户通过营销自动化产品及被动服务帮助其引流，对于大型客户则通过半自动化产品及主动服务帮助其引流。这就是基于不同客群贡献的营收及利润，匹配对应的服务团队。

1.3.4 活跃率

1. 活跃率是什么

活跃率=活跃账户数/激活账户数，活跃率的计算包括但不限于账户活跃率、模块活跃率、关键行为活跃率。如果我们计算的是关键行为活跃率，则分子（活跃账户数）为具有关键行为的活跃账户数。激活账户数要与购买账户数区别开，客户购买了产品之后并不一定会激活产品。激活是产品使用的必要步骤，如果一家 SaaS 公司的激活率较低，则很可能存在超卖情况，即产品卖给了暂时不需要产品的客户。激活影响财务的核算，一般没有激活的账户不被纳入营收的计算，也不会给销售人员返佣，所以在计算活跃率时，分母一般是激活账户数。

2. 活跃率对企业的价值

对于 SaaS 产品，续约率和续费率是一个结果指标，而活跃率在更多的情况下是一个过程指标，活跃率直接影响了续约率和续费率。国内 SaaS 产品的订阅周期一般是 1 年，所以在客户的订阅到期之前，企业一般通过活跃率和 NPS（客户净推荐率）来预测客户续约或续费的情况，做提前的干预，迭代产品和服务，在客户流失之前做及时的挽留。通过活跃率预测续约率，需要提前验证活跃率与续约率的正相关关系，在众多活跃率中找到影响续约率的关键模块、关键行为、关键角色等。例如，数据模型显示账户活跃率与续约率的相关关系不大，而通过细分数据发现，从账户角色维度，主账户的活跃率与续约率的相关关系较大；从产品模块维度，几个后链路模块与续约率的相关关系较大；从关键行为维度，导入操作和编辑操作与续约率的相关关系较大。

3. 活跃率的提升方式

对于 SaaS 产品，首先识别客户不活跃的原因，然后给出对应的解决方案，一般可以部分提升活跃率。以过往经验来看，对于 SaaS 产品，分析客户不活跃的原因可以从使用者的意愿、能力、条件入手。为企业提供解决方案的 SaaS 产品，其购买决策者和使用者大概率是不同的，这时会存在管理者买了 SaaS 产品，而使用者没有使用意愿的情况，或者有使用意愿但没有使用能力或使用条件，活跃率更关注的是使用者。例如，管理者购买了一款 CRM 软件，希望业务员在 CRM 软件上录入客户信息并进行日常管理及盘活。如果这款 CRM 软件仅确保公司的客户资产数字化，以使客户资源掌握在管理者手中，则可能会增加业务员的日常工作，导致业务员没有动力去使用它。这时可以通过做深产品价值来提升业务员的使用意愿。比如，在业务员录入客户信息时，自动进行客户背景调研，这样就免去了业务员对客户背景进行调查的工作，同时可以为业务员判断客户潜质提供更多的信息，业务员就有动力去录入客户信息了。如果这款 CRM 软件能够通过业务员的微信、邮件等沟通工具自动或半自动录入客户信息，则可以减少业务员录入信息的时间成本，优化业务员的使用条件。同时，如果将这款 CRM 软件的使用、交互做得像 C 端产品一样简单、易用，则可以降低业务员的使用门槛，即让业务员具备使用产品的能力。具体场景具体分析，从意愿、能力、条件入手，可以多维度提升活跃率，其中意愿是决定一切的基础，而足够高的产品价值是使目标客户有使用意愿的关键。

1.3.5 NPS

1. NPS 是什么

NPS（Net Promoter Score）是客户净推荐率，NPS=总推荐者百分比-总批评者百分比。例如，客户调研发现，愿意推荐被调研 SaaS 产品的客户占 30%，中立者占 50%，批评该产品的客户占 20%，则净推荐率为 10%。通过该公式可以看出 NPS 是有可能为负值的，即批评该产品的客户占比高于推荐该产品的客户占比。该数据可以通过问卷调研得到，将客群划分为 3 类：0~6 分为批评者、7~8 分为中立者、9~10 分为推荐者。

2. NPS 对企业的价值

NPS 衡量的是客户对产品的推荐程度，是客户满意度的进阶，可以用来预测客户的流失率。客户满意度更多衡量的是态度层面，而 NPS 更多衡量的是行为层面，即不仅满意还推荐给其他客户，为此 SaaS 产品背书，为此 SaaS 供应商背书。高 NPS 不仅会提升客户续约率，还可以实现老客户推荐新客户的获客方式，降低获客成本，提升客户转化率。同时，NPS 是 SaaS 供应商口碑的体现，对于垂直行业的 SaaS 供应商，口碑尤为重要，垂直行业都有自己的圈子，在软件调研和采购决策的时候，部分客户会询问同行的意见。NPS 是预测客户流失的过程指标，是企业口碑的体现，既影响续约率又影响获客成本，良好的 NPS 是 SaaS 企业健康、持续发展的基础。

3. NPS 的提升方式

了解现状是提升 NPS 的基础，因为提升 NPS 首先需要知道影响客户推荐产品及服务的维度是什么，这可以通过线下访谈的方式获取。然后基于客户不推荐的理由，制定有针对性的解决方案，定期进行 NPS 调研，并持续迭代产品及服务。这里需要强调的一点是，对于 NPS 很差的产品，即便客户不推荐产品的原因都解决了，NPS 提升的比例大概率也是有限的，因为客户不推荐的原因是基于有限想象空间的产品提出的，被动地解决问题，不一定产生质的变化。如果想让 NPS 有质的变化，则需要主动出击，这里可能需要对产品重定位、对服务升级，甚至对相应团队进行调整。例如，若老代码存在一堆 Bug，则不断改 Bug 有时不如重写。

1.3.6 LTV/CAC

1. LTV/CAC 是什么

LTV/CAC 是衡量获客效率的指标，国内一般用该指标来衡量获客效率。CAC Ratio 和 CAC Payback Period 是另外两个衡量获客效率的指标。LTV（Life Time Value）即客户生命周期价值，是 SaaS 供应商从客户那里所能得到的全部收入总和，即从获取客户到客户流失。CAC（Customer Acquisition Cost）即客户获取成本，指 SaaS 供应商获取单个客户所投入的成本。CAC 包括市场营销费用和销售费用，以及与获取客户相关的其他费用。

2. LTV/CAC 对企业的价值

LTV/CAC 高是企业高质量增长的关键，是企业财务状况良好的表现，是企业靠自身能力可持续发展的必要条件。在企业规模化发展的过程中，获客效率可能会出现先提高再下降的情况。对于 SaaS 供应商而言，如果获客效率高，则可以继续增加销售投入；如果获客效率低或获客成本回收周期过长，那么就在续约时重新评估销售策略或销售团队。这里的销售策略包括对于目标市场的重定位、销售渠道、销售方式等。客户生命周期价值是获客成本的 3 倍及以上，则说明企业的财务状况较好，现实中很多 SaaS 企业都没有达到这一指标，它们靠融资续命，公司整体不赚钱，在行业不好的时候风险性极高。

3. LTV/CAC 的提升方式

从公式可以看出，提升 LTV/CAC 的方式无非两种：提升 LTV 和降低 CAC。提升 LTV，关键在于"周期"和"价值"，即通过提升续约率减少客户流失来延长客户生命周期，以及通过做深产品价值来提升客户单位周期的贡献收入。降低 CAC，需要不断拓展新的获客方式和渠道。另外，通过免费产品获取客户也是一种降低 CAC 的方式。通过免费产品获取客户，需要让转化率达到健康的水平，一般比较健康的转化率为 15%～20%。如果转化率过低，则可能是因为产品价值与客户需求不匹配，即不满足 PMF 要求。另外，做深产品价值，提高产品势能，获客成本也会降低。

1.3.7 ARR

1. ARR 是什么

ARR（Annual Recurring Revenue）即年度经常性收入，指在某一个年度中 SaaS 供应商可持续获得的收入部分。ARR=所有付费客户的当年经常性收入之和。对于以订阅费用为主营收入的 SaaS 供应商，ARR 是关键的考核指标。ARR 拆分到每个月为 MRR（Monthly Recurring Revenue），即月度经常性收入。在美国，企业级 SaaS 产品的 ARR 超过 1 亿美元代表这家 SaaS 供应商开始走向成熟；在我国，企业级 SaaS 产品的 ARR 超过 1 亿元则代表这家 SaaS 供应商已经度过初创阶段。

2. ARR 对企业的价值

ARR 是稳定、可预测的企业收入，是企业产品能力和经营能力的体现，通过优质的产品和服务让客户持续付费，体现了 SaaS 企业收入的"可持续性"。上一年收入达上亿元，第二年收入腰斩的 SaaS 供应商并不是个例。ARR 也是资本市场用于 SaaS 企业估值的指标，美国的一家融资和研究机构 SaaS Capital 总结了一个定量的 SaaS 估值公式：EV=ARR×估值倍数（t）。

3. ARR 的提升方式

ARR 可以被拆解为老客户贡献的收入、新客户贡献的收入、流失的客户收入等经常性收入指标。通过产品升级和服务升级，始终瞄准客户成功，提升续约率和续费率，减少客户流失，是提升 ARR 的必要手段。企业需要通过数据监测不同的经常性收入指标的变化，做到及时干预。

1.4 SaaS 产品增长驱动模式

SaaS 产品的增长驱动模式有多种，常见的模式包括销售驱动、营销驱动和产品驱动。当前市面上高估值的百亿级 SaaS 企业多数使用产品驱动增长，即 PLG 模式。当前也有许多 SaaS 企业想转型 PLG 模式，但 PLG 模式并非适合所有 SaaS 企业，一些复杂的产品或采购决策者与使用者相分离的 SaaS 产品，仍然更适合销售驱动增长或营销驱动增长模式，即通过 SLG 或 MLG 模式驱动增长。无论以什么方式驱动业务增长，做深产品价值、提升客户体验、做高产品势能，是一个 SaaS 企业可持续发展的基底。

1.4.1 SLG

SLG（Sales-led Growth）即销售驱动增长，指通过一线的销售员工推动产品完成销售全流程，是典型的客户购买流程，也是大多数早期企业服务商采用的增长模式。在销售驱动增长模式下，一般产品不提供免费试用的服务，仅在销售决策完成或者采购行为完成后，产品才开始被发放到客户手中，如 Salesforce。

客单价较高的 SaaS 产品、面向政府的产品、复杂度过高的产品大多选择 SLG 模式。SLG 模式下的 SaaS 企业拥有较高的销售话语权，甚至能决定产品的走向。在 SLG 模式下，虽然财务指标中的销售费用占比较高，但通过前线销售团队和产品研发团队的密切配合，能够更敏锐地响应市场，让 SaaS 供应商先活下来。以销售驱动增长，对于拥有成熟销售渠道的企业来讲，是一种资源优势。经过验证的创新产品，可以通过已有销售渠道快速抢占市场，一般已经成熟的大企业拥有这种优势，如阿里的销售铁军。

在 SLG 模式下，SaaS 企业在运作过程中可能会存在销售人员卖期货、让产品节奏被动调整的问题，也经常出现超卖的情况，即将产品卖给不需要的客户。有时，为了生存或让业务快速增长，SaaS 供应商也会构建市场需要而企业无法实现价值交付的卖点，这些卖点短期会带来收入，长期会造成客户流失，甚至会拖累 SaaS 供应商的口碑。

当前国内大多数 SaaS 企业采用的是 SLG 模式，部分已经开始探索 MLG 模式。对于以 SLG 模式为主导的 SaaS 供应商，销售团队的管理体系和激励体系直接影响企业的成败。我们经常讲 PMF，在此基础上，还需要通过销售管理体系和激励体系以使得销售和市场匹配，并为客户成功负责，这样才能让企业获得可持续的发展。例如，通过黑名单机制，不允许销售人员将产品卖给不符合目标市场的客户。

1.4.2 MLG

MLG（Market-led Growth）即营销驱动增长，指通过市场营销的方式，让潜在客户了解 SaaS 供应商，了解对应的产品及其提供的价值，吸引客户访问企业网站，并留下联系资料，即留下线索，市场部门再将线索交给销售部门做付费转化。这里的营销方式包括通过 SEO、SEM 营销吸引潜在客户访问官网，通过微信朋友圈、视频号、直播等方式让潜在客户了解产品及服务，通过线下活动让潜在客户更深入地了解企业。在全民互联网的今天，绝大部分企业客户在采购产品之前，会先在互联网上搜索相关信息，并对供应商进行对比，然后进入采购评估环节。客户即便通过销售陌拜①了解 SaaS 产品及服务的客户，也会在采购决策前进行搜索及评估。因此，营销是必须做的事情，只是在 MLG 模式下，通过营销获取线索的占比更高。集客营销开创者 HubSpot，是典型的在 MLG 模式下起家的 SaaS 企业，而后期，其才由 MLG 模式转型 PLG 模式。

截至 2023 年，国内的部分 SaaS 供应商开始探索 MLG 模式，因为对于客单价居中的 SaaS 产品，SLG 模式下的销售成本过高，又很难实现客户自主付费，这种 SaaS 产品更适合 MLG 模式。对于 MLG 模式的 SaaS 企业，市场部门贡献了绝大多数的线索。市场部门的考核指标一个是线索的量，另一个是线索的质，因此，市场部门也会参与线索的筛选及培育，与销售部门密切合作，以提升线索的转化率。

---

① 销售陌拜：是指销售人员主动拜访潜在客户或现有客户的行为。这种拜访通常是为了建立和维护客户关系，了解客户需求，推销产品或服务，并最终达成销售目标。销售陌拜可以通过电话、邮件、面谈等方式进行，旨在与客户建立信任和合作关系，提高销售机会及业绩。

以 MLG 模式为主导的 SaaS 企业需要更加重视企业品牌及口碑，这是内容营销的基础。在部门协作方面，市场部门一方面要与产品部门深度协同，深刻了解产品价值，以便清晰、准确地向市场传递产品价值；一方面要与产品运营等部门深度协同，以了解客户的关注点，产生更多优质的内容；还要与销售部门深度协同，对线索进行分级、筛选、培育，以提升线索的转化率。

1.4.3 PLG

PLG（Product-Led-Growth）即产品驱动增长，指靠产品价值本身驱动业务增长，以目标客户为中心，通过产品获取线索，识别精准客户，做付费转化，引导客户升级，提升客户生命周期价值，客户的全生命周期增长均靠产品自身的能力完成。

PLG 模式下的 SaaS 产品以终端使用者为中心，与其他增长驱动模式的 SaaS 产品相比，其更重视客户体验，包括新手引导、付费引导、版本升级、帮助中心、售后服务等，并通过全链路数据监控，不断优化各转化链路的指标。良好的客户体验可带来自下而上的销售和口碑传播，促进企业的业务增长，形成正循环。

PLG 模式具有获客成本低、付费转化率高、口碑好等优势。从财务指标上看，PLG 模式下的 SaaS 企业的营销费用和销售费用的占比相对低，产研费用的占比较高。PLG 模式下 SaaS 产品的 PS[①]普遍较高，因此高估值、高增长的 SaaS 企业大多采用的是 PLG 模式，如 Slack、Zoom。

PLG 模式虽然很吸引人，但并不是所有 SaaS 企业都适用该模式。PLG 模式一般通过免费或试用的方式让终端用户使用，先使其感受到产品的价值，再自下而上地影响团队使用和付费。PLG 要求从试用到付费的转化率高，这也意味着产品的易学性和易用性均较高，如果产品过于复杂，则终端客户很难通过自学使用产品，如 ERP 就不适合 PLG 模式。PLG 模式一般通过产品引导客户自主付费，

---

① PS：全称为 Price-to-sales Ratio，中文释义为市销率。它是用来衡量企业的市值与其销售收入之间关系的指标。它是通过将企业的市值除以其销售收入来计算的。市销率可以帮助投资者了解一家企业的估值情况，特别是在其盈利能力较弱或亏损的情况下。较低的市销率可能表示企业被低估，而较高的市销率可能表示企业被高估。然而，市销率并不能单独决定一家企业的投资价值，投资者还需要综合考虑其他因素。

而对于客单价较高的 SaaS 产品，仍需要销售人员介入，以促进客户付费。

PLG 模式不仅是一种增长驱动模式，还是一种商业策略，并非完全由产品经理主导，而需要企业多团队的协作配合，以客户需求为核心，通过极致的客户体验将产品价值传递给客户。多团队的协作配合，包括产品规划、交互设计、开发测试、产品运营、市场营销、客户成功等团队，将产品作为主战场，促进各维度数据的增长。

第 2 章

行业洞察

SaaS 产品经理是行业解决方案赋能者，快速地了解一个行业是 SaaS 产品经理的必备技能。行业洞察，是客户调研、竞品调研等的前置条件。通过行业调研，一方面可以系统地了解整个行业的产业链，另一方面可以洞察宏观、微观的变化趋势，挖掘趋势机会点。产业链分析是行业调研的基础，对行业趋势的洞察是挖掘趋势机会点的必要手段。通过本章，读者可以学习快速了解一个行业的方法，以对整个行业进行框架性的调研。

2.1 宏观数据及趋势

进行宏观数据分析是为了解这个行业的 PEST，即政策（Politics）、经济（Economy）、社会（Society）、技术（Technology）元素的变化，以分析在宏观上，整个行业的市场规模变化、组成结构变化、政策支持影响、技术可能会带来的产业链变革、社会文化及流行元素对行业的影响等。通过宏观数据及趋势的分析，可以判断这个行业当前处于什么阶段：是在萌芽期、成长期、成熟期、衰退期，还是二次成长期。

宏观环境会随着经济、政治、社会、技术、自然环境等因素发生变化而变化，这些变化会体现在数据变动、政策发布等方面。常见的一手宏观数据来源包括国家宏观经济数据、国家统计局、世界银行、世界数据图册等。宏观数据的大幅变化，会吸引全国人民的关注。比如，出生人口的变化，2022 年中国出生人口不足 1000 万人，而毕业大学生人数超过了 1000 万人，人口的结构性变化不仅涉及教育机构、养老机构、房地产行业等，而且几乎影响了所有的行业。政策的发布可能会瞬间影响一个行业。比如，过去火热的 K12 教育使新东方的市值起伏变化；又如，之前到处可见的核酸检测机构、抗原检测机构，目前几乎在大众视野内消失了。国际环境的不稳定、突发的黑天鹅事件等，也影响着国内外的宏观环境，如新冠疫情、战争，而新冠疫情甚至影响了每个行业。除了通过一手信息进行宏观分析，大家也可以通过行业网站、咨询机构、券商报告等获取垂直行业宏观分析的相关报告。

以下分析是基于 2020 年年初数据的跨境电商行业分析案例（趋势随时间变化，仅作为分析案例参考），可以看出跨境电商行业的交易电商化趋势明显，跨境电商出口中 B2C 占比不断增长的势头明显，跨境电商出口 B2C 整体展示向好趋势。

（1）政策上，国务院、海关总署、财政部、商务部、外汇管理局、国家税务总局等政府部门给予跨境出口电商企业一系列优惠、便利措施的组合，包括跨境电商综试区建设、海外仓和共享海外仓的建设支持、出口货物免（退）税政策及便利、海关查验通关便利，以及外汇管理便利等政策。

（2）经济上，全球的交易电商化的比例在快速提升，新冠疫情进一步提升了交易电商化的速度；我国的跨境电商出口规模也在不断提升，预计未来以每年 20% 的增幅增长；同时，B2C 与 B2B 的结构在调整，B2C 的占比不断提升，可能会挤占 B2B 的市场。

（3）社会上，线上购物成为趋势，宅经济在新冠疫情期间流行，社媒购物、视频直播在海外也开始流行，直播电商在海外也将成为趋势。直播营销是 B2C 未来必然采用的一种营销方式。

（4）技术上，软硬件技术升级使得生产端未来支持智能制造，运营端支持营销自动化，下游运输端支持智能仓储、机器人管理等，未来的整体产业链呈现精细化、智能化的趋势。

在进行宏观分析时，要关注宏观环境的变化是短期影响还是长期影响。例如，新冠疫情对于跨境电商行业的影响更偏向于短期影响，在新冠疫情结束之后，跨境电商最终要回归商业本质；出生人口的变化对各行各业的影响都是长期影响，一方面是因为人口变化趋势扭转的概率比较低，另一方面是因为过往的出生人口已成定数，对应 20 年后劳动力市场所发生的变化几乎已成定局。在得出宏观趋势结论前，对于数据要做交叉验证和横向对比，既不要轻信单一数据来源，也不要过分计较数值，要重点关注方向和趋势。另外，宏观趋势结论一定是条件下的结论，这个条件包括了政策环境、时间范围等。

2.2 微观数据及趋势

进行微观数据分析是为了解这个行业在客群、市场、渠道、运营、营销、订单等各影响因子的数据及变化趋势，更深刻地洞察该行业领域。宏观数据及趋势用于判断这个行业当前处于什么阶段、能不能进入，而微观数据及趋势用于判断行业的各影响因子的当前现状及变化趋势，以分析从哪些角度可以切入这个行业，这是判断趋势机会点的直接来源。大家也可以用波特五力模型（波特五力模型是迈克尔·波特于20世纪80年代初提出的）来分析行业的竞争情况，即购买者的讨价还价能力、供应商的讨价还价能力、潜在进入者、替代者威胁、同行业竞争情况。这五种力量综合起来影响着产业的吸引力及现有企业的竞争战略决策。

微观分析是快速初步了解一个行业的手段。当进入一个新的行业时，当行业关键因子发生变化时，当进行战略规划时，当开启创新项目时，可能都需要进行微观分析。微观数据及信息常见的来源包括垂直行业网站、咨询机构、券商机构、BAT大厂等。在宏观环境稳定的情况下，微观环境一般是逐渐变化的，趋势是可预期的；在宏观环境不稳定的情况下，微观环境的变化可能是突发的、不可预期的。因此，在进行微观分析之前要先进行宏观分析，从宏观到微观是基本分析路径。

以下分析是基于 2020 年年初数据的跨境电商行业分析案例（趋势随时间变化，仅作为分析案例参考），可以看出跨境电商在独立站、社交电商有更多空间，移动端的主导地位会加强，运营将精细化、品牌化，营销会考虑直播和自动化。

1. 跨境电商渠道分析

亚马逊、速卖通、阿里巴巴国际站等平台仍是跨境电商的主流渠道，占比超过 50%。而在 2020 年已经有 25% 的跨境电商从业者开始布局独立站，并有 50% 的跨境电商从业者打算开通独立站，独立站的发展空间较大。

2. 跨境电商运营分析

（1）品牌化：随跨境行业发展，低水平、同质化竞争难以为继，品牌化可以提升企业的自主性和溢价能力，成为行业公认出路，品牌化会促进跨境电商从业者铺设独立站渠道。

（2）精品化：产品运营分精品型和铺货型，精品型更容易获得客户留存、高利润率，并且对供应链也更加友好。

3. 跨境电商设备端分析

移动端占 B2C 购物主导：根据 eMarketer 的数据，印度 80% 的电商购物发生在移动端，泰国 75.3% 的电商购物发生在移动端，印度尼西亚 64% 的电商购物发生在移动端。而在北美、欧洲这些成熟市场，虽然移动端电商购物未占据主导地位，但仍然趋势明显。美国有 44.3% 的电商购物是在移动端进行的，英国有 50.8% 的电商购物是在移动端进行的。

4. 跨境电商营销分析：

（1）社交电商：2020 年，Facebook（Meta）推出 FB Shop（Meta Shop），ins 也支持 Shop，YouTube 在测试和电商公司打通。

（2）直播：视频直播流行，2020 年下半年亚马逊、速卖通均推出直播服务和网红计划，Google 于 2020 年 5 月推出 Shoploop（类似直播带货），直播带货成为跨境出口 B2C 营销趋势。

（3）营销自动化：人口缺口不断加大，技术进度和 B2C 营销特征使得营销自动化是必然的选择。

进行微观分析，判定行业趋势的变化，有时要取不同时间点的报告对同一个结论或因子进行对比，判断趋势研判是否有一致性，并识别关键变动因素。反向思考也是必需的，以识别在趋势来临之前是什么阻碍了趋势的进展。

以下为基于 2020 年年初数据的 B2B 交易电商化分析案例（趋势随时间变化，仅作为分析案例参考）。图 2-1 所示为影响 B2B 交易电商化的各项因素在 2017 年和 2019 年的对比数据[①]，可以看出 B2B 交易电商化所依赖的各项因素在逐渐成熟，这些因素包括卖家认知、供应链、人员、买家认知。图 2-2 所示为麦肯锡针对商家产品或服务售卖方式的调研[②]，可以看出，在国际市场上，B2B 交易电商化已经成为主流交易方式之一。

图 2-1

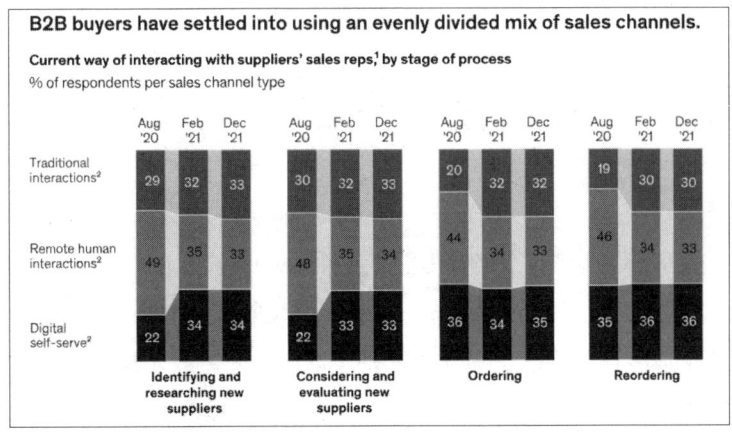

图 2-2

2.3　行业产业链分析

产业链分析是指对这个行业的上中下游进行分析，以对行业产业链进行全局、

---

① 参考 salesforce-value-of-digital-report.pdf。
② 麦肯锡 2020—2021 年报告。

框架上的掌握。产业链分析是行业研究重要且基础的环节之一,可以放在第一步进行。通过产业链分析可以知道自己所在的企业提供的行业服务集中在产业链中的哪个环节,对于这个产业的价值是什么。在进行产业链分析时,可以把不同产业链环节的成本构成整理出来,以识别行业服务的市场空间。

这里以跨境电商 B2C 出口产业链为例。图 2-3 所示为跨境电商 B2C 出口商品端到用户端所涉及的产业链上下游,从中可以知道跨境电商 B2C 出口产品链中的成本排序依次为采购成本、物流成本、运营成本(该图基于 ProcessOn 官方模板修改完成)。

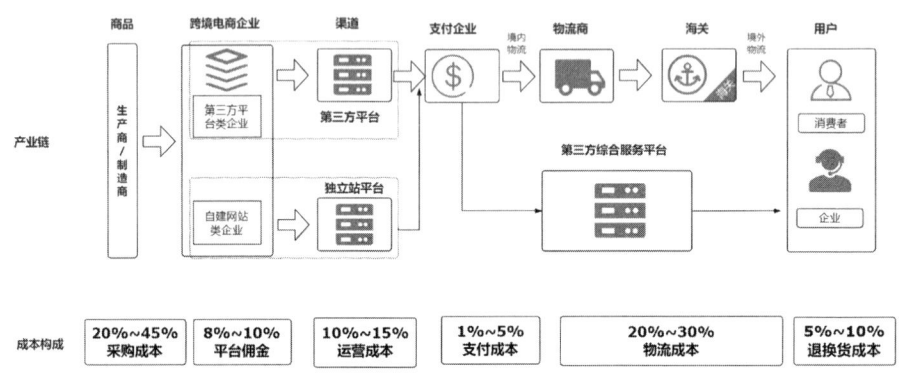

图 2-3

产业链分析还包括在这个链条上的主要企业及地域分布。比如,基于主营业务类型分析,跨境电商企业中以 3C 电子产品、服装服饰类产品为主导的企业占据跨境电商 B2C 出口产业链中的优势地位;基于地域分布分析,跨境电商 B2C 出口产业链中的生产商/制造商大多数来自珠三角、长三角,具备低成本、高效率、柔性供应链优势。这对于跨境电商垂直行业 SaaS 服务布局销售渠道有一定的参考。

传统意义的产业链分析是行业研究的基础,但对于 SaaS 供应商,更需要识别 SaaS 软件在整个产业链中的布局,以辅助 SaaS 供应商做战略决策。SaaS 供应商可以从商家运营角度,分析行业产业链中软件供应商的分布情况。

这里以跨境电商 B2C 出口产业链为例,可以知道跨境电商 B2C 出口的各个运营环节均有成熟的软件供应商。对于新进入跨境电商 B2C 出口行业的 SaaS 供应商来讲,无论从哪个运营环节切入,均有较大的竞争压力。

跨境电商 B2C 商家运营流程：选品→供应商选择和谈判→店铺搭建→店铺装修及 SEO→营销运营→物流及服务。

（1）选品环节的 SaaS 供应商

① 平台内工具：亚马逊、速卖通等平台的选品工具。

② 数据工具：Google Trends、Google Market 等工具。

③ 垂直选品工具：Keepa、Jungle Scout、ffdig 等工具。

（2）供应商选择和谈判环节的 SaaS 供应商

① 一件代发 Dropshiping：Oberlo、DSers、Dropified、Doba、Spocket 等。

② 供应商管理：马帮、易仓等。

（3）店铺搭建环节的 SaaS 供应商

① 国外供应商：Shopify、Magento、BigCommerce、SHOPLINE 等。

② 国内供应商：店匠、有赞 AllValue、Ueeshop、FunPinPin 等。

（4）店铺装修及 SEO 环节的 SaaS 供应商

店铺装修及 SEO 环节的 SaaS 供应商包括 SEO 检测、关键词查询、竞品调研等工具的供应商，如 Moz、Semrush 等。

（5）营销环节的 SaaS 供应商

① 国外：HubSpot、HootSuite、Sproutsocial 等。

② 国内：飞书深诺、蓝色光标、Nativex、西窗科技、木瓜移动等。

（6）物流及服务环节的 SaaS 供应商

物流及服务环节的 SaaS 供应商包括 AfterShip、马帮、易仓、通途、领星等。

以上内容仅是对跨境电商 B2C 出口产业链各环节的软件供应商进行的说明，在真正进行产业链分析时，有时还需要对各软件供应商进行基础的竞品分析。基础的竞品分析包括供应商、成立时间、成立地点、目标客群、主营业务、关键业务数据、收费方式、竞争优势等。对产业链各关键环节的软件供应商均进行基础竞品分析，工作量会比较大，但对于人们更深入了解一个行业很有帮助。

在竞品分析的基础上，如果 SaaS 供应商想从某个环节切入，则可以对该环节的具体商业运作进行详细调研。例如，选品环节对于跨境电商行业至关重要，那么可以了解到底跨境电商从业者一般是如何选品的，以及选品环节的业务流是什么。以亚马逊选品流程为例，选品流程涉及市场调研、营销活动、产品运营、产品采购等环节，通过不断地分析数据可以选到更具有商业价值的产品。图 2-4 所示为来自 ProcessOn 用户"郭泽广"分享的亚马逊选品流程图，仅供参考。

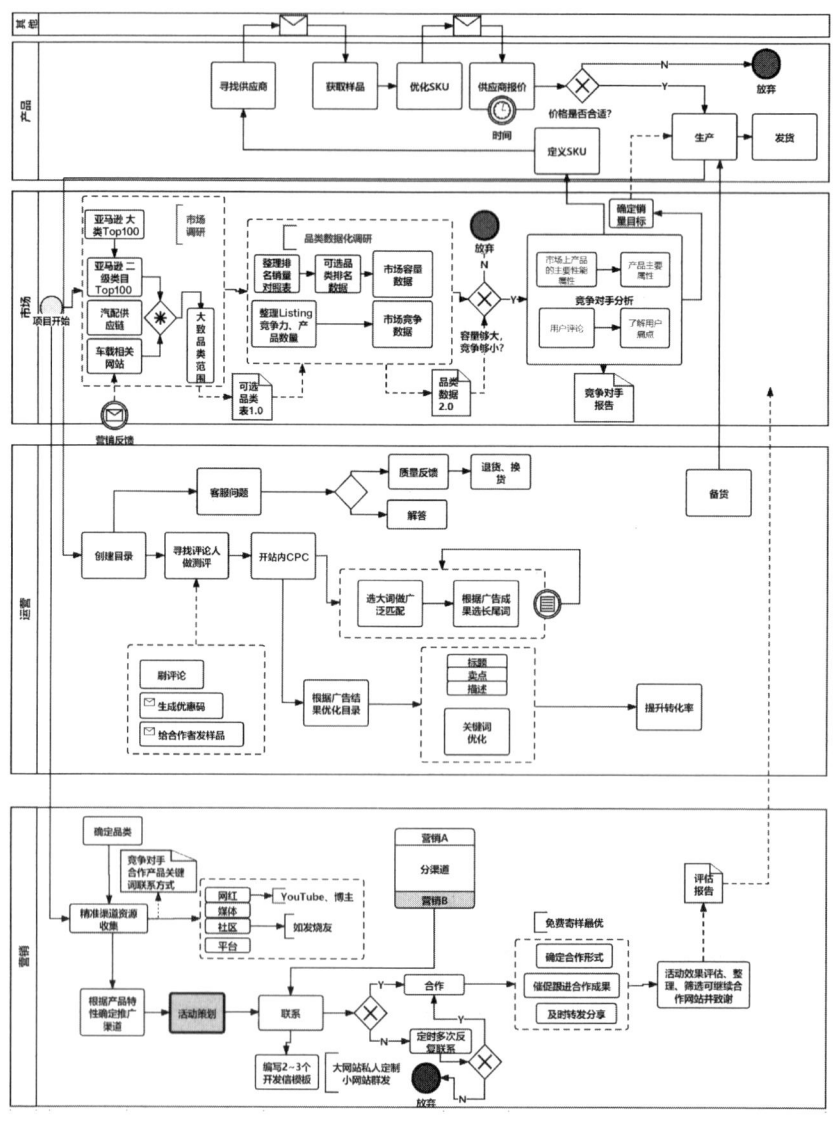

图 2-4

2.4 行业客户分类

在前面宏观分析、微观分析、产业链分析的基础上，可以对行业客户进行详细分析。行业客户分析主要包括两个维度：一个是全局维度的行业客户分类，另一个是基于企业运作维度的客户调研及洞察。本章的重点是行业洞察，因此本节主要介绍行业客户分类，客户调研及洞察可以参考第 3 章。

在进行行业客户分类之前，首先要识别影响行业发展的行业特征，然后基于行业特征对行业客户进行分类。客户类型可以按照不同的维度去划分，拆分出客户分类的维度也是洞察行业的关键点。通过客户类型的拆分及一些数据分析，可以洞察客户类型的结构变化。

行业洞察一般基于特定任务进行。比如，在做创新项目时，决定是否要进入一个行业或从什么机会点切入这个行业；又如，当刚加入一个公司，想要了解其所服务的垂直行业时，基于行业洞察目的，在众多客户分类维度中选出适用于自身业务的客户画像主要维度，以明确自身业务的目标客户类型。

以跨境电商出口 B2C 行业为例，根据跨境电商出口 B2C 的业务特征，行业客户可以从主营渠道、产品策略、运营方式、供应链、业务状态、营业额等各个维度进行分类。以思维导图的形式整理客户分类，可以灵活地增、减、合并、拆解。图 2-5 所示为根据跨境电商出口 B2C 的业务特征梳理的客户分类。

基于客户分类的维度，可以选择 3 个维度作为客户画像分析的主要维度。假设我们选择的是业务状态、主营渠道、公司实力（这里包括品牌和营业额）这 3 个维度，对目标客户进行分类，整理如表 2-1 所示。

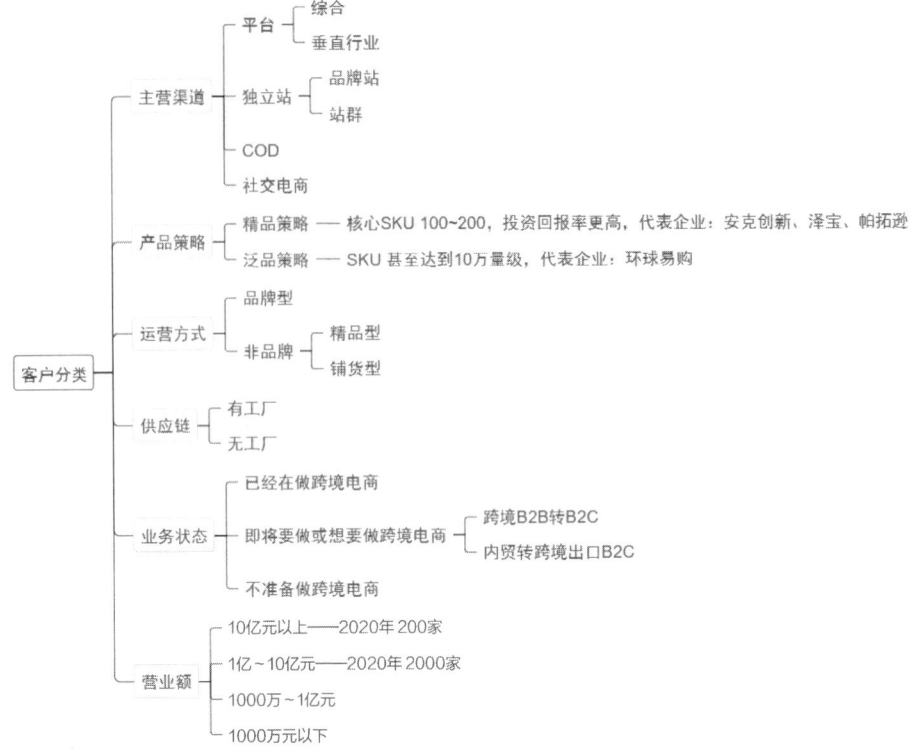

图 2-5

表 2-1 以 3 个维度对目标客户进行分类

业 务 状 态	主 营 渠 道	公司实力 （营业额）	说　　明
现存跨境电商 出口 B2C 企业	亚马逊	10 亿元以上	200 家，有自己的软件技术研发团队
		1 亿～10 亿元	2000 家，需要做品牌
		1000 万～1 亿元	需要做品牌或精细化运营
		1000 万元以下	自身运营能力相对差
现存跨境电商 出口 B2C 企业	独立站	10 亿元以上	已有品牌或品牌矩阵
		1 亿～10 亿元	已有品牌或品牌理念
		1000 万～1 亿元	运营效果还可以
		1000 万元以下	新手玩家或做得不太好的玩家
潜在跨境电商 出口 B2C 企业	跨境 B2B	有品牌的	—
		无品牌的	—
	内贸	有品牌的	对应国内天猫的客户（天猫 2019 年 GMV 为 2.6 万亿元）
		无品牌的	—

续表

业务状态	主营渠道	公司实力（营业额）	说明
不做跨境电商出口B2C企业	—	—	—

基于行业客户分类，选定自身业务的目标客户类型之后，可以通过更多数据识别目标客户在整体行业中的占比及位置，以辅助业务做战略决策。下一步则需要对目标客户进行调研，识别目标客户现状，洞察目标客户的需求。

第 3 章
客户调研及洞察

客户调研是产品经理洞察业务的基本手段，基于不同的场景会有不同的调研目的，而基于不同的调研目的，使用的调研手段及调研覆盖的客群范围、耗时等均有所不同。基于调研目的设计调研方案，是客户调研成功的必要条件。

通过本章，可以学习 SaaS 行业客户调研的核心方法。SaaS 产品面向客户成功，底层逻辑是发现并解决问题，而客户调研是进行业务洞察的基础。深刻的洞察是混沌信息中的灯塔，指引我们在无边界的信息中找到适合的方向。通过对客户调研核心方法的学习，一方面可以掌握基于 7 种场景下的客户调研（见图 3-1），另一方面可以学习如何制订并执行调研计划。大家可以在每次需要进行客户调研的时候翻开本章看看，作为操作指南进行参考。

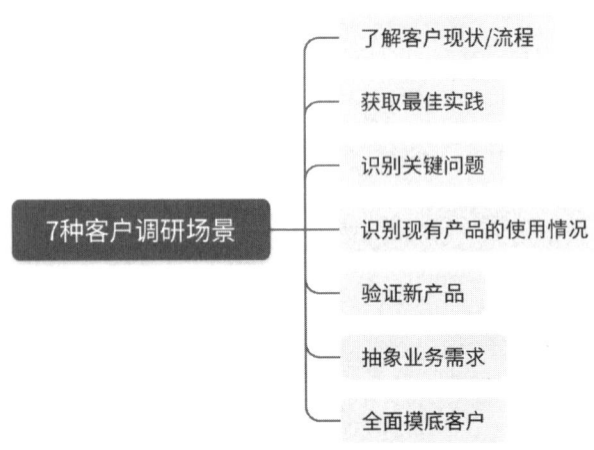

图 3-1

3.1 客户洞察的 5W2H

客户洞察首先要清晰地了解客户的业务场景，然后才能够基于场景洞察客户潜在的需求及可能存在的机会点。客户洞察的 5W2H 是基于传统的七问分析法，以及多年客户洞察的实践经验，根据客户洞察过程中需要关注的关键点，所演进而来的调研方法，便于在洞察客户时即拿即用。客户洞察的 5W2H 包含角色、时间、目的、行为、工具、行为细节、机会点，即谁（Who）什么时候（When）因什么目的（Why）通过什么工具（Where）做什么事情（What），当前怎么做（How），能够怎么优化（How to Upgrade），如图 3-2 所示。

图 3-2

SaaS 系统为不同角色提供了针对性的服务，这里的角色就是 Who。SaaS 系统的作用是将一个个业务场景数字化，其中涉及 When、Why、What、Where。SaaS 系统最终通过降本提效来提升企业的效益，其中涉及 How、How to Upgrade。通过 5W2H 进行客户洞察，可以将场景或概念具象化，能够让不了解场景的相关方想象出具象的画面。

例如，某产品经理认为将在线结构化的表格用于采购商和供应商之间的信息沟通、流转、协同比现在的沟通方式要更有效。那么就要问清楚，当前采购商和供应商之间是怎么沟通的。这里涉及采购商在什么时候基于什么目的给供应商发什么资料，这些资料是通过什么渠道以什么形式发送的，需要供应商做些什么事情，供应商当前是怎么做的，这里有什么问题，可以怎么优化。在真实的场景中，采购商和供应商之间的沟通可能有 N 个来回。比如，通过微信进行沟通，发送的资料是 Excel 表格形式的，供应商和采购商直接通过修改 Excel 表格中的信息进行协作。以上描述是比较粗粒度的描述，而非具象的场景。当用 5W2H 进行调研时，客户可能会说："当来了一个业务订单时，采购员需要确定相关材料价格，采购员首先与有货的供应商进行沟通以确定最新价格，然后进行比价，最终选定供应商。采购员会直接与供应商沟通，将材料表及需求量发给供应商，供应商将最新的价格填在 Excel 表格中。采购员收集完多个供应商的报价之后，汇总在一份 Excel 表格中，通过邮件发给财务人员和老板，最终财务人员和老板基于供应商信用、资质等信息选定供应商，并将信息当面或通过邮件告诉对应的采购员。"以上是这个场景的描述，那么基于这个场景，How to Upgrade 就是产品经理要回答的问题。5W2H 既可以让场景更具象，也可以让产品价值更清晰。通过 5W2H 的场景具象化分析，既可能洞察到原本没有发现的机会点，也可能让产品经理放弃假想的机会点。在进行不同目的的客户调研时，无论调研目的是什么，5W2H 都是一种比较好的调研客户具象场景的调研方法。

3.2 以获取最佳实践为目的的客户调研

3.2.1 概述

最佳实践是做某件事情的最佳方案。SaaS 系统更多的是将标杆企业开展的业务或企业管理的最佳实践产品化，以赋能更多企业。最佳实践可以涵盖各个维度，从内容到业务流程，从获客方式到售后服务，如资料文档模板、企业日常运营的最佳流程等。客户共创是一种获取最佳实践的常用方式，通过与客户们一起探讨，得出符合某类客群特征的最佳实践，进而产品化、市场化，让更多的企业通过 SaaS 系统获取最佳实践，实现业务升级。

3.2.2 事前准备事项

1. 明确共创目的和目标

写下本次客户共创想要达成的目的，如共创最佳的产品目录模板、共创获取优质客户的最佳路径。基于共创目的制定共创目标，目标尽量可衡量，满足 SMART 原则（S=Specific、M=Measurable、A=Attainable、R=Relevant、T=Time-bound）。例如，在 3 月 10 号之前完成与 20 家客户共创，获取满足消费电子行业 80%客户需求的产品目录模板。

2. 制定共创结果的衡量标准

客户共创肯定能获得一个结果，但这个结果是否达预期、怎么衡量结果的质量需要提前明确。明确衡量标准，可以让人更清楚客户调研的整理框架应该包含的内容有哪些。

衡量标准举例：

（1）参与客户共创的客户中的 X%愿意为产品化方案付费。

（2）客户共创方案在放量客户验证中的通过率为 Y%。

3. 确定共创方式

一般情况下，客户共创需要客户的深度参与，并且需要客户提供一些材料，所以客户共创一般采用线下方式进行。线下方式一般分两种：单客户访谈完成共创（1 对 1）和客户之间探讨完成共创（圆桌会议）。其中，1 对 1 访谈是更常用的方式，因为客户共创可能涉及一些客户的商业隐私，而进行客户之间探讨时可能会有所保留；另外，如果圆桌主持人的控场能力不强，还可能出现冷场的尴尬情况，所以 1 对 1 访谈是进行客户共创常用的方式。

4. 明确参与共创的客户的选取标准

基于共创的目的及目标，明确参与共创的客户的选取标准（客户邀约标准），一方面能够更好地达成共创目标，另一方面有助于配合部门协助邀请客户，如需要客户成功团队、客服团队、售后团队协助邀请现有客户，或者需要销售团队协助邀请潜在客户。表 3-1 所示为客户邀约标准示例，读者可以根据自己的行业特征、客户特征、客户共创目的来制定专属的客户邀约标准。

表 3-1 客户邀约标准示例

邀约要求	要求说明	补充说明
数量	20 家	如果参与共创的客户进行了分群，则需要说明，如 A 版本 12 家、B 版本 8 家
地域	北京	（1）如果共创方式是线上进行的，则说明"线上共创"； （2）选择该地域的原因也要说明，如方便上门调研以获取客户办公现场的一些相关资料
版本	A 版本	需要说明为什么选择此版本的客户，此版本的客户是否更能代表标杆客户以获取最佳实践
业务类型	外贸 B2B 业务	业务类型是指这个行业里的业务分类，如制造业有 OEM[①]、ODM[②]等
行业类型	消费电子行业	（1）特定的行业选择，有助于为垂直行业提供有针对性的解决方案； （2）不限制行业选择，则可以通过多样化的行业调研进行业务抽象，以覆盖各行业的客户，实现通用解决方案
业务痛点	多数中小客户没有专业美工，无法制作精美、专业的电子产品目录以获取潜在客户	需要将这里的业务痛点转化为一些易识别的邀请参数，如公司无美工、产品种类较多等，这些参数通过简单询问客户即可获取，有助于配合部门更好地邀约客户
需要客户配合的内容	电子产品目录共创	（1）这里要细化共创的内容及过程，让配合部门能够给受邀约客户讲解； （2）如果需要客户提前准备资料，则需要提前说明，对于客户提供的资料要给出"脱敏方案"，确保客户资料的安全性，减少客户的顾虑
客户能获得什么	1 年期产品使用权	如果需要客户配合的内容较多，则需要给客户一定的利益诱导，毕竟在客户共创过程中，客户贡献了他认可的最佳实践，且他知道你会将最佳实践产品化，其他同行可能也会采用该最佳实践。贡献最佳实践的企业有一定的奉献精神
其他要求	略	如果有其他的要求，也可以进行明确

---

① OEM：Original Equipment Manufacture，即原始设备制造商。
② ODM：Original Design Manufacture，即原始设计制造商。

5. 准备共创资料

1）邀约材料准备

邀约材料是提供给配合部门的，用于传递客户共创对客户的价值，吸引客户积极参与客户共创。在相关配合部门进行邀约前，由业务方提供邀约材料。邀约材料包括本次客户共创的主题、初步方案、对客户的价值等，一般归纳为一张长图即可，简短、清晰，不需要详细内容。

2）受邀客户清单

受邀客户清单如表 3-2 所示。

表 3-2 受邀客户清单

信息类型	信息说明
客户基础信息	客户名称、产品版本、客户联系人、联系人电话、客户地址等
客户业务信息	业务类型、行业类型、年收入、业务痛点等
客户共创相关信息	对共创主题感兴趣的程度、可参与共创的时间、可参与共创的角色等

3）共创内容清单

共创内容清单是指将需要与客户一起共创的内容整理成清单，以便在共创过程中把握重点及节奏。共创内容清单一般包括共创内容、优先级、涉及资料、涉及角色、补充说明，如表 3-3 所示。共创内容清单非必要，如果共创内容很单一且完全依赖客户单一角色提供，那么是没有必要整理共创内容清单的。如果共创内容相对较广，且 SaaS 企业本身提供了一个版本的最佳实践，需要客户在此基础上优化、共创，则一般需要整理共创内容清单，以便于拆解共创内容，同时可以更有节奏地把控共创过程。

表 3-3 共创内容清单

共创内容 一级内容	共创内容 二级内容	优先级	涉及资料	涉及角色	补充说明
电子产品目录	信息结构	高	客户现在使用的产品目录资料	业务主管	在客户允许的情况下，资料脱敏后可以作为客户物料带回
电子产品目录	视觉样式	高	SaaS 企业可以提供的模板样式	业务主管、业务员	基于多种模板样式，客户进行选择及反馈

续表

共创内容 一级内容	共创内容 二级内容	优先级	涉及资料	涉及角色	补充说明
电子产品目录	买家行为追踪	高	—	业务主管、业务员	首先开放式地与客户讨论，然后收敛内容让客户确认
电子产品目录	买卖双方协作	中	买卖双方业务洽谈的业务流	业务主管、业务员	需要客户梳理与买家进行业务洽谈过程中所涉及资料的流转过程及关键信息和节点

4）资料清单

资料清单是在客户共创过程中访谈人员需要用到的资料，一般需要在客户共创之前准备好，部分资料是在客户共创过程中由客户提供的，部分资料需要打印出来以方便客户勾选、修改等。为了让客户共创的参与人员都能方便地获取资料，可以整理专门的客户共创文件夹，将资料进行共享并及时更新。一般客户共创需要的资料清单，如表3-4所示。

表3-4 客户共创需要的资料清单

资料类型	资料名称	资料说明
SaaS服务商提供的资料（共创前）	访谈提纲	访谈提纲一定要说明优先级，如果客户时间有限，则聚焦于重点内容
SaaS服务商提供的资料（共创前）	初步方案	SaaS服务商基于业务洞察、行业标杆、上市企业等构建的满足特定客群的初步方案，可以作为抛砖引玉的"砖"
客户提供的资料（共创后）	客户现有实践	资料须脱敏，常见的脱敏方式包括： （1）客户将电子稿进行脱敏，然后提供电子文件； （2）客户将资料打印出来，并直接将敏感信息划掉
客户提供的资料（共创后）	客户共创的最佳实践	客户共创的最佳实践一般包括两种： （1）客户在初步方案基础上进行勾选、修改之后呈现的最佳实践； （2）在访谈过程中，客户梳理出的自己业务实践中的最佳实践

6. 明确角色及分工

客户共创一般耗时较久，同时因为目的明确、过程明确、产出明确，需要提前安排好参与人员的角色和分工，以达到最佳效果。另外，因为客户共创一般要对较多家客户进行共创探讨，所以可能需要将成员分成两组，甚至多组，分头并进，提升效率。确定角色和分工很重要，在进行人员分配时，需要使每组的参与人员的能力模型达到角色要求。如果人力紧缺，则由一个人担任两个角色也是可以的。一般情况下，客户共创参与者角色如表 3-5 所示。

表 3-5　客户共创参与者角色

角　色	必 要 性	角色说明
主访谈人	必要	主访谈人是负责此次客户共创的核心人员，是负责与客户进行沟通、探讨的主角色，应该只有一位，避免让客户迷惑。主访谈人应是对客户最了解、对方案最了解、对客户共创方法最熟悉的人，也是调研组的负责人
纪要人员	必要	纪要人员主要负责会议纪要，纪要人员首先要做的就是"全""对"，即记全记对、不遗漏，其次才是对内容的结构化整理。一般纪要人员应对客户比较了解，对于客户所在行业的业务专有名词能够"秒懂"，实现快速记录。新入职的 SaaS 企业员工并不适合做会议纪要，因其对客户业务不熟悉，可能连客户说的是什么都不知道
控场人员	非必要	控场人员把控整体的时间节奏，使得整体的共创时间分配合理，避免在不关键的问题上浪费过多时间。控场人员一般不建议由"主访谈人"担任，因为如果主访谈人聚焦在访谈上，则不适合另分精力进行控场，所以由其他人员担任控场人员更合适
演示人员	非必要	演示人员在必要的时候向客户演示方案、分发资料、收集资料，一般可由主访谈人担任
其他人员	非必要	有时会有一些其他人员参与，如来熟悉业务的新员工，搭便车走访客户的其他部门的同事。只有在客户共创完成后才能留一点时间给这些人员，他们在客户共创过程中不得干预，只能旁听，或者辅助做纪要

3.2.3　事中执行共创

1. 开场

开场是与客户见面所聊的话题，开场的目的是以最舒服且最快的方式进入正题。开场一般包括双方自我介绍、此次拜访目的介绍、切入正题的小话题。小话题最好与客户使用模块相关，同时与共创主题相关，尽量把话题放在一个范围内，而不是上来就直奔主题。当共创客户是现有客户时，一般客户接受邀请的核心原因之一就是希望 SaaS 服务商帮忙解决他们在使用系统过程中所遇到的问题和满足相关需求，而这些很可能与主题无关，但作为 SaaS 服务商的员工又不能回避客户的问题，需要留出一定的时间来帮客户解决现有的问题。在这种情况下，对话题和时间的把握尤其重要。如果整个客户共创共用了 2 小时、解答问题用了 1 小时，那么这个开场相当不及格。一般开场时间不要超过整体调研时间的 20%。

2. 给客户输入信息

我们进行调研、访谈，都希望从客户那里得到信息。在得到信息之前，需要先给客户输入一定的信息，客户基于 SaaS 服务商输入的信息给出反馈，然后输出我们想要得到的信息。一般给客户输入的信息即提前准备的资料。在进行客户共创时，给客户输入的信息是有序、循序渐进、有逻辑的，以让客户更好地吸收并反馈。主访谈人需要提前规划好整体节奏。

3. 客户输出信息

客户基于 SaaS 服务商输入的信息会给予反馈，包括其对概念的理解、对方案的看法、对自己现有实践的梳理等。要将客户输出的信息尽可能地沉淀下来，沉淀的内容包括会议纪要、客户提供的资料、客户对方案的反馈及修改等。可以准备一个专门的文件夹存放客户输出的信息，并做好标记整理，以备后用。

4. 共创讨论

进行初步的输入、输出后，便到了关键的讨论环节，很多关键信息的产出是在这个环节进行的。在这个环节，SaaS 服务商不要干预客户的思考，客户的用词和思路可能会偏离 SaaS 服务商原有的设想，但一定范围的偏离本身也是共创的价值，只要在一定的边界内即可。我们应尽可能地用客户的语言、客户的思维习惯来探讨，包括产品化中的名词、交互也是如此，不要创造概念，不要试图改变客户的习惯，改变习惯是逆人性的。

3.2.4 事后整理及迭代

1. 整理共创资料

结构化整理共创资料能够有效地沉淀核心信息，并让未到场的同事也能快速、高效地了解客户。结构化整理共创资料包括对单个客户访谈纪要的整理及多客户多维度信息的统一整理，即纵向整理和横向整理。结构化整理共创资料所包括的内容如表 3-6 所示。

表 3-6 结构化整理共创资料

类 型	建议形式	补 充 说 明
访谈纪要	Word	客户访谈纪要包括客户基础信息、访谈人员、访谈时长、访谈内容、关键流程、关键资料、客户工作场所图片、客户需求、反馈问题、其他、总结等
最佳实践	Word	最佳实践包括客户当前的实践，以及优化之后的实践资料。这部分资料既要在单客户访谈纪要中沉淀，也要作为汇总资料沉淀。SaaS 服务商需要在多客户的最佳实践基础上，抽象出能够覆盖绝大多数目标客户的最佳实践
需求清单	表格	需求清单包括需求类型、需求描述、来自客户、客户联系方式、优先级等。一方面要了解需求是什么，另一方面要知道需求的来源，需求来源可能代表某一类细分客户，同时能体现需求的质量。 随着调研客户量的增加，需求清单应该收敛，即第十家客户反馈的需求，理论上已经被包含在前九家客户反馈的需求中了。如果在共创过程中客户反馈的需求不是收敛的，或者收敛的速度比较慢，那么可能整体的方向、方案都是有问题的，毕竟 SaaS 服务商提供的是标准化的产品或服务
汇总纪要	表格	客户汇总纪要的核心目的是横向对比并总结共性或区分不同客群之间的差异性。通过客户基础信息的汇总、对比，可以看出最佳实践是否已经覆盖全目标客群；通过共创内容的对比，可以看出大家在最佳实践上的共性和差异；通过需求和问题反馈的对比，可以看出不同类型客户的关注点之间的共性和差异

2. 复盘及迭代

在客户共创过程中要进行复盘和迭代共创方案，以使客户共创达成最初目的，获得想要的最佳实践。假设需要和 20 家客户进行共创，当完成 3 家客户共创时，就可以复盘一下客户共创的过程、结果，以识别是否按照预期进行、是否有达成最初的目的。基于此迭代客户共创的方案，迭代的内容包括客户类型、访谈提纲、开场方式、演示方式等。迭代的核心思想是围绕目的、目标复盘并迭代。

3. 放量验证共创结论

基于客户共创得出结论，需要通过放量来进行验证，以使结论更具普适意义。一般放量方式有两种，一种是以线上问卷的方式验证结论，一种是客户成功或客服团队通过 1 对 1 访谈的方式做放量调研，如表 3-7 所示。客户共创更多的是获取客户在某方面的最佳实践，放量验证是验证最佳实践，最佳实践一般是一个方案、内容或流程，更适合使用 1 对 1 访谈的方式放量。如果最佳实践已经确定了几种方案，只待确定方案覆盖的目标客群、占比等，这种放量需要足量的样本支持。如果对客户输出内容要求不高，则可以选择线上问卷的形式。基于放量验证的结果，如果符合预期，则客户共创进入尾声，如果不符合预期，则需要进一步复盘及迭代。

表 3-7　放量调研

方　式	协作部门	收集的量	成　本	业务洞察深度	灵活性
线上问卷	不需要或运营部门	高（可以到几百个或更多）	低	低	低
1 对 1 访谈	客户成功或客服团队	低（一般放量到几十个）	高	高	高

3.2.5　总结

客户共创流程如图 3-3 所示。

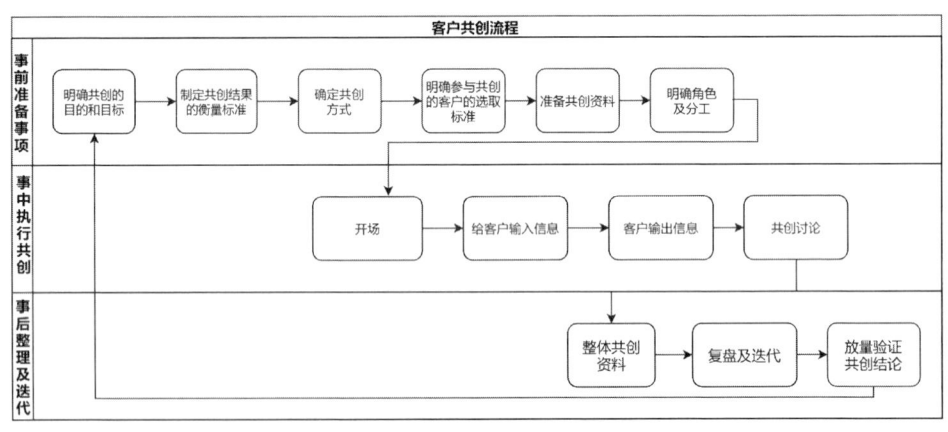

图 3-3

SaaS 领域一般不存在创造场景，创新均来自真实存在的业务。产品经理更多情况下是将对应行业的最佳实践产品化，一方面提升业务效率、监控业务过程、降低企业成本，另一方面将最佳实践赋能给更多客户以提升业务效果，使客户获得业务成功。基于此，如何获取最佳实践并将其产品化赋能给更多的客户，是 SaaS 服务商的必修课。

3.3 以了解客户现状/流程为目的的调研

3.3.1 概述

业务流程调研是了解客户业务流转的主要方式，也是很好地了解客户现状、识别问题、洞察机会的手段。业务流程调研包括客户与外部业务流转的流程调研、客户企业内部的业务流程调研、整体公司的业务流程调研、局部业务部门的业务流程调研。调研目的不同，业务流程的范围也有差异。例如，做 ERP 系统的更倾向于企业内部的业务流程调研，做销售系统的更倾向于客户与外部业务流转的流程调研。业务流程的梳理基于 5W2H 会更加清晰，在业务流程梳理的过程中，既识别了关键信息，也识别了关键机会点。

3.3.2 事前准备事项

1. 明确业务流程的范围

业务流程调研的目的是熟悉具象的业务，那么基于产品定位的业务场景，需要明确业务场景的范围，以及对应的业务流程的范围。明确业务流程的范围包括两方面：一方面须明确流程的业务起点和终点，另一方面须明确业务流程涉及的关键角色。基于业务流程的范围，评估需要的调研时间。一般情况下，如果做全流程调研，则需要的时间会较久，小客户可能需要 1 天，大客户可能需要 1 周，而做局部流程调研可能半天就能搞定。所以明确业务流程范围，结合目标客户画像，可以评估单次业务流程调研所需的时间及参与人员。例如，基于 ERP 系统，调研一家生产型公司内部的业务流程，其业务范围涉及较广，从下订单到发货，涉及销售、仓管、生产、财务等各种角色。基于狭义的销售系统，主要是销售人员和买家之间的业务流转，则业务流程涉及范围会窄很多；基于广泛意义上的销售系统，则其业务流程范围可能会宽很多。例如，B2B 销售人员需要先与内部人员确认存货、规格、生产能力、交期、利润等,然后才可以给买家报价,整个过程涉及更多的角色和流程。因此,基于产品定位的业务场景及提供的产品价值,明确业务流程的范围有助于圈定流程边界,提升调研的效率及效果。

2. 制定业务流程输出规范

业务流程输出规范用于确保业务流程的输出满足一定的标准。业务流程输出的标准基于调研目的的差异可以分为两类:一类是仅了解客户业务流程;一类是在了解客户业务流程的基础上,识别客户业务现状,并挖掘可能的机会点。基于了解客户业务流程的目的,一般输出的业务流程包含角色、时间、行为、工具,即谁(Who)在什么时候(When)通过什么工具(Where)做什么事情(What)。基于识别客户现状并挖掘可能机会点的目的,输出的业务流程包括角色、时间、目的、行为、工具、行为细节、机会点,即谁(Who)在什么时候(When)因什么目的(Why)通过什么工具(Where)做什么事情(What),当前怎么做(How),能够怎么优化(How to Upgrade),也就是符合 5W2H 标准。将承载的形式设置为业务流程图即可。

3. 确定调研方式

在业务流程调研过程中,需要与客户公司中的各角色沟通,并将输出的业务流程与相关人员确认,以确保业务流程的正确性及精细度。在业务流程中涉及"通过什么工具""做什么事情""怎么做"时,一般需要客户演示。有时需要客户提供一些资料,以便更好地观察、感受、具象化业务在不同角色之间的流转。有个关键词比较适合描述业务流程调研的基础原则,即"还原",意思是还原客户业务流转的客观实践。因此,业务流程调研需要到客户办公现场,需要客户相关角色在场,在客户不忙的情况下开展。例如,一般耗时较久、牵扯人员较多的调研,需要提前跟客户预约时间,最好避开客户业务繁忙或会议较多的时间段。

4. 明确参与调研的客户类型

业务流程调研基于调研目的,需要明确客户范围及分类。业务流程各维度一般受到客户业务类型和客户大小的影响。客户业务类型的差异影响业务流程的主框架,客户大小的差异影响业务流程的复杂度及角色的丰富性。因此,在进行业务流程调研时，基于客户业务类型和客户大小明确参与调研的客户，并结合产品定位的业务场景，筛选精准的目标客户。客户类型示意图如图3-4所示。

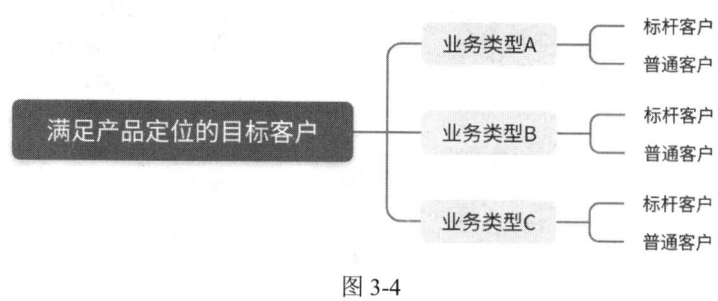

图 3-4

5. 准备相关资料

基于不同的调研目的，在进行调研之前多数情况需要准备邀约材料、客户清单等，这里不再赘述，可参见其他章节。这里重点强调产业链图和典型企业的业务流程图。因业务流程调研需要确认的内容较多，最好在进行调研之前准备主流程图，在主流程图基础上增、删、改，这样做一方面有利于提升效率，另一方面有利于通过"看图说话"与客户达成统一的认知和沟通语境。

1）产业链图

产业链图形象地描述了一个行业的上下游链路，是了解一个行业的基础。通过产品链分析可以清晰地知道自己的客户在产品链的哪个环节，其面临的上下游有哪些，哪些环节是痛点，哪些环节是关键连接点，哪些环节是营收贡献点。基于此，可以更清楚地知道自己应该为客户提供哪些服务，所提供的服务集中在产业链的哪个环节，对于这个行业的价值是什么。以跨境电商B2C出口行业的产业链图为例，如图3-5所示（基于ProcessOn官方模板修改完成）。

2）典型企业的业务流程图

基于行业调研，识别行业的典型企业类型；基于典型企业类型，绘制业务流程图，其他客户的业务流程图可以在此基础上进行调整，这样就可以快速生成对应客户的业务流程图。这里会存在一个行业有多种典型企业类型的情况，在这种情况下，可以绘制多个业务流程图，并在调研时匹配被调研的客户。典型企业业务流程一般只需要绘制主流程，子流程一般在进行客户调研时确认，这也是我们进行业务流程调研的主要目的。以跨境电商 B2B 出口为例，如图 3-6 所示。

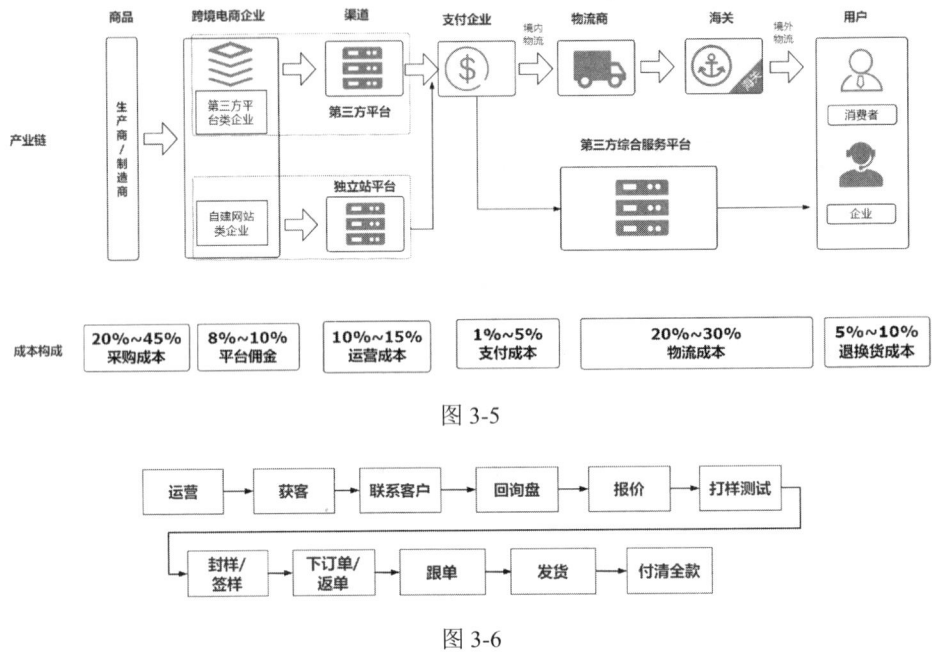

图 3-5

图 3-6

6. 明确角色及分工

因为业务流程调研的核心目的是了解客户现状、了解客户到底如何做业务，所以业务流程调研不一定由产品经理执行，也可以由其他对了解客户业务流程有需求的同事执行，如运营人员、服务人员、客户成功经理。因为业务流程调研需要边调研边整理，并能够基于 5W2H 原则结构化地梳理业务流程，所以至少需要两个人参与，以确保高效的调研过程及高质量的输出结果。参与人员需要对该行业有基础认知，这里的基础认知可以理解为对行业的专业术语、产业链、主业务流程有一定的了解，以保证在对客户调研的过程中，与客户处于同一语境。

3.3.3　事中执行调研

1. 基础沟通

基础沟通是指，首先基于本次业务流程调研所聚焦的业务场景与客户对齐双方对业务场景的认知,这里可以通过产业链图和典型企业业务流程图对齐双方的认知;然后在统一认知的基础上,与客户明确参与调研的相关角色及流程起点和终点。另外,准备好用于绘制流程图的白板,以便在进行业务流程调研时快速输出相应的内容用于确认。

2. 绘制主流程图

基于与客户的基础沟通,可以让对应业务场景的主角色绘制主流程图,由其他相关人确认。确认完毕之后,调研人员可以拍照存档,或者将典型企业业务流程图修改成客户确认的流程图。针对同样的业务场景,因产品类型不同或买家类型不同,主流程图也可能存在分支。如果分支部分是影响业务场景的关键,那么也需要基于业务场景画出。以跨境电商 B2B 出口为例,如图 3-7 所示。

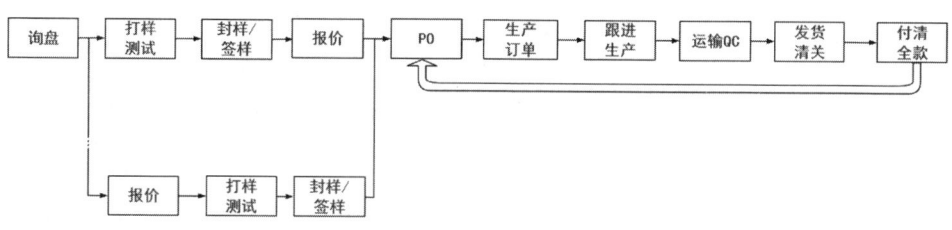

图 3-7

3. 补充子流程

在主流程图的基础上,需要补充子流程的详细内容。针对产品定位的目标业务场景重点,可以在主流程图的基础上补充对应的子流程,以更清楚地了解客户到底是如何做业务的。聚焦于产品定位的业务场景,须在业务流程的基础上增加角色等信息。子流程的绘制须具体业务管理者或具体业务角色进行详细输入,这也是主要的调研内容。

4. 现状及方案梳理

在具体业务流程的基础上,补充现有业务流程在各环节存在的问题,并提供解决这些问题的方案。这样才能实现业务流程调研目的,即深刻而全面地了解客户现状,并基于现状提供可能的解决方案。

3.3.4 事后整理及规划

梳理整体流程，之后调研人员就可以现场绘制业务流程图，并将关键业务场景的流程进行细化，基于 5W2H 原则补充相应的内容，从而形成一张用于了解客户在具体业务场景范围内如何做业务的图谱，并基于各环节存在的问题挖掘可能的机会，提供对应的解决方案，明确解决方案的价值。如果这里存在客户分层，那么不同客户分层的业务流程可能会稍有调整。在进行机会挖掘时，也要明确到底聚焦哪类客户层，以及解决业务场景中哪些环节的问题。以跨境电商 B2B 报价场景为例，如图 3-8 所示。

图 3-8

3.3.5 总结

业务流程调研如图 3-9 所示。

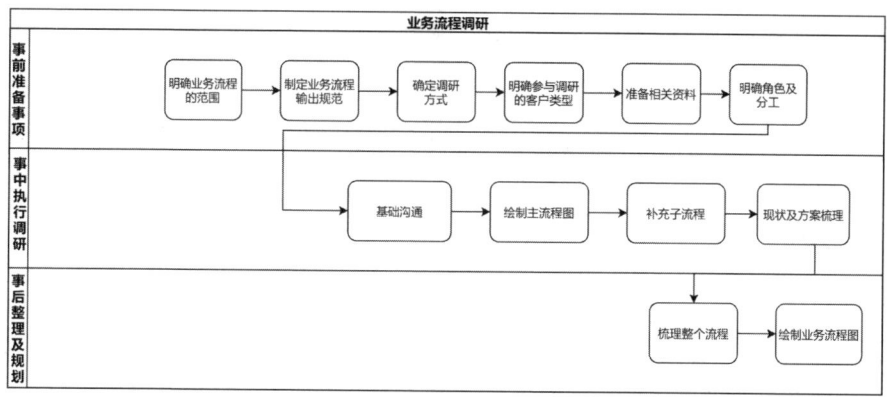

图 3-9

业务流程调研是熟悉客户业务的有效手段，是产品化过程中常用的调研场景，可以服务于产品创新、产品重构，也是新员工入职后快速熟悉行业的方法之一。将客户不同业务场景的业务流程刻在脑子里是一个产品经理的基本功。

3.4 以全面摸底为目的的客户调研

3.4.1 概述

全面摸底是一种公司级别的客户调研行为，目的是实现对现有客户的全面了解，在全面了解客户的基础上进行产品规划，以提升 PMF，进而提升客户活跃率或续约率。当客群发生结构性调整时，在宏观或微观环境发生比较大变动时，在制定年度规划、战略规划时，一般都要对客户进行全面摸底。对客户进行全面摸底时会调用公司较多的部门/人员参与，以缩短调研周期，输出系统的调研报告。全面摸底需要的资料较多，包括一手资料、二手资料，采用各种调研方式，如数据调研、圆桌会议、问卷调研、实地 1 对 1 访谈等。

3.4.2 调研时机及对象

1. 调研时机

全面摸底客户一般是低频的调研场景，在 3 种情况下我们会进行成本相对较高的全面摸底调研。情况一，进行年度规划或 3 年战略规划，需要对客户进行全面了解以刷新认知，识别潜在的变化和机会，这种场景一般一年会触发一次全面摸底。情况二，宏观或微观上发生比较大的变动，如新冠疫情、行业政策调整等，造成客户的行为场景发生较大变化，如新冠疫情期间出差场景减少、视频场景增多，场景的变换必然导致需求出现较大的结构化调整，需要对客户进行全面摸底以识别客户场景发生的变化，这种情况一般由偶然事件触发，发生的概率较低，但近几年我们经常能看到。情况三，客群发生结构性调整，当公司引入了战略投资方，或者更改了销售的目标客群，或者更改了销售方式时，一般客群也会发生结构性调整。如果客户增长过快，客群短期内发生的结构化调整较大，调研没有跟上，产品规划没有跟上，则很可能造成产品与最新客群的需求发生严重偏离，造成 PMF 降低，进而造成客户活跃率或续约率大幅度下降，使公司面临财务风险及品牌风险。

2. 调研目的

全面摸底客户的目的是，识别客户结构或客户需求场景的变化，优化产品规划，以提升 PMF。PMF 达标是产品的势能，在势能不存在的情况下，做再多的运营、提供再多的服务也是在做无用功。PMF 达标的定义是在用户使用产品 4 周之后，有 40% 的客户反馈"如果不能使用该产品会很失望"，这个指标也可以近似地用 NPS 替代。在 PMF 达标的基础上，计算活跃率、续约率才有意义。

3. 调研对象

调研的目的是全面摸底，那么调研对象就涉及各种购买状态下的客户、各种类型的客户、各种角色的客户，甚至包括 SaaS 服务商内部的角色，如销售、渠道、运营等（这些内部角色可以输出整体对客户的感知）。如图 3-10 所示，大家可以根据自己行业领域的客户来梳理调研对象的类型。每一个维度的客户都应该满足 MECE 原则，即"相互独立，完全穷尽"。

第 3 章 客户调研及洞察 | 49

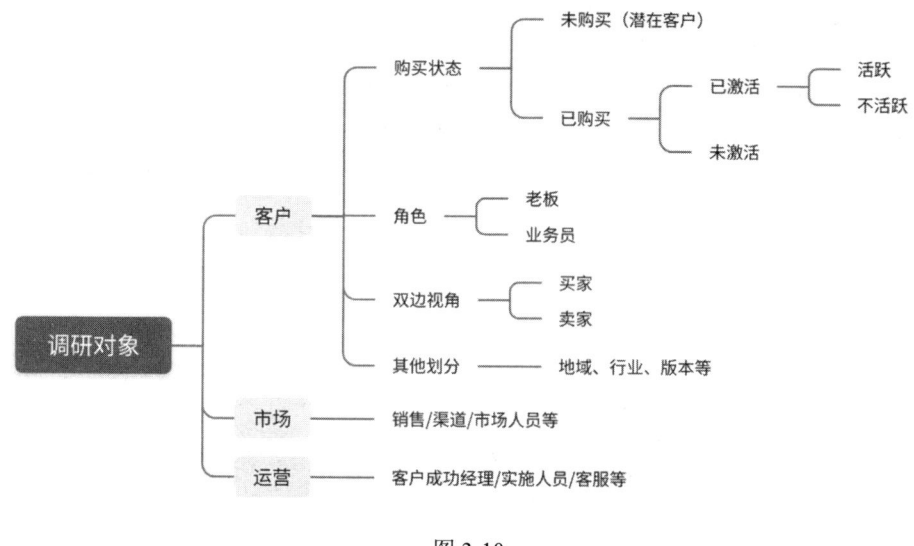

图 3-10

3.4.3 调研方式及流程

1. 调研方式

因为全面摸底客户需要输入较多信息，才能输出完整的报告，这里为了提升效率，可以使用一手资料和二手资料相结合的方式来进行调研。为了保证调研结论具有普适性，需要以定量调研和定性调研相结合的方式来进行调研。调研方式如图 3-11 所示。

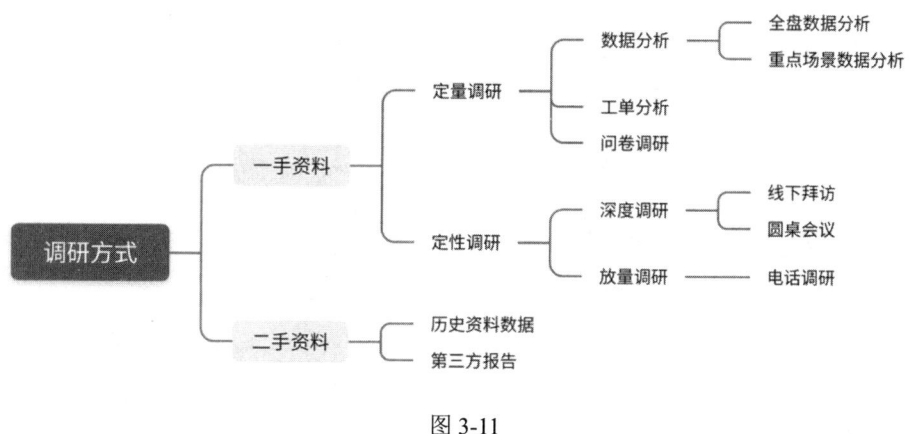

图 3-11

2. 调研流程

调研遵循一定的流程或步骤，一方面使得调研过程更严谨，另一方面可以提升调研效率。下面的调研步骤仅供参考，大家并不一定要严格遵循，而应基于实际情况，有节奏进行。在每一步分析之后都会形成一定的假设、疑问和结论，带着这些假设、疑问和结论，在下一个环节的分析中可以得到佐证或解惑，并打破前面步骤分析的局限性。当调研结果已经覆盖了主要客群并且不同客群的调研结论已经收敛时，则说明调研已接近尾声。

步骤一：历史资料数据梳理

历史资料数据梳理是一种二手数据分析方法，是指将公司各部门之前做的与此次调研目的相关的资料及数据收集在一起，提升调研的效率。历史资料包括两类：一类是历史时间切面数据，如客户结构、画像特性、核心需求等，这些数据更多地反映了为什么现在产品是这样的，而不能告诉我们怎么进行产品的调整以匹配最新的市场；另一类是近期收集的零散调研数据，因时间较近，可以作为此次全面摸底客户的基础输入数据，并在后续阶段对有疑问的数据或场景进行校验。

调研目的：基于二手资料及数据，可以快速建立一个时间切面的客户结构、画像特性、核心需求，并结合近期的资料及数据，给全面摸底调研基础提供输入信息，以提升调研效率。

步骤二：全盘数据分析

全盘数据分析，即基于整体数据进行"面"上的分析，以获得对现有客户结构及关键因素的整体掌握。数据分析是基于现有数据进行分析的过程，数据分析是产品经理的一个基本技能，市面上也有较多相关图书，大家可以参考。常见的数据分析方法有对比分析、分组分析、结构分析、交叉分析、漏斗分析、矩阵关联分析、假设检验等，其中产品经理用到的方法比较基础，如果需要做数据模型，可以请算法人员或专业的数据分析师帮忙。

调研目的：基于一手资料及数据，首先对现有客户进行多维度分析，识别客户的业务特征、行为特征等，这样做一方面可以准确、多层次地把握现有客户结构,另一方面可以识别影响客户活跃率或续约率的关键因子;然后基于每一层的数据调研分析进一步识别重点场景的关键数据。

数据分析示例如下。

多层客户结构分析如表 3-8 所示。

表 3-8　多层客户结构分析

10 000名购买客户	已激活占比(80%)							未激活占比(20%)						
业务类型	类型A	类型B	类型C						类型A	类型B	类型C				
	1%	5%	94%						1%	45%	54%				
星级			0星	1星	2星	3星	4星	5星			0星	1星	2星	3星	4星	5星
			50%	24%	15%	5%	5%	1%			74%	15%	6%	3%	2%	0

补充说明:多层客户结构分析表是一层层拆解客户结构的过程,基于此,可以在"面"上掌控客户情况,并基于多层结构识别需要重点分析的客群,进行下一步分析。

影响客户续约率的关键因子分析如表 3-9 所示。

表 3-9　影响客户续约率的关键因子分析

指标类型	指标 1		指标 2		指标 3		指标 4		⋯
阈值	>5	>10	>50	>100	>0	>1	>1000	>10 000	⋯
商家数量	10 000	5000	8000	4000	7000	4000	4000	3000	⋯
续约商家占比	50%	80%	60%	70%	60%	85%	72%	90%	⋯

补充说明:在数据量不足以支持数据建模或 AI 算法时,可以通过关键因子分析表找到更能影响客户续约率的行为数据,一方面找到关键因子,另一方面找到关键因子对应的阈值。例如,CRM 系统即客户管理系统,一般商家的客户数量越多,CRM 系统的价值越大,商家续约率越高,那么这时客户数量的阈值就比较重要。确定了客户数量的阈值,在产品走向市场时就更容易明确目标客群,以使得产品、市场、销售的目标商家相匹配,真正地实现 PMF 达标。

步骤三：圆桌会议

圆桌会议是多个商家进行探讨的过程，需要商家之间进行坦诚交流，抛出问题，分享经验。圆桌会议的核心角色是商家，每桌可以配备引导员和会议纪要人员，但引导员一般不参与商家的讨论，仅起到引导话题或避免尴尬的作用，核心还是商家之间的深度交流。圆桌会议可以分两种：一种是邀约现有客户进行业务探讨的圆桌会议，一种是基于潜在客户业务培训的圆桌会议。在圆桌会议上，商家之间探讨的问题或他们向业务专家咨询的问题，一般都是他们当前最关心的问题。圆桌的形式，也容易让产品经理在业务洞察的过程中关注到大家普遍关心的问题，而不是单个客户所关心的问题，所以圆桌会议是一种很好的对某类客群进行业务洞察的方式。

调研目的：基于某类客群探讨的内容、反馈的诉求等，对特定客群进行业务洞察，抽象出特定客群所具有的共性特征、需求等。圆桌会议一方面可以洞察特定客群，另一方面可以避免因产品经理在访谈过程中的诱导所造成的信息偏差。对于全面摸底的圆桌会议，可以邀约各种类型的客群，然后按细分客群进行分组，并基于分组进行圆桌会议，以期对不同客群进行批量洞察。

圆桌会议涉及的事项如表 3-10 所示。

表 3-10 圆桌会议涉及的事项

一级事项	二级事项	示　　例	补 充 说 明
事前准备事项	明确圆桌会议的目的及目标	识别潜在客户当前的画像特征及其最关心的业务问题	圆桌会议可以针对未购买的潜在客户进行洞察
	明确圆桌会议结果的衡量标准	基于 20 家潜在客户抽象出潜在客户的 3 个核心特征及 3 个核心诉求，并在放量验证中代表 80%的潜在客户	明确衡量标准，有助于更清晰地执行圆桌会议
	明确圆桌会议的目标客群	明确潜在客户，即目标市场中尚未购买产品的商家	可以在一次圆桌会议上，邀请不同的客群，基于客群进行分组，同时对不同的客群进行调研和洞察
	明确圆桌会议的时间、地点	2023 年 3 月 28 日，下午 2:00—4:00，时长 2 小时，圆桌会议中心	圆桌会议的时间需要事前对目标客群进行调研，以确定客户方便的时间、地点；圆桌会议的地点，既可以是公司总部，也可以是目标客群密集的区域

续表

一级事项	二级事项	示例	补充说明
事前准备事项	准备圆桌会议材料	包括圆桌会议议程、培训材料、邀请函、受邀客户清单、茶点清单、客户名牌等	有时为了更好地邀请客户，或者将话题集中在一定范围内，需要将"吸引素材"给到受邀客户，如专题培训、分享会等
	明确角色及分工	明确签到人员、主持人、议程引导员、会场纪要人员、灵活控场人员	因圆桌会议是一场批量客户的线下活动，涉及的环节较多，参与人员也相应较多，一般需要运营、客服等相关人员的支持
	费用申请	活动涉及的费用包括培训费用、茶点费用、礼品费等	圆桌会议不一定非得花钱，也可以用省钱的方式，如请公司内部的人分享、省掉下午茶、用公司已有品牌的玩具等当作小礼品等，这些均可以灵活调整
	客户邀约	执行客户邀约，并确定到场客户	这里需要基于目标数量多邀请一些客户，预留部分爽约名额
事中执行圆桌会议	签到入场	需要提前准备好客户的名牌，便于签到之后入座	如果有一些想要客户提前反馈的内容，则可以在签到时，让客户做个小问卷，快速收集基础信息
	开场	主持人进行开场，阐述主题等（避免过于正式）	这个环节还有一个核心目的，即让客户放松下来，能够轻松地参与圆桌会议
	圆桌会议	（1）引导员引导大家互相介绍了解；（2）基于主题相关内容开放讨论，每个客户可以抛出自己的难题，其他客户可以帮忙解答（一般在大家普遍关注的问题上，参与客户会比较多）；（3）纪要人员需要迅速地记下谁问了什么问题，哪些客户回答了什么内容	如果出现冷场或其他极端情况，则引导员需要适时介入，但不要参与客户之间的讨论，避免干扰客户本来的认知或表述
	专题培训或分享会	（1）在中场休息时，快速整理客户普遍关注的问题，提供给来做培训或分享的老师，以便于老师匹配分享内容和客户关注的内容；（2）老师进行培训或分享	专题培训或分享一般安排在圆桌会议之后，这样做有两个原因：一方面可以通过培训或分享的主题引导客户之间进行充分的探讨，以期有些问题可以通过培训或分享获得答案；另一方面是避免客户仅为培训或分享会而来，参加培训或分享会后就离开的尴尬情况

续表

一级事项	二级事项	示例	补充说明
事中执行圆桌会议	总结和答疑	（1）总结：总结客户和老师分享的一些好方法或工具，让客户"带走"； （2）答疑：客户基于圆桌会议或培训内容进行提问，相关人员进行答疑	让客户有直接能够带走的东西会比较容易提高客户的满意度，也便于下一次客户邀约。"带走的东西"最好是一些即拿即用的方法或工具，而不是仅指小礼品，特别是在受邀客户是老板角色时
事后整理及迭代	整理圆桌会议纪要及结论	（1）整理会议纪要； （2）内部人员交流圆桌会议的个人洞察及感知； （3）基于圆桌会议的感知和会议纪要，进行客户和业务洞察，得出潜在客户的3个核心特征及3个核心诉求	会议纪要是不生动的信息，而在圆桌会议现场的感知是感性但直观的信息，可以在会后与参与圆桌会议的内部人员进行探讨、交流，以获取更多的信息，达成一致的结论
	复盘及迭代	基于圆桌会议的目的，复盘圆桌会议过程中出现的问题及解决方案，以便在下次圆桌会议中优化	复盘及迭代贯穿在各种活动、事项中，是项目管理的基本方法论
	放量验证圆桌会议结论	基于圆桌会议得出的结论，在更多的潜在客户中进行验证，以使结论更具普适意义	一般放量的方式有两种：一种是用线上问卷的方式验证结论，另一种是客户成功或客服团队通过1对1访谈的形式进行放量调研

步骤四：工单分析

工单是指客户进行咨询、反馈建议、反馈问题、提出需求的一种方式。工单分析是 SaaS 产品的基础工作，是了解用户需求和场景的基本渠道。工单分析包括3类：以时间为维度，分析不同时间点用户所关注的内容；以特性为维度，分析用户对于不同特性的关注度；针对场景工单来分析场景是否具有普适性，是否能够提炼通用化解决方案。

调研目的：倾听客户原声，以识别客户最关注的场景，并洞察不同类型的客户反馈问题的共性和差异性。

步骤五：线下访谈

线下访谈是一种对客户深度访谈的调研方式，也称面对面访谈或现场访谈。通过线下访谈，相关人员可以观测到客户所处的环境、客户的行为和表情，可以获得更多的信息。线下访谈包括邀约式访谈和到访式访谈。邀约式访谈即约客户到非客户所在环境进行访谈,这种访谈方式的优点是可以一天约多个客户进行访谈,缺点是缺少了客户所在的真实环境。到访式访谈即到客户的工作地点或生活地点进行访谈,对于 B 端产品,到客户的工作地点访谈可以观测到客户工作的环境、工作的设备、公司的情况,这样可以增加对客户的感知。线下访谈的关键是避免诱导用户,因为"霍桑效应"可能会使访谈结果有一定偏差。"霍桑效应"就是当人们意识到自己正在被关注或观察时,会刻意去改变一些行为或言语表达。

调研目的:一方面真实地感受客户所处的环境、客户的行为和情绪;另一方面对于数据分析、工单分析、圆桌洞察的结论进行背后场景的挖掘,以进一步验证结论。

线下访谈场景举例:对于某垂直行业领域的 SaaS 产品,相关人员拜访客户时发现,很多客户在郊区,公司环境一般,电脑设备是普通的安装了 Windows 系统的电脑,从业务员的穿着也可以判断他们的收入情况,这样就能知道为什么他们会反馈产品卡顿,而自己没有遇到过类似的情况(互联网公司的设备比传统公司要好很多)。观测他们工作时的电脑屏幕,可以大概知道他们是怎么工作、怎么操作产品,以及怎么配合自家产品与其他应用一起使用的。

步骤六:重点场景分析

重点场景分析是基于前面的分析结论提炼出来的重点细分场景,进行进一步分析的行为。重点场景分析一般包括 3 个方面:场景的客群特征及数量,场景的 5W2H,场景的洞察分析。

调研目的:对重点场景进行详细分析,以洞察基于场景的机会及解决方案。

步骤七:电话访谈

电话访谈是一种放量调研方法,电话访谈较线下访谈速度更快,调研周期更短,同时较问卷调研有更强的灵活性。电话访谈一方面可以校验前面所得出来的结论,另一方面可以基于前面调研遗留的问题获取相应答案。电话访谈较线下访谈更容易获得较大的样本量,在需要调研较大的样本量,且需要被调研对象基于开放问题进行反馈时,电话访谈是特别好的一种方式。

调研目的:对结论进行校验,对遗留问题进行补充调研。

步骤八：问卷调研

问卷调研是一种定量调研方法，一般基于一定的假设进行定量验证。在设计调研问卷之前，需要先梳理调研目的及对应假设。先基于调研目的梳理调研问题的整体逻辑，再基于整体逻辑设计调研问卷。调研问卷的设计要避免一些基础错误，如对调研对象的诱导、答案顺序的影响、文案理解的不统一等。问卷调研的问题设计一般至少包括 3 个部分：客户画像、调研问题、联系方式。客户画像与调研问题的交叉分析是常用的分析手段，用以得出基于不同客群的结论。收集联系方式便于调研人员对客户进行再次调研验证，数据分析最终要回归到场景中，当出现分析结论与认知不符合的情况时，则需要联系客户进行再次验证场景。问卷调研本身是比较专业的事项，建议通过专业的图书学习。

调研目的：定量验证假设，用结构化的数据分析问题、场景，以获得置信度高的结论。

步骤九：第三方报告

第三方报告是一种二手数据收集方式，一方面可以与已有结论进行相互佐证，另一方面可以获取自己无法直接触达的数据，如客户的客户、海外的买家等。一些咨询、券商机构的报告相对较专业，且视角更多维，可以让大家从投资人视角、外部市场视角来看待自己所处的行业领域。

调研目的：通过第三方报告佐证结论或补充调研，同时以更多的视角审视自己所在的行业领域。

常见的第三方报告来源，如表 3-11 所示。

表 3-11 常见的第三方报告来源

类　　别	举　　例
国家权威机构	国家统计局、海关总署等
国外咨询机构	麦肯锡、波士顿、埃森哲等
金融投资机构	中金、中信、华泰等
SaaS 企业	Salesforce、Forrester 等企业的白皮书
BAT 大厂	百度、阿里、腾讯等
其他第三方机构	艾瑞咨询、易观分析等

3.4.4 调研输出及洞察

1. 整理调研资料

结构化整理调研资料能够有效地沉淀核心信息，并让未到场的人员也能快速、高效地了解客户。结构化整理调研资料，因涉及多层次的客群，一般需要整体呈看板结构，以方便大家整体阅览。同时，因调研资料较多，一般会将调研资料的整理分成 2 个层次，一个是详尽的调研总结，一个是基于调研的洞察分析。前者是调研参与者及相关部门关注的内容，后者是高层领导关注的内容。调研报告的撰写及汇报形式与项目的节奏相关，一般一次全面摸底的调研项目的跨度时间可能长达一两个月，会按周进行调研报告的输出和汇报，按周迭代调研计划，每一步的调研都是层层递进、多方对比进行验证和调整的，在这个过程中调研结论也在不断地被迭代、收敛、验证。当进行到后期调研时，一般结论也会更清晰。

2. 输出调研结论

基于对调研资料的总结输出调研结论，调研结论一般包括调研背景、各个维度的关键调研分析、最终结论。各个维度的关键调研结果一般包括对不同客户类型的分析、对不同业务状态的分析，基于此进行客户分层、问题分层、需求分层、价值分层，并识别每个分层所对应客群的关键特征及其在整体客群中的占比，如表 3-12 所示。在进行客户分层时要识别客户业务的本质，因为这将直接影响业务场景产品化的实现方案。例如，面向制造业的报价系统，制造特征的差异会影响报价的流程；B2B 外贸行业的线上业务员的本质是服务人员、是会英文的 B2B 客服；客户规模的大小直接影响了对"降本提效"价值的判断。

表 3-12 调研结果

客户分层	客户分类	制造业类型	制造特征	其他特征	需求侧重点	客群占比	典型行业
一类	高级定制/ODM	ETO：按设计制造	非标制造，一单一产品，原材料一般有限，多变的是工艺、工序等，可以没有 SKU 的概念	多为自己工厂生产，仅小部分依赖于外部供应商，对成本核算的复杂度要求高	基于物料清单（Bom）的产品配置、复杂成本核算、自动定价程序	0.3	珠宝制造、项目工程、机器机械

续表

客户分层	客户分类	制造业类型	制造特征	其他特征	需求侧重点	客群占比	典型行业
二类	轻定制	MTO：按订单制造	重复性过程和一次性过程的混合	有相对较多的外部采购，更多依赖于外部供应商，对成本核算的复杂度要求相对较低	基于基础产品的调整配置、基础成本核算、自动定价程序	0.5	消费电子、家居和园艺、包装印刷
二类	组装定制	ATO：按装配制造	没有产品库存，按照需求组装产品、实现精益生产	有相对较多的外部采购，更多依赖于外部供应商，对成本核算的复杂度要求相对较低	基于组件的组装配置、基础成本核算、自动定价程序	0.5	五金器具、电子元器件、工艺、礼品
三类	标品批发	MTS：按库存制造	依标准化规格、工艺流程等进行生产，有SKU的概念	有相对较多的外部采购，产品复杂度低，报价逻辑相对简单	基于标品的产品套件配置、基础成本核算、自动定价程序	0.2	各行业都有标品产品

3. 业务洞察及机会挖掘

全面摸底客户的目的是识别客户结构或需求场景的变化、优化产品规划，以提升 PMF。在对客户进行全面摸底之后，产品经理需要进行业务洞察及机会挖掘。业务洞察是产品经理最本质的工作，较产品经理的其他技能更重要。业务洞察影响的是战略，产品经理的产品架构、需求撰写、项目管理等技能影响的是从战略到战术的落地。保证战略方向的大致正确是成功的基本要素，是"先胜而后战"中的"胜"。业务洞察是基于对客户、场景的认知所得出来的能指明业务方向的洞察结论。深度调研客户是进行业务洞察的基本步骤，通过全面摸底客户可以更全方位地进行业务洞察。怎么来衡量自己当前的业务洞察水平呢？最简单、最直接的方法是假设验证法，即基于不同场景给出你对业务的判断，然后以实际结果验证你的判断，通过不断实践来提高你对业务判断的准确度。

在业务洞察的基础上进行机会挖掘，可以从各个视角进行，这是一个先发散再收敛的过程。SaaS 服务商的机会挖掘一般不从竞品出发，而从自身和客户出发。

立足于客户场景是基础，竞品调研在更多情况下采用的是提供业务探索、商业模式、解决方案的思路。如果一开始的机会挖掘就从竞品开始，则容易偏离自己的客群。基于宏/微观趋势和产业链环节中的机会挖掘，一般会在创业或开展创新项目时涉及，并非采用常用的机会挖掘方式。在全面摸底客户，以使产品更匹配客户的情况下，机会挖掘更多从现有产品和客户出发。在进行机会挖掘的同时，可以给出对应机会点的粗略解决方案，如果发现很多解决方案具有共性或异曲同工之处，那么这种"共性"就是本质的解决方案，可以通过梳理"机会关键词"和"解决方案关键词"找到对应的"共性"。基于全面摸底客户的机会挖掘常见视角如表 3-13 所示。

表 3-13　基于全面摸底客户的机会挖掘常见视角

方　式	说　明	举　例
现有产品"正向"视角	买的原因/活跃的原因/续约的原因	如果客户因其买家数量较多需要一个 CRM 功能，且我们的产品满足其诉求，可以考虑是否要圈定客群，将 CRM 产品的客群瞄准买家数量超过一定阈值的客户
现有产品"反向"视角	不买/不激活/不用/不续约的原因	如果客户因产品太复杂而不会使用产品，则需要提供简单、易用的场景化产品，采用客户常用软件的交互，让客户可以获得 C 端产品的交互体验
"业务流程"视角	关键流程/流程痛点/关键环节	如果客户最关心且最困惑的环节是如何将潜在客户转化为订单，那么可以考虑在销售转化环节提供销售助手的解决方案
客户"业务现状"视角	客户当前的主要问题和需求	如果客户当前遇到的问题主要是新员工无法快速上手业务，则可以提供解决新手上手问题的 SOP[①] 工具或方法论赋能的工具
客户"工作工具/场景"视角	当前主要的沟通工具、工作工具、渠道、平台等	如果客户的沟通场景从 QQ 转移到微信，则可以基于微信做沟通场景下的功能，即基于客户常用的沟通工具做沟通伴侣
"不同角色"视角	管理者、不同职能、买卖双方	如果在所有角色中，买家的体验是最终客户关注的点，则基于买家体验也可以设计相应的工具或解决方案

---

① SOP 即 Standard Operating Procedure，意为标准操作规程。它是一种详细描述特定任务或过程的文件，旨在确保组织内工作的一致性和质量。SOP 通常包括步骤、指导、责任和培训等内容，以确保工作的正确执行。SOP 通常用于各种组织，包括商业企业、政府机构、医疗机构等。

4. 方案输出并验证

基于机会挖掘，识别公司匹配的机会。所谓匹配的机会是指客户需要的、有商业价值的、符合自己优势的、可交付的机会。再结合公司自身当前的特点，可以附加一些创新产品方案应该满足的标准，如高覆盖、免实施等。基于方案标准，输出匹配机会对应的方案。这里涉及方案逻辑的输出及产品化方案的输出。针对初步方案，可以再进行客户侧验证，以确保方案的稳健性。

例如，对于一个面向中小型企业的 SaaS 产品，在售价相对不高、公司服务人力有限的情况下，基于高活跃率、高续约率的商业价值，对应的产品应该至少满足 4 个产品标准，如表 3-14 所示。

表 3-14 产品标准

标　准	标　准　说　明
高覆盖	覆盖绝大多数的客群，满足普适性需求，提供基建产品
免实施	即买即用（开箱即用），易用性高，C 端体验，可采用与客户常用 C 端产品类似的交互逻辑
可持续感知	价值直接、清晰、可衡量、可持续，无论客户在此行业待多久都需要，而非阶段性或短期产品
交付价值可控	公司能做到，能做得好，效果可控，客户反馈的问题可解决（一些依赖第三方平台能力提供的服务，经常会遇到交付不可控的情况）

3.4.5 总结

全面摸底客户总结，如表 3-15 所示。

表 3-15 全面摸底客户总结

项	子　项	说　明
调研时机	—	（1）进行年度规划或 3 年战略规划； （2）宏观或微观上发生比较大的变动； （3）客群发生结构性调整
调研目的	—	全面摸底客户的目的是，识别客户结构或客户需求场景的变化，优化产品规划，以提升 PMF
调研对象	—	各种购买状态下的客户、各种类型的客户、各种角色的客户，甚至包括 SaaS 服务商内部的角色，如销售、渠道、运营等

续表

项	子 项	说 明
调研方式	—	（1）使用一手资料和二手资料相结合的方式来进行调研，以提升效率； （2）采用定量调研和定性调研相结合的方式，以保证调研的结论具有普适性； （3）分步骤进行调研，在每一步的分析之后都会形成一定的假设、疑问和结论，带着这些假设、疑问和结论，在下一个环节的分析中可以得到佐证或解惑，并补足前面步骤分析的局限性
调研流程	历史资料数据梳理	基于二手资料及数据，可以快速建立一个时间切面的客户结构、画像特性、核心需求，并结合近期的资料及数据，给全面摸底调研提供基础输入信息，以提升调研效率
	全盘数据分析	基于一手资料及数据，对现有客户进行多维度分析，识别客户的业务特征、行为特征等，这样做一方面可以准确、多层次地把握现有客户结构，另一方面可以识别影响客户活跃率或续约率的关键因子
	圆桌会议	基于某类客群探讨的内容、反馈的诉求等，对特定客群进行业务洞察，抽象出特定客群所具有的共性特征、需求等
	工单分析	倾听客户原声，以识别客户最关注的场景，并洞察不同类型的客户反馈问题的共性和差异性
	线下访谈	一方面真实地感受客户的环境、行为、情绪，另一方面对于数据分析、工单分析、圆桌洞察的结论进行背后场景的挖掘，以进一步验证结论
	重点场景分析	对重点场景进行详细分析，以洞察基于场景的机会及解决方案
	电话访谈	对结论进行校验，对遗留问题补充调研
	问卷调研	定量验证假设，用结构化的数据分析问题、场景，以获得置信度高的结论
	第三方报告	通过第三方报告佐证结论或补充调研，同时以更多的视角审视所在的行业领域
调研输出及洞察	整理调研资料	结构化整理调研资料能够有效地沉淀核心信息，并让未到场的人员也能快速、高效地了解客户
	输出调研结论	基于对调研资料的总结输出调研结论，调研结论一般包括调研背景、各个维度的关键调研分析、最终结论
	业务洞察及机会挖掘	业务洞察是基于对客户、场景的认知所得出来的能指明业务方向的洞察结论。在业务洞察的基础上进行机会挖掘，可以从各个视角进行，这是一个先发散再收敛的过程
	方案输出并验证	基于机会挖掘，识别公司匹配的机会。基于方案标准，输出匹配机会对应的方案

在 SaaS 领域,对客户的全面了解是业务洞察的基础。创新的原点是客户场景,所有匹配机会的出发点是客户而非竞品。识别客户结构或客户需求场景的变化,优化产品规划,以提升 PMF,是 SaaS 服务商适应市场变化的普适手段。

3.5 以识别关键问题为目的的客户调研

3.5.1 定义

识别关键问题是为了找出与产品相关问题的构成因素,如"为什么不用""为什么要返回旧版本"等,一般在产品规划前期或产品灰度期间进行。以识别关键问题为目的的客户调研是为了识别关键问题的构成因素,并基于关键问题的构成因素给出对应的解决方案。关键问题一般比较明确,产品经理可以借用客服资源在半天内完成几十家客户的调研,快速得出有效结论。

3.5.2 事前准备事项

1. 明确关键问题

在进行客户调研之前,要先明确本次调研聚焦的问题是什么,如"客户为什么不使用新功能""客户为什么要回退新版本",一般针对识别关键问题的客户调研聚焦在一个关键问题上,短、平、快地调研,解决关键问题。不建议在一次客户调研中识别多个问题,因为这对调研客户的清单及配合人员的水平要求均会提高,也会降低效率。

2. 输出关键问题可能的构成因素

针对关键问题,产品经理和运营人员可以给出可能的构成因素,并在进行客户调研时补充更多的构成因素。这里也是一个假设验证的过程,可以检验产品经理和运营人员的预判能力。以"客户为什么不用"为例给出可能的构成因素,如图 3-12 所示。

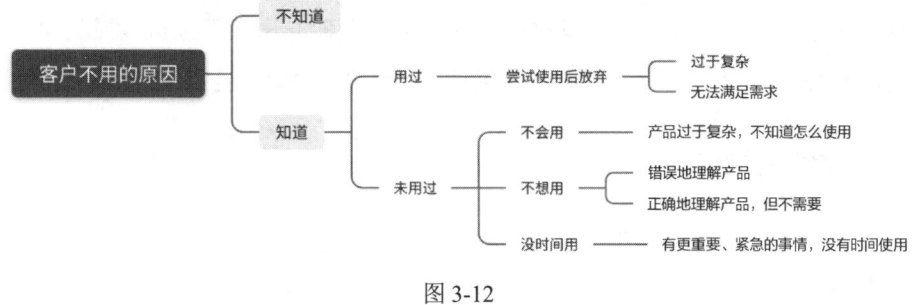

图 3-12

3. 导出问题客户名单

基于数据分析,导出"问题客户名单",这里需要导出客户数为目标调研数量 5 倍的客户名单。例如,电话调研 20 家客户,那么这里需要提供 100 个问题客户的名单,因为电话调研需要考虑接通率、信息有效率,最终收集到有效的客户调研数量是有限的。

4. 明确访谈问题及话术

一般识别关键问题,采用短、平、快的电话调研方式,且调研客户的量级较线下访谈客户的量级大些,需要客服人员的配合。而客服人员本身的工作是比较流程化的,为客服人员提供相应的访谈问题及话术,客服人员即可标准化执行电话调研任务,以确保电话调研的质量。

5. 将信息传递给配合方

将访谈目的、客户清单、访谈问题及话术传递给配合方,一般配合方会有接口人,接口人接收到信息后会反映相应的问题,并将信息传达给执行人。当有电话访谈任务时,最好提前和配合方的接口人沟通,以提前排期,使调研计划能够在规划时间内完成。

3.5.3 事中执行调研

1. 配合方执行电话调研任务

进行配合的客服人员按照提供的访谈问题及话术执行电话调研任务即可,调研的结果最好做成共享文档，这样便于相关人员随时查看调研的进度及结果，即使有问题也可以快速识别。一般一个电话调研任务会由多位客服人员共同执行。

2. 复盘并迭代

在电话调研过程中，相关人员可以快速地查看过程结果，识别是否满足预期，如果不满足预期，则需要判断这种情况是正常的还是有其他原因。基于识别关键问题构成因素这个核心目的，可以迭代访谈问题及话术。一般一个电话调研任务会由多位客服人员共同执行，如果不同客服人员的客户清单是随机分配的，但得出的结论差别较大，则要判断一下是否出现了人为因素造成的结果偏差。对于电话调研的结果，产品经理可以抽样进行再次沟通，以补充场景信息。

综上所述，对于电话调研，核心原则是基于调研的过程及结果进行有效性鉴别，如果有必要，则进行复盘并迭代。

3.5.4 事后整理及迭代

1. 输出调研结论

基于一定数量的电话调研，最终结论会收敛，得出关键问题的构成因素，并识别最核心的 3 个因素。基于调研客户名单，可能会出现不同客群对应的构成因素不一样的情况。例如，新客户不使用新功能的主要原因是不知道，老客户不使用新功能的主要原因是无法满足需求。调研结果最好可以结构化展示，以识别最重要的客群及其对应的主要构成因素，如表 3-16 所示。

表 3-16 结构化展示调研结果

客　　群	主要构成因素 1	主要构成因素 2	主要构成因素 3	补 充 说 明
客群 1	因素及占比	因素及占比	因素及占比	更多因素
客群 2	因素及占比	因素及占比	因素及占比	更多因素
客群 3	因素及占比	因素及占比	因素及占比	更多因素

2. 给出应对策略

对于影响产品问题的关键因素，要给出对应策略，可以按照客群、因素来规划解决方案及确定优先级。给出的策略只要能解决问题即可，不限于产品方案。对于 SaaS 产品，很多问题的解决需要运营侧、服务侧、销售侧来配合解决，而不仅是产品化方案。产品经理一般作为业务负责人，要对整体的效果负责，因此其应与相关方配合形成合力以解决关键问题。

3.5.5 总结

识别关键问题的流程如图 3-13 所示。

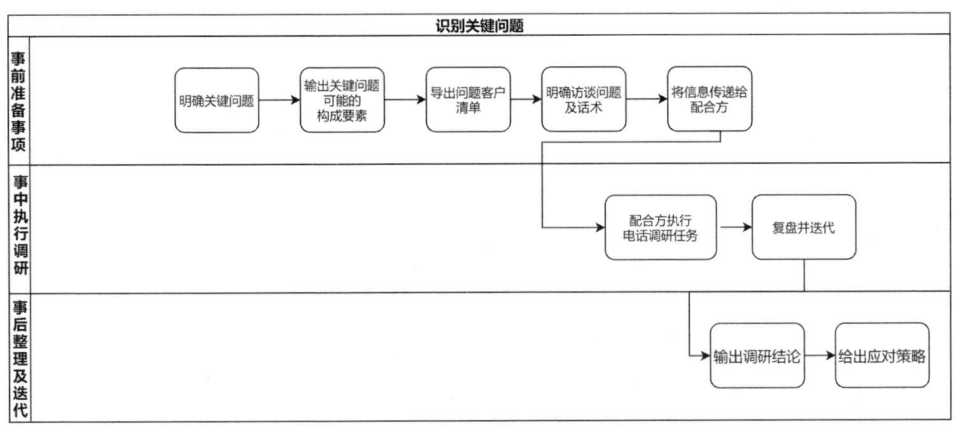

图 3-13

识别关键问题，是产品规划、灰度、迭代过程中必要的信息输入，即便是低阶产品经理也需要掌握该基本技能。给出解决方案，并让运营侧、服务侧、销售侧配合解决问题，以获得好的业务结果，是产品经理在成长道路上的必经路径。

3.6 以识别现有产品的使用情况为目的的客户调研

3.6.1 定义

识别现有产品的使用情况，是指基于正在使用的客户、弃用的客户、未曾使用的客户来综合分析当前产品的使用量、使用场景、使用频次、使用操作等。识别现有产品的使用情况是产品经理经常遇到的业务场景，也是接手一个产品模块/

功能的第一步。只有基于现有产品的使用情况，才能给出下一步的策略，如是否继续演进、怎么演进等。这里的现有产品一般是业务级、模块级、功能级的产品，即对局部产品的使用情况进行调研。识别现有产品的使用情况一般会涉及数据分析、真实使用案例、工单分析、线上访谈、线下调研几个步骤，以结构化数据分析为"骨架"，更重要的是以场景化分析为"血肉"，从而真正地识别现有产品的使用情况。

3.6.2　调研时机及对象

1. 调研时机

识别现有产品的使用情况是高频调研场景，在较多情况下我们会进行此类调研。对于产品经理而言，常遇到的情况有 4 种。情况一，接手一个产品/功能模块，需要对现有产品的使用情况进行全面了解，以确定接收后的策略及规划。在 SaaS 企业，经常会因为组织调整、人员迭代、产品矩阵调整等各种原因，涉及要接手其他产品的情况。情况二，新产品上线后，经过两周或一个月的沉淀，需要识别产品的使用情况，一方面验证新产品立项时的假设是否成立，另一方面基于产品的使用情况迭代产品规划。情况三，产品版本进行了较大的迭代，这时应识别产品的使用情况，并对比迭代前的数据，以观测迭代带来的正负效应，对产品迭代进行复盘。情况四，当我们要下线一个功能模块时，也需要识别产品的使用情况，然后判断下线一个产品的代价、客户的接受程度、可能带来的舆情等，给出合适的策略，以最小成本、最小影响的方式下线一个功能模块。SaaS 产品如何稳健地下线一个功能模块也是一个专题，属于策略层。当然还有很多其他场景也需要识别产品的使用情况。比如，当运营人员想重新运营某些功能模块时，当销售人员想要"炒冷饭"包装新场景时。

另外，如果需要对公司级整体产品的使用情况进行调研，虽然也可以使用此框架，但仅对产品的使用情况进行调研无法给出战略级的指引，建议参考"以全面摸底客户为目的的客户调研"一节的相关内容。

2. 调研目的

识别现有产品的使用情况的核心目的是基于客户真实使用产品的场景、频次、操作，挖掘客户的障碍点、关注点、客户价值等，给出下一步的策略。调研时机不同，调研的最终目的也会有差异，对应策略的方向也需要匹配调研目的进行调整。比如，基于不同的调研目的，最终给出的策略可能是下线策略、迭代策略、运营策略、销售策略等。

3. 调研对象

如果调研目的是识别现有产品的使用情况，那么调研对象涉及的维度主要是客户，一般包括正在使用的客户、弃用的客户、未曾使用的客户。其中，正在使用的客户可以按照使用频次分为高频使用的客户和低频使用的客户，如果再细分的话，可以按照客户角色、新老客户维度、实施情况等再进行细分，具体可以根据业务特点和产品特性来划分。例如，对于不同角色提供的产品价值差异较大的产品，可能需要在使用维度的基础上叠加角色维度；对重点模块进行重构，则需要在使用维度的基础上叠加新老客户维度，因为新客户感受到的只有最新的版本体验，没有习惯迁移的障碍，而老客户感受到的除了新版本的体验，还存在习惯迁移的障碍。调研对象分类如图 3-14 所示。

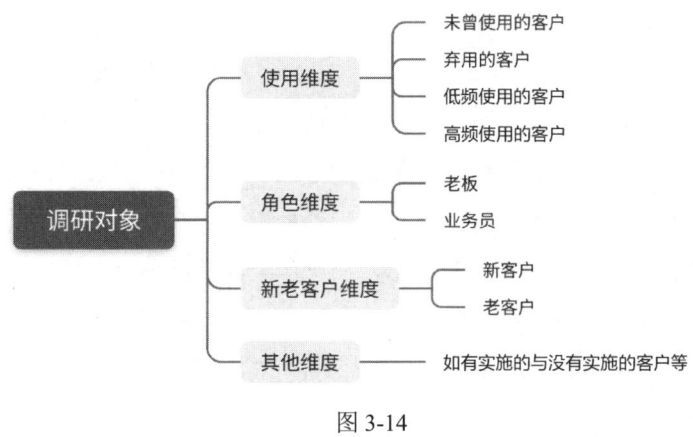

图 3-14

4. 调研方式及流程

1）调研方式

识别现有产品的使用情况，需要将结构化的分析与场景化的分析相结合，会先在 1 对 1 客户调研之前进行数据分析、工单分析得到结构化的分析结果，然后对客户进行抽样，调研客户真实使用案例，具象化客户应用的主要场景，再进行 1 对 1 调研，挖掘背后的原因和深度场景。在识别现有产品的使用情况时，问卷调研非必须，因为真实数据比问卷更可靠，在进行规划下一步策略时，可以补充问卷调研以对策略进行验证。调研方式如图 3-15 所示。

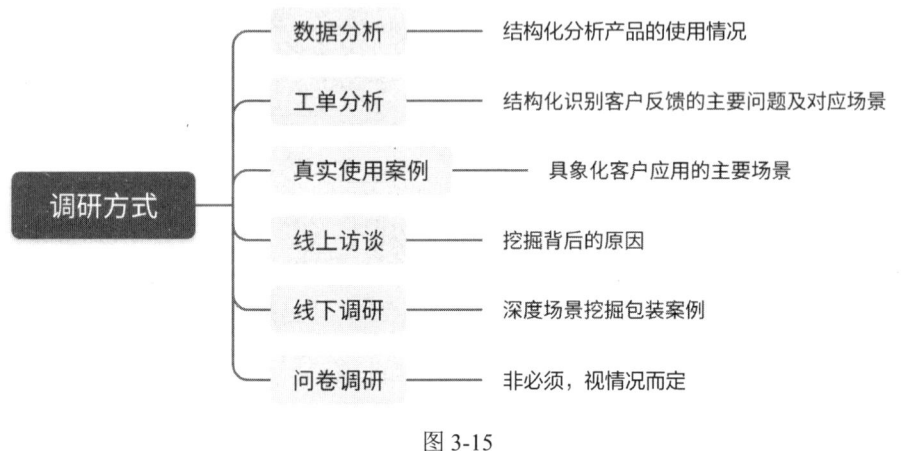

图 3-15

2）调研流程

调研遵循一定的流程或步骤，一方面使调研过程更严谨，另一方面可以最大效率地获得调研结论。以下调研步骤仅供参考，大家并不一定要严格遵循，而应基于实际的情况，有节奏地进行。在每一步的分析之后都会形成一定的假设、疑问和结论，带着这些假设、疑问和结论，在下一个环节的分析中可以得到佐证或解惑，并补足前面步骤分析的局限性。

步骤一：数据分析

在进行产品功能模块分析时，我们可以提前梳理好数据看板，然后基于数据系统构建动态数据看板，以便于实时观测数据。市场面上常见的前端数据系统有

Growingio、神策等，也有一些可以和公司数据库打通的数据工具，这些数据工具的灵活性更好，但操作上存在一定的门槛。

调研目的：基于产品功能模块的目标客户量、使用量（渗透率）、使用频次、使用角色、留存情况、核心使用客群的画像特征等数据进行分析，以获得产品功能模块使用情况的结构化数据。基于结构化数据分析客户主流使用场景和目的，基于数据分析结果，可以给出数据背后使用场景的假设，并在后续调研步骤中验证假设。

步骤二：工单分析

在识别现有产品使用情况的场景中，我们主要从功能或场景维度分析工单，识别聚焦在相关功能或类似场景下的客户反馈，以洞察客户的业务诉求。这里需要注意的是，能够通过工单反馈问题的客户已经属于目标客群中自主意识比较强的客户了，工单分析不能代表全部的目标客户，所以在做分析时不要以偏概全。

调研目的：倾听客户原声，以识别客户最关注的场景，并洞察不同类型客户反馈问题的共性和差异性。

步骤三：真实使用案例

真实使用案例是指对正在使用产品的客户进行抽样调查，看看他们到底是怎么使用的、创建了哪些数据，以及这些数据代表的行为和场景是什么。例如，针对 SaaS 系统中的日程/任务，要看客户到底创建了哪些日程/任务、一周创建了多少条日程/任务、这些日程/任务是怎样构成的、这些日程/任务被描述成什么样、是否大多数的日程/任务会被完成、是否涉及协同人等。真实使用案例的抽样数据，需要在客户授权的情况下进行观测。

调研目的：基于真实使用案例，识别客户的使用习惯，更具象地感受客户的使用情况，进而识别客户使用功能/模块所承载的业务场景。

步骤四：线上访谈

线上访谈是一种兼容效率和效果的调研方式。线上访谈较线下访谈速度更快、调研周期更短，同时较问卷调研有更多的灵活性。基于识别现有产品的使用情况的目的，线上访谈可以快速地识别现有产品的使用情况中存在的"什么时候用"

"为什么不用""为什么弃用"等具象的问题，给出构成这些问题的关键因素。这里可以参考"以识别关键问题为目的的客户调研"一节。

调研目的：基于现有产品使用情况的一些具象问题，给出构成这些问题的关键因素。

步骤五：线下访谈

对于识别现有产品的使用情况的调研，一般采用到访式访谈，即到客户的工作地点或生活地点进行访谈。在前面调研的基础上，线下访谈主要观测客户使用产品功能模块的整体操作，了解客户对该产品功能模块的认知，了解该公司是怎么把对应的产品功能模块使用起来的，以及在什么场景下会使用对应的产品功能/模块。这里也可以套用5W2H方法来观测客户使用产品功能模块的场景。

调研目的：一方面真实地感受客户所处的环境、客户的行为和情绪，另一方面对数据分析、工单分析、真实使用案例、线上访谈结论进行背后场景的挖掘，以进一步验证结论。同时，还可以在拜访客户时，帮助客户更好地将产品使用起来，对于已经使用得特别好的客户，还可以将其包装成标杆案例进行产品运营、宣传。

5. 调研结论及策略

结构化整理调研资料，每一步的调研层层递进，多方对比进行验证和调整，不断地迭代、收敛、验证调研结论。基于不同客户类型的分析和不同业务状态的分析，进行客户分层、问题分层、需求分层、价值分层。识别现有产品的使用情况的核心目的是给出下一步策略。对于识别现有产品的使用情况的调研，侧重点在于对"正""负"的分析：一方面对使用频次高的客户、场景、案例进行分析，对于已经被市场验证的价值点进行"扬长"；另一方面对使用频次低的客户不使用该产品的原因进行分析并形成结论，解决短板。最终给出对应的产品策略、运营策略、销售策略等，以实现业务目标。

3.6.3 总结

识别现有产品的使用情况如图 3-16 所示。

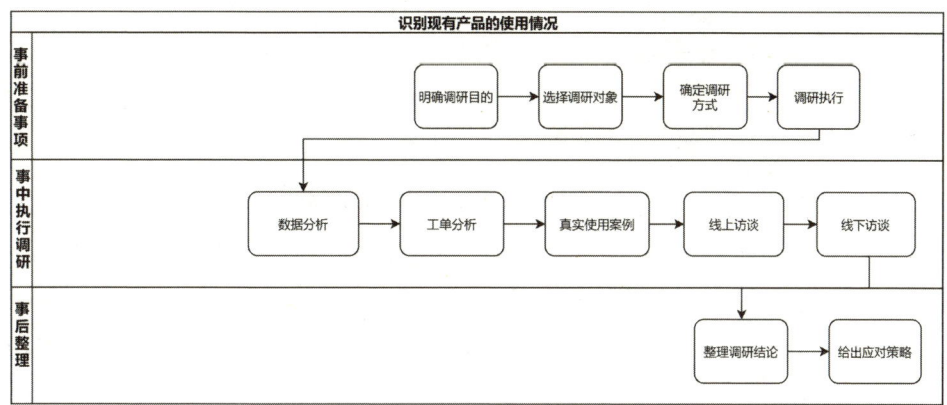

图 3-16

在 SaaS 领域，识别现有产品的使用情况是产品经理经常遇到的场景。针对产品现状，做到"知其然，知其所以然"，也是产品经理"业务学习能力"的体现。

3.7 以新产品验证为目的的客户调研

3.7.1 定义

以新产品验证为目的的客户调研是一种验证新产品是否满足目标客户需求的方式，这里的新产品包括新功能、新模块、新业务等。以新产品验证为目的的客户调研一般在产品规划完成、产品设计原型出来之后进行。产品经理扮演的是一个杠杆性的角色，每个规划的落地需要 N 倍的人力支持，所以在产品方案进入开发阶段之前，一定要尽可能做到谋定而后动。SaaS 产品方案的立足点永远是客户，从客户中来，到客户中去。以新产品方案验证为目的的客户调研，是方案进入开发阶段之前的质量保障。以新产品验证为目的的客户调研基于有代表性的目标客户进行，包括现有标杆客户、现有普通客户、潜在客户。如果新产品方案的来源是业务抽象调研，则要对业务抽象的调研客户进行二次方案验证调研，以最大限度地使产品方案匹配客户需求。

3.7.2 事前准备事项

1. 明确新产品验证的内容维度

新产品验证的内容维度一般包括价值验证、方案验证、需求验证、交互验证、优先级验证。在此基础上，如果有相对不确定的细节点，则可以在整体验证的基础上补充细节验证。因为各种场景之间不是割裂关系，都会存在依赖场景、相关场景、互补场景等，所以需要在调研之前拟定新产品的场景边界，并基于调研情况迭代场景边界。

2. 制定新产品验证的标准

新产品验证的结果是当前设计的方案和客户需求的匹配度，公司应基于客户的反馈调整新产品的方案。但新产品验证只是增加一道保险，一般情况下不应出现很大的偏差，会存在价值调整、优先级调整、方案内容的补充、细节的确认。如果出现比较大的偏差，那么就不应该迭代新产品设计方案，而应该从源头看看哪里出了问题，是否在进行业务洞察时就出现了问题。如果确实出现了问题，则要对客群重新定位、场景重新定位。

新产品的验证标准举例：

（1）新产品方案能够解决客户当前场景中面临的主要问题。

（2）客户愿意放弃当前使用的产品，转而使用新的产品。

（3）客户愿意为新产品付费。

3. 确定新产品验证的方式

因新产品验证一般是验证在各种客户调研之后所输出的产品方案，通过新产品验证做开发前的质量保障，所以，在验证的范围和深度上为一般强度，既可以通过线上视频调研的方式进行，也可以通过线下调研的方式进行，一般选择 1 对 1 的形式。对于战略性的、涉密的新产品建议仅采用线下调研的方式，以保证所有信息资料在调研过程中没有被拍照存档，并确保在调研之后回收相关资料。

4. 明确参与验证的客户类型

以新产品验证为目的的客户调研要选择有代表性的目标客户进行，最终输出的是客户对各个内容维度的反馈意见。一方面，新产品的目标客群不限于系统内的客户，所以要包括潜在客户的调研；另一方面，因为标杆客户更能系统地反馈优质的意见，所以对标杆客户要单独进行调研。再者，如果新产品方案的来源是业务抽象调研，则要对业务抽象调研的客户进行二次方案验证调研，以最大限度地匹配客户需求。所以，一般以新产品验证为目的的客户调研选择客户类型包括：标杆客户（当前系统内）、普通客户（当前系统内）、潜在客户（当前系统外）、参与业务抽象调研的客户（如果涉及）。

5. 准备相关材料

客户调研有多种目的，在调研之前多数需要准备邀约的材料、客户清单等，这里不再赘述。对于新产品验证，这里重点强调与产品方案相关的资料的准备。

1）价值点清单

新产品验证的核心是验证价值点，即客户到底为什么买单。例如，飞书文档本身是一种文档工具，提供了各种各样的文档模板，这些模板属于内容层面。有的人认为飞书文档的协同效率高，客户为工具买单；有的人认为飞书文档的模板即拿即用比较方便，客户为模板内容买单。哪部分客户对哪部分价值点更认可，需要验证清楚，这一方面影响优先级，另一方面影响这些价值点背后对应工作量的投入。产品经理需要在调研之前准备好价值点，并用客户能够理解的语言对这些价值点进行描述，使其通俗易懂，避免"黑话"。

2）方案原型

原型设计是用于演示方案最直接的资料，是传达方案设计的信息载体。方案原型资料的准备不一定要将所有的原型稿设计完毕，只要能够将传达方案主逻辑的主图设计完毕即可。主图一般是多张，在主图的基础上，可以有一个"首图"概念，如果客户要使用新产品，那么他的操作主界面就是主图中的"首图"。"首图"是需要花较多精力设计的页面，承载了主逻辑中的主逻辑。

3）需求清单

需求清单是产品方案中涉及的需求点及优先级。需求清单是与客户进行方案沟通的参考资料，不一定要发给客户，但要提前准备。在对客户进行调研之前，将需要客户确定的需求点做好标记，可以提升沟通效率。在对客户进行调研中，可以确定对应的需求点是否解决了客户场景中的问题。在对客户进行调研后，基于调研结果，对需求清单进行补充、调整。

4）交互设计稿（如果有）

交互设计稿是在方案原型的基础上完善的交互稿或设计稿。对于准备比较充分的新产品，如果已经有交互设计稿，既可以直接拿交互设计稿向客户演示，也可以根据交互设计稿制作出样品，让客户更直观地感受整体方案，在这个过程中可以让客户尝试操作，以验证方案设计的可用性及易用性。

6. 明确角色及分工

新产品验证的核心角色是产品经理，运营人员和设计人员为辅助角色。建议在有条件的情况下，在新产品验证过程中，运营人员和设计人员都能参与，深刻理解客户需求及其关注的价值点。因为新产品验证是进入开发阶段之前的质量保障，所以产品经理应尽量全程参与，确保接收到的是一手信息。运营人员和设计人员可以作为辅助角色进行演示或做会议纪要。

3.7.3 事中执行调研

1. 价值验证

1）输入内容

价值验证的输入内容为价值点清单。

2）验证内容

（1）客户对哪个价值点最敏感、最感兴趣。

（2）客户类型和价值点之间的匹配关系。

3）验证结果影响的内容

（1）基于不同客群在所有客群中的优先级，以及价值点的被感知和被接受的程度，确定价值点的优先级和工作量投入。

（2）基于客户的原声、描述，及其对价值点的理解度，修正价值点的描述文案，以更好地向市场传递产品价值。

2. 方案验证

1）输入内容

方案验证的输入内容为方案原型。

2）验证内容

（1）客户能否基于主图快速理解产品目的及产品功能？

（2）基于对方案的理解，客户认为当前的方案是否能解决其业务场景面临的主要问题？是否愿意改变现有习惯并迁移到新产品？是否愿意为产品付费？

（3）客户对方案的关注点、疑惑点、肯定点、质疑点分别是什么？

3）验证结果影响的内容

（1）基于客户对方案原型的理解，调整主文案和布局。

（2）基于客户对方案的认可程度，对新产品在产品矩阵中的定位进行再度思考，并制定相应的指标。

（3）基于客户对方案的关注点、疑惑点、肯定点、质疑点，对齐客户认知，迭代方案逻辑。

3. 需求验证

1）输入内容

需求验证的输入内容为需求清单。

2）验证内容

（1）需求场景的优先级。

（2）不确定性高的需求得到比较确定的答复，包括肯定或否定。

3）验证结果影响的内容

（1）需求范围及优先级调整。

（2）版本拆分逻辑及版本迭代路径。

4. 交互验证

1）输入内容

交互验证的输入内容为交互设计稿。

2）验证内容

（1）基于交互设计稿或样品，客户的主观意识和行为是什么？其行为背后代表的客户习惯是什么？

（2）基于交互设计稿或样品，客户是否能够在无引导的情况下尝试使用并达成客户的行为目的？

3）验证结果影响的内容

（1）基于客户习惯调整交互逻辑。

（2）版本拆分逻辑及版本迭代路径。

5. 一元性验证

一元性验证用于回答"谁是一"。与需求清单的优先级验证有所不同，一元性验证的重点目的在于回答如果所有场景只能做一个、所有需求只能做一个、所有问题只能解决一个，那么这个"一"是指什么？产品经理可以在客户调研的最后阶段向客户验证，并结合产品的必经路径，在 MVP 阶段实现一元性场景的闭环。

3.7.4 事后整理及迭代

1. 整理客户反馈清单

产品经理基于一定数量的新产品验证调研，最终会收到客户从各个维度提供的反馈。产品经理需要输出客户反馈清单，客户反馈清单应带有客户画像，以便产品经理基于画像类型、问题类型进行二维分析。客户反馈内容清单如表 3-17 所示。

表 3-17　客户反馈内容清单

客户名称	客户画像	验证反馈内容
×××	基础画像 业务画像	价值验证反馈 方案验证反馈 需求验证反馈 交互验证反馈 一元性验证反馈

2. 迭代新产品方案

产品经理基于二维分析，识别客户画像和价值点的匹配关系；并基于客群优先级和价值点认可度识别关键场景；基于具象的反馈内容迭代方案原型、需求清单、交互设计稿。对于周期较长的新产品，需要基于闭环场景优先级，对新产品的方案进行解耦拆分，形成不同的版本，明确走向最终产品目的地的最佳版本路径。基于新产品验证的标准，如果验证的反馈与预期差异过大，则需要进行客群重新定位、场景重新定位。

3.7.5　总结

新产品验证流程如图 3-17 所示。

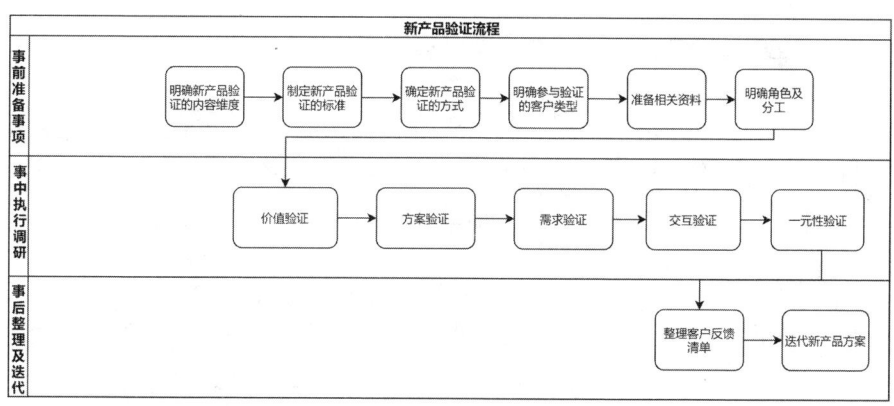

图 3-17

新产品验证，是在产品方案进入开发阶段前的必要流程，是产品经理"杠杆作用"的保险杠。尤其是创新项目，在没有参考的情况下，从客户中来、到客户中去是根本原则，以确保客户为产品买单。

3.8 以业务需求抽象为目的的客户调研

3.8.1 定义

业务需求抽象是一种获取具体产品方案及详细需求的方式，一般在立项之后、产品规划之前进行。SaaS 产品的方案立足点永远是客户，而非竞品。即便是同一个垂直行业的 SaaS 产品，因客群不同，其需求仍有较大的差异，所以方案设计的出发点仍是自己面向的客群，而非竞品。以业务需求抽象为目的的客户调研，是满足目标客群业务特征及其需求，实现产品与市场匹配的手段。对于一些创新产品，市场上尚无服务商满足对应场景，那么业务需求抽象就是重中之重，立足于客户场景抽象具体的产品方案及需求，以确保客户为企业最终提供的产品买单。业务需求抽象应基于有代表性的客户进行调研，对客户需求进行汇总并抽象业务模型，抽象之后的业务模型和需求需要再次进行客户验证，客户验证通过后，则完成业务需求抽象。

3.8.2 事前准备事项

1. 明确业务需求抽象的业务范围

业务需求抽象的目的是获取产品方案及需求的方式。一般在产品立项后，产品的目标客户、要解决的问题、要实现的价值等均已确定。在此基础上，应进一步明确业务需求抽象的业务范围，即细化目标客户、要解决的问题、要实现的价值、涉及的细分场景、对应的功能模块等。

例如，在产品立项时我们可能面向的是全部的客户，把客户分为 5 类，不同类型的客户面对同样的问题/场景所对应的产品方案会有差异。我们决定首先实现相对容易满足且占绝大多数的 3 类客户的业务需求，这 3 类客户占总客户的 80%。

那么我们在进行业务需求抽象时，核心瞄准的是能够匹配这 3 类客户对应场景的产品方案及需求。

2. 制定业务需求抽象的标准

业务需求抽象的输出是产品方案及需求清单，如何衡量输出的质量需要提前明确。明确衡量标准，可以让人更清楚客户调研的整体框架应该包含的内容有哪些。

业务需求抽象的标准如下。

（1）随着目标客户调研数量的增加，调研过程中产生的需求内容应该是收敛的，而非发散的。如果不满足这个标准，则肯定是哪里出了问题。到了后期调研阶段，大多数情况下，也就是验证需求清单、明确优先级，而非扩展需求清单。

（2）最终基于需求清单能够抽象出清晰、逻辑统一的产品方案。如果一个产品方案的逻辑复杂，那么在产品化过程中肯定会出现各种各样的问题，也会产生很高的实施成本和客户使用成本。清晰、逻辑统一的产品方案不代表工作量低，但其解释成本和理解成本肯定是低的。

3. 确定业务需求抽象的方式

因为业务需求抽象是针对一个个客户进行详尽调研并输出需求清单的，对信息的详细程度及准确程度要求较高，所以一般业务需求抽象以面对面访谈的方式进行，以确保双方沟通的效率及效果。

4. 明确参与客户的标准

业务需求抽象输出的不是简单的访谈纪要，而是需要客户配合输出的需求清单，对客户业务、场景的了解要非常详细，在沟通的过程中也要不断确认其业务目的、场景及需求，需要客户有极高的配合意愿。参与业务需求抽象调研的客户一般应符合以下 3 个标准。

（1）代表目标客群的典型客户。

（2）有强需求。

（3）有极高的配合意愿。

对于这些标准，要给出相对明确的要求或参考，以方便配合部门帮忙邀请符合标准的客户。针对"有强需求"这个标准可以给出一些客观的指标，如客户业务所拥有的产品种类、产品规格及数量等，这些客观的指标可以用来明确客户是否有强需求的动因。针对"有极高配合意愿"这个标准，可以询问客户是否愿意抽出一天的时间来配合产品经理明确需求，这样客户便知道自己需要配合到什么程度。

邀请到满足标准的客户是成功的第一步，由于每次业务需求抽象的调研耗时较久，调研客户的匹配度很影响效率及效果。对于配合部门提供的邀约客户清单，产品经理可以提前打电话对需求进行初步评估，评估后满足目标客户标准再进行面对面调研，即基于客户邀约名单，产品经理需要先进行一层过滤，再进行业务需求抽象调研。

5. 准备相关材料

1）邀约材料准备

邀约材料是提供给配合部门，用于更好地传递业务需求抽象调研对客户的价值，吸引客户积极参与的材料。在配合部门邀约前，由业务方提供邀约材料。邀约材料一般包括本次业务需求抽象调研的主题、初步方案、对客户的价值。

2）受邀客户清单

受邀客户清单用于整理已经接受邀请的客户的信息资料，以便业务方提前了解客户信息，并合理安排拜访人员及拜访时间。邀约客户既可以由配合部门邀请，也可以由业务方自己邀请。业务需求抽象调研的客户清单一般包括 3 个方面的信息：客户基础信息、客户业务信息、客户业务需求相关信息，如表 3-18 所示。

表 3-18　业务需求抽象调研的客户清单

信息类型	信息说明
客户基础信息	客户名称、产品版本、客户联系人、联系人电话、客户地址等
客户业务信息	业务类型、行业类型、年收入、业务痛点等
客户业务需求相关信息	本次业务需求抽象范围所涉及的场景，以及遇到的问题、需求的描述、需求重要程度等

3）产品方案初稿

虽然业务需求抽象的目的是输出需求清单和产品方案，但在此之前，基于初步调研、历史洞察、竞品分析等，在立项环节应该已经有了初步的产品方案和需求清单。业务需求抽象调研是在深入客户调研的基础上对需求清单进行补充、调整，并对产品方案进一步抽象的过程，即业务需求抽象不是在"空"的基础上进行的。所以，如果已经有了初稿内容，则需要提前准备好，以方便客户对初稿内容进行校验和调整。产品方案初稿涉及的内容如表 3-19 所示。

表 3-19 产品方案初稿涉及的内容

产品方案初稿	涉及的内容
需求清单	在客户描述自己需求时，可以直接复制需求清单进行调整，让客户确认需求
价值提炼	便于帮客户识别其潜在需求
方案原型	如果有可演示的方案，则演示方案，以便于客户了解产品方案的实现逻辑，客户也可以提前给出意见

6. 明确角色及分工

业务需求抽象的核心角色是产品经理，但方案的设计需要技术人员的评估。产品经理、设计人员、技术人员是"铁三角"关系，建议在有条件的情况下，在业务需求抽象的过程中，产品经理、设计人员、技术人员都能参与，深刻理解客户需求。如果技术人员的时间不允许，则产品经理和设计人员需要一起进行业务需求抽象调研，并详细记录访谈内容、需求及需求背后的场景，以便于其他人了解这些内容。因业务需求的抽象是从战略到战术落地的关键环节，如果同项目组内有多位产品经理，则业务需求抽象调研可以分成多组，如果项目仅由一位产品经理负责，则最好串行进行业务抽象调研，以保证输出的质量。业务需求抽象调研包含的角色及相关内容如表 3-20 所示。

表 3-20 业务需求抽象调研包含的角色及相关内容

角　色	角色必要性	业务需求抽象调研对应的角色说明
主访谈人	必要	主访谈人是产品经理，是方案抽象和需求的落地人，并扮演负责与客户进行沟通、探讨的主角色。主访谈人应该是对客户最了解、对方案最了解、有产品化的能力，并有产品抽象能力的人员

续表

角色	角色必要性	业务需求抽象调研对应的角色说明
纪要人员	必要	纪要人员可以是设计师,主要负责会议纪要,纪要人员首先要做的就是"全""对",即记全、记对,不遗漏,其次才是对内容的结构化整理
控场人员	非必要	控场人员负责把控整体的时间节奏,使得整体时间分配合理,避免在非关键问题上浪费过多时间。控场人员一般不由"主访谈人"担任,因为主访谈人聚焦于需求沟通方面,不适合另分精力进行控场,可由其他人员担任
演示人员	非必要	演示人员在必要的时候向客户演示方案并分发、收集资料。演示人员一般由产品经理担任,在访谈过程中演示讲解方案,以便在客户原有需求基础上挖掘潜在需求
其他调研人员	非必要	一般情况下只有在业务需求抽象调研完成后,才能留一点时间给其他调研人员,他们在调研过程中不得干预,只能旁听或做辅助纪要

7. 请客户提前准备好资料及具体需求清单

在到达调研现场之前,可以让客户提前把需要的资料准备好,并针对场景的需求列出其基于场景的具体需求清单,作为业务抽象时的需求输入。在调研过程中,双方阐述清楚场景及需求,并现场确定该客户的最终需求清单,以实现调研效率及效果的最优。

3.8.3 事中执行调研

1. 开场

开场是与客户见面所聊的话题,开场的目的是以最舒服且最快的方式进入正题。开场一般包括双方自我介绍、此次拜访的目的介绍、切入正题的小话题。因为业务需求抽象调研就是来听取客户需求的,所以一般情况下客户自己就会直接进入正题,不会将太多时间用于其他事情。

2. 给客户输入信息

虽然在执行调研之前,一般都会提前与客户沟通调研的目的和场景,但仍需要进行再次阐述,以聚焦范围。针对业务需求抽象调研,仅需要给客户输入场景的范围和此行的目的,不需要过度输入,以免干扰客户的原始需求描述。比如,产品方案初稿就不需要在这个环节输入,而是在客户阐述完毕需求之后,作为需求确认的一种方式呈现。

3. 客户明确需求

开场和基础信息输入完毕之后,就是客户的主场了,也是客户享受的时刻,客户可以尽情地描述其业务场景并表达对应的需求。一方面客户需要给访谈者演示需求用到的场景,另一方面客户可以直接出具需求清单供访谈者确认。调研过程中用到的一些资料也需要由客户复制一份给访谈者,以便访谈者能够在需求转换时尽可能地还原场景。在客户阐述需求的过程中,访谈者尽量不要干扰客户的描述,当然,如果有不清楚的地方,则可以打断进行确认,以保证双方理解一致。

1)需求整理

客户在明确需求之后,可以基于自己的理解整理需求清单,这里就可以用上之前准备好的需求清单初稿了。访谈者可以在原有需求清单的基础上增、删、改,以使需求清单满足客户需求。需求的整理最好在现场进行,客户可以做他自己的事情,给访谈者一间办公室或一个小空间即可。访谈者在现场整理好需求之后,当场和客户确认,以保证双方理解一致,确保整体的效率及效果。在整理需求的过程中,纪要人员的记录和产品经理的短期记忆是输入内容的重要参考,所以纪要人员的输出要保证还原客户的描述,做到记全、记对。

2)需求确认

需求整理完毕后,可以现场和客户确认。访谈者在和客户进行现场确认的过程中,一方面可以阐述自己理解的需求,另一方面可以把提前准备的产品方案初稿向客户演示,以进一步明确需求,并检测提前准备的方案是否能够满足客户需求。在演示产品方案初稿时,可能会出现客户发现方案满足/不满足/超出满足需求的情况,这些都是好的发现,便于相关人员尽快对方案进行判断。另外,对于不在客户初始需求范围,但通过其他方式洞察到的需求内容,访谈者也可以拿出来让客户确认。有时客户会发现他之前未识别的需求,且该需求优先级高于客户原有的初始需求,这也是一个洞察过程,说明方案的设计超出客户的预期。在进行需求确认时,一定要让客户列优先级,不能说都需要。例如,如果只能做一个需求，这个需求是什么？如果只能做 3 个需求，这 3 个需求是什么？只有优先级明确，才能知道客户到底要什么，才便于需求收敛。需求确认完毕后，为了在后续方案落地时尽可能还原这些需求，需要客户提供影响需求实现的原始资料。当单个客户的业务需求抽象调研结束后，需要带回如表 3-21 所示的资料。

表 3-21 客户需求及资料

资　　料	说　　明
客户需求清单	产品经理与客户确认的需求清单中应包括需求的优先级
客户原始资料清单（脱敏）	需求落地需要参考的原始资料进行脱敏，并单独用资料袋或文件夹存放

4. 复盘并迭代

业务需求抽象调研，一般要调研一定数量的客户，以收敛需求。在调研过程中要进行复盘和迭代调研方案，以使业务需求抽象达成最初的目的。假设需要对 10 家客户进行业务需求抽象调研，当完成 3 家客户业务需求抽象调研时，就可以复盘业务需求抽象调研的过程、结果，以识别是否按照预期进行、是否达成最初的目的。基于此迭代方案，在调研几家客户之后发现需求已经收敛，为了保证效率和效果，之后仍需要进行一定数量的客户调研，但可以采用线上直接确认的方式，以加快业务需求抽象的节奏。

3.8.4 事后整理及迭代

1. 需求清单终稿

基于一定数量的业务需求抽象调研，最终需求会收敛，需要输出整体的需求清单及需求的优先级，并按客群、场景划分产品需求矩阵，以确保每个迭代的需求范围能够覆盖细分客群的细分场景，从而逐步完成整体方案的落地。目的地要清楚，路径要清晰，产品需求矩阵承载着走向目的地的多条路径，公司最终会基于业务的洞察选择最适合自身的一条路径。路径既可以按客群规划，也可以按场景规划，还可以进行混合规划，当不同客群的需求优先级差异较大且产品化方案差异较大时，则可能会出现需要进行混合规划的情况。产品需求矩阵如表 3-22 所示。

表 3-22　产品需求矩阵

场　　景	客群 1	客群 2	客群 3
场景 1	11	12	13
场景 2	21	22	23
场景 3	31	32	33

2. 业务抽象

基于需求清单，产品经理要进行业务抽象，对需求进行系统性设计及阐述。这里涉及用类图表达对象及对象关系，用产品架构图梳理整体产品功能模块之间的关系，用数据流图表达数据之间的传递转换。业务抽象是系统性思维的体现，通过层层的业务抽象，可以实现从战略到战术的稳健落地，所以说业务抽象是从战略到战术落地的阶梯。

3. 原型方案输出

基于整体方案的设计，可以输出主要的原型图，方便技术人员及其他相关方更直观地了解需求，进行多方沟通时可以看图说话，减少信息差。

4. 技术方案评估

技术人员基于需求清单、业务抽象模型、原型方案可以进行技术方案的评估，以确定技术的可行性、开发成本、排期预期。技术方案的评估最好在方案验证之前进行，因为每家企业的技术实力不一样，还可能存在依赖三方接口的情况。提前评估好技术方案，可以将可能的风险提前暴露。

5. 方案验证

在技术方案评估可行的基础上，对最终的方案进行再次验证，以确保方案的稳健性，方案验证的核心是请参与业务需求抽象的客户进行验证。同时，也可以对方案进行放量验证，放量验证可以直接采用线上的方式来提升效率，或者让客户成功经理来辅助验证方案。只要业务需求抽象得当，方案验证的结果一般就不会大幅偏离预期。如果方案验证的结果大幅偏离预期，那么大概率是业务需求抽象时就出现了重大的问题，这时就需要再进行复盘和迭代。需要注意的是，对于产品的最终方案应该遵守保密原则，避免客户将方案泄露给竞争对手，避免销售人员过早透漏方案，以维护产品的竞争力及口碑。

3.8.5 总结

业务需求抽象流程如图 3-18 所示。

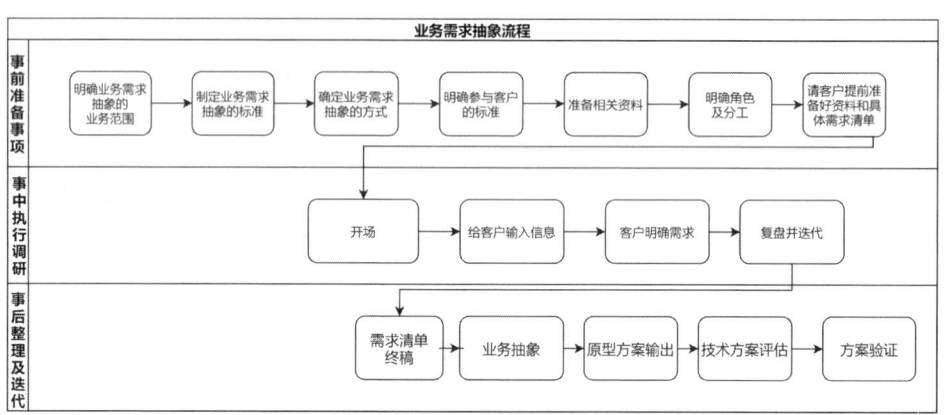

图 3-18

业务需求抽象是设计产品方案的通用方法，尤其是创新项目，在没有参考的情况下，应立足于客户场景抽象具体的产品方案及需求，以确保客户对产品买单。业务需求抽象方法可以作为产品化设计方案的一种范式，灵活应用，以解万难。

3.9 制订调研计划并执行

针对不同调研目的所采用的调研方式不同，目标客群不同，调研周期有长有短，覆盖范围有广有窄，如表 3-23 所示。大家可以基于业务目的、整体项目节奏、个人时间安排来选择合适的调研方案，也可以基于整个项目节奏的不同阶段分别选用不同的调研方式，制订相应的调研计划，以达成最终的业务目的。

表 3-23　调研方案对比

调研目的	调研方式	调研周期	主要目标客群	单次调研时长建议	覆盖范围	补充说明
获取最佳实践	客户共创	中	标杆客户	2 小时	中	在获得最佳实践之后要进行放量验证，放量验证要下沉到更多的客户中，并采用更多的方式去验证
了解客户现状/流程	实地 1 对 1 访谈	中	业务细分客群	2 小时	中	相较于全面摸底客户，对客户现状/流程的了解一般属于局部了解。比如，了解他们是如何做业务的，了解他们整体的业务流程或局部的业务流程
全面摸底客户	多种调研方式并取	长	全客户类型：未购买产品的客户、购买未激活产品的客户、已激活产品的客户	半天	广	当客群发生结构性调整时，或者宏观发生较大变动时，一般都要对客户进行全面摸底。全面摸底需要的资料较多，会用到一手资料及二手资料。采用各种调研方式，包括数据调研、圆桌会议、问卷调研、实地 1 对 1 访谈等，对客户进行全面调研。一般全面摸底客户会调用公司较多的部门及人员参与，以缩短调研周期，输出系统的调研报告
识别关键问题	线上 1 对 1 访谈	短	相关客户	10 分钟	窄	要识别的问题一般比较明确，如为什么客户不用、为什么客户激活失败等，基于这种明确的问题，可以请客服在半天内完成几十家客户的调研
识别现有产品的使用情况	数据分析、真实使用案例、线上 1 对 1 访谈	中	正在使用产品的客户、弃用产品的客户、未曾使用产品的客户	30 分钟	中	识别现有产品的使用情况，是产品经理经常遇到的场景，也是接手一个产品/功能模块的第一步，属于主流调研场景
新产品验证	1 对 1 访谈	中	新产品目标客群	1 小时	中	验证新产品主要指产品上线之前的验证，产品上线后的验证方法同"识别现有产品的使用情况"
业务需求抽象	深度访谈	长	业务细分客群	1 天	中	业务需求抽象是指基于目标客群、业务方案，对客户进行调研，抽象出满足目标客群的必要需求，以使落地的方案能够真正满足客户需求，在进行创新业务时，尤其需要进行业务需求抽象

调研计划的制订可以参考前面章节的相关内容，调研计划的执行会因调研人能

力模型的差异而影响调研结果。在执行调研计划的过程中，有一些关键词能够帮助大家更好地执行客户调研计划，提升调研质量。客户调研关键词如图 3-19 所示。

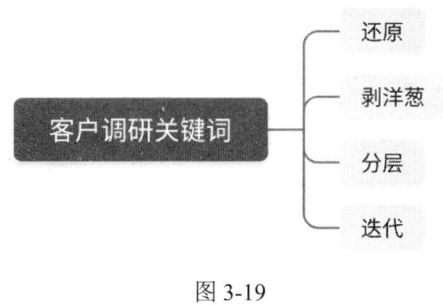

图 3-19

1. 还原

客户调研的重点是客观地还原客户场景，所有的挖掘、分析均基于客户场景进行，挖掘和分析是主观的，不同背景和有不同经验的人可能会洞察出不同的内容。客户调研应先尽可能正确、完整地呈现客户场景，再谈后续的事情，否则所有的分析都无法立足。还原客户场景可以使用 5W2H 模型中的 5W1H 做客观陈述，1H 做主观分析，先客观地描述谁（Who）在什么时候（When）因什么目的（Why）在什么地方（Where）做什么事情（What），当前怎么做（How），再主观分析能够怎么优化（How to Upgrade）。客观描述的 5H1W 内容不会因调研者的不同而不同，但可能会因调研者的水平差异出现还原粒度过粗的情况。另外，既要在客户调研的现场还原客户场景，也要在做调研纪要时还原客户场景，还原客户场景是信息有效传递的基础。做会议纪要时，强调"全、对、结构化"，即对调研过程中的内容要记全、要记对、要系统性地整理，因为纪要人员的业务判断力一般会低于主访谈人，所以这时的纪要人员做一个"工具人"即可，暂时不要做额外的分析、判断、取舍。保留正确的原始资料是一切的基础。在整理纪要时，要实现结构化整理，使调研纪要满足基础的阅读标准，并让相关人员能够快速识别关注的重点，以提升整体协作的效率。

2. 剥洋葱

在进行客户调研时，客户回答问题时很可能不够精确。这种不精确，可能会让客户调研的还原粒度过粗，那么就需要通过剥洋葱的方式一层一层地提出问题，以明确客户的客观现状。举例来讲，你问客户"当前业务最大的问题是什么"，客户说"买家少"（这里为了避免 SaaS 的客户与客户的客户混淆，我们用"买家"这个词来表示客户的客户），那么需要问客户"买家少，是指成单买家少还是指目标买家少"，如果客户说"成单买家少"，那么需要问客户"成单买家少的原因是转化能力不行，还是买家池子不够"……这样用一层一层的问题来还原客户当前的业务现状。简单来讲，就是每个关键问题挖 3 层，那么这个问题基本就问"透"了。

3. 分层

SaaS 产品面向的是大批量的 B 端客户，由于 B 端客户的规模、业务模式、垂直行业、组织架构等存在差异，因此其业务现状及需求也存在差异。所以在进行客户调研时，客户分层特别重要，一方面确保在进行调研对象选取时尽可能全，另一方面确保在进行客户调研梳理时能够清晰地呈现不同客群的客观现状及需求。客户调研的分层，首先是客户画像分层，然后是基于画像分层的客户问题分层、客户需求分层、解决方案分层（价值分层）。客户调研分层如图 3-20 所示。

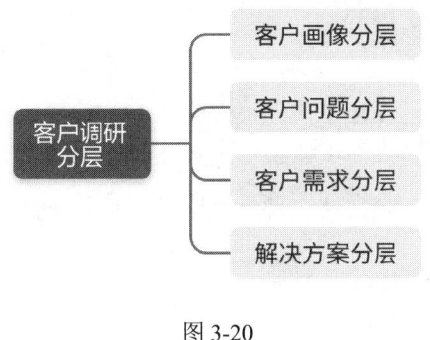

图 3-20

4. 迭代

在客户调研过程中，基于调研目的的达成情况，迭代调研对象、调研方式、调研提纲等，以使调研结果能够达成调研目的。基于调研过程的阶段性结果，可能会衍生其他问题，基于明确的问题也需要制订下一步的调研计划。无论是产品规划还是客户调研，甚至是任何事情，复盘、迭代都是利用飞轮效应达成目标的基础手段。

第 4 章
SaaS 产品竞品分析

竞品分析是产品经理的基本功，而竞品分析目的不尽相同。目的不同，则分析重点及分析框架便会不同。通过本章，读者可以学习如何对 SaaS 产品进行竞品分析。基于竞品分析知识及案例的学习，读者可以掌握不同目的下的竞品分析框架，合理、有效的竞品分析框架不仅可以提升竞品分析效率，还有助于达成最初的业务目标。在日常工作中，效率低下的根本原因是方法论体系不扎实，产品效果不理想的根本原因是没有应用正确的方法论。大家可以将基础竞品分析框架修改为适合自身业务的框架，逐步构建自己的竞品分析框架体系，既提升效率，又提升产品效果。

在竞品分析工作正式开展之前，基于竞品分析目的选择合适的竞品是成功开展竞品分析工作的重要前提。这里的竞品是广义的概念，包括一些值得借鉴的跨界产品，借鉴跨界领域的解决方案并将其应用于自身业务也是常用的解决问题的方式之一。竞品分析是战术，选择谁为竞品是战略。

4.1 SaaS 产品竞品调研的方法及渠道

4.1.1 概述

先谋而后动，在进行实际的竞品分析之前，首先应选择合适的竞品，然后想办法触达竞品，这里的触达是指获取有价值的竞品信息，包括试用产品、查看产品信息或获取其他竞品有价值的信息。SaaS 产品大部分是付费产品，国内外的 SaaS 产品较多，需要通过一些渠道获取竞品的基础信息，我们应选择符合自己竞品调研目的的产品，并通过一些方法触达产品有价值的信息。

4.1.2 什么是竞品

什么是竞品？在这个问题上，很多人想当然地认为提供同样功能的产品就是竞品，然后开始紧锣密鼓地调研、借鉴，最后发现不满足自己客户的需求。所以对于谁是竞品、为什么要调研这个竞品，要给出明确的答复。竞品有狭义的概念及广义的概念。狭义的竞品概念是，我们在市场上遇到的竞争对手可以称为竞品；广义的竞品概念是，我们能够借鉴的产品或服务都可以称为竞品。

针对狭义的竞品概念，在 SaaS 服务领域，销售人员可能比产品经理更清楚竞品是谁。面对同一批客户，提供相同价值的产品或服务即竞品。狭义的竞品包括两类，一类是面向同一市场提供相同价值的同种形态的产品或服务，另一类是面向同一市场提供相同价值的差异化形态的产品或服务。例如，你提供的是 SaaS 产品，用以帮助客户获取买家；而竞品企业提供的是运营服务，用以帮助客户获取买家。客户当前有 2 万元，要么买 SaaS 产品，要么买运营服务，那么这个 SaaS 产品和运营服务就是竞品。在进行竞品调研时，需要调研竞争企业的运营服务有哪些、优劣势是什么、SaaS 产品如何与其竞争。作为端到端的产品经理，有时还需要给销售伙伴输出产品的价值点、和竞品的对比表、销售话术等，供销售人员参考。当然，销售人员肯定会在产品经理的资料基础上修改，并根据市场声音（客户反馈）迭代。同时，销售人员在前线容易获得更敏锐的信息，如新进入的竞品，这时需要销售人员将相关信息反馈给产品经理，从而迭代市场信息。虽然在 SaaS 领域，竞品更新的频率没有那么高，但也需要按照季度维度迭代竞品表单。

针对广义的竞品概念，但凡我们可以参考的都是竞品，这里的参考既可能是指参考其功能，也可能是指参考交互视觉，还可能是指参考解决方案的核心逻辑。这里没有什么限制，有借鉴意义即可。我们在进行竞品分析时要知道被调研的竞品和自己的 SaaS 产品是否面向同一个市场，提供的价值是否一样或相似，之所以调研这个竞品是想要参考它的哪些方面。要带着这些认知去调研，基于市场和价值的差异化去思考参考点，而不是做一个只会参考功能的工具人。按照我们常遇到的竞品类型，广义的竞品一般包括 3 类：一类是面向不同市场提供相似价值的相似形态的产品或服务；一类是面向不同市场提供相似价值的不同形态的产品或服务；还有一类是面向不同市场提供不同价值的不同形态的产品或服务。竞品分类如图 4-1 所示。

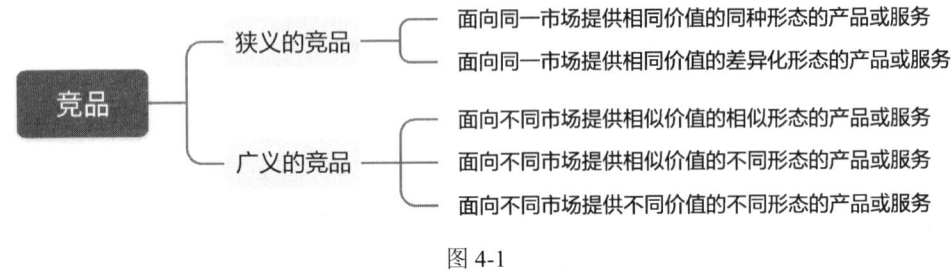

图 4-1

4.1.3 选择竞品

无论是进入行业较久的老人还是刚进入行业的新人,在选择竞品时都应该基于最新的竞品表单去选择,而不要画地为牢,用惯性思维仅基于自己熟知的竞品做调研工作,这既会使自己忽略新竞品,也会让自己的视角局限于本行业的有限领域,从而忽略相关领域中可借鉴的解决方案。

在选择竞品之前,首先要找到足够多的满足调研目的的竞品,然后快速浏览竞品的关键信息,以判断哪些竞品更符合自己的调研目的,最终选择要进行详细调研的竞品。

我们常见的选择竞品的方法有 3 种:一种是基于本公司的专业人士提供的竞品清单选择竞品,这里包括销售人员在市场上遇到的竞品;另一种是通过软件平台获取涉及相关业务或有相关功能的软件选择竞品;还有一种是通过行业报告或咨询机构获取相关的竞品信息,常见的机构包括艾瑞、Gartner、B2B 内参等。因为国外的 SaaS 较国内发展更久,也相对更成熟,所以在进行 SaaS 产品竞品调研时,时常要调研国外的一些 SaaS 产品,国外的 SaaS 产品在各个业务领域几乎都有佼佼者,且相对来讲更重视用户体验,更多地支持先试用再购买。反观国内的 B 端产品,相对来讲更重视功能的多少,以销售为导向,一般付费后才能够使用,当体验不好时,用户要么忍耐后习惯,要么用不起来成为断约客户。国外常用到的竞品调研平台包括 G2、Craft、Capterra、Software Advice 等。这些网站可以让我们快速地找到目标竞品,除了评分、评价,详细的产品功能清单、较好的产品功能对比,可以让产品经理更快地了解一种竞品,并判断要不要进行详细的调研。

部分网站也会显示软件的价格及是否支持试用，如果必要，可以一键申请试用。有些国外的产品虽然进入了国内市场，但可能会存在国内版本无法试用而国外版本可以试用的情况。因此，针对想要试用的产品，可以多探索几条试用路径，官网不行就找平台，国内版本不行就找国外版本。

4.1.4　快速了解竞品

当我们通过各种渠道找到相关竞品之后，要在众多竞品中选择合适的竞品进行深入分析，这就要求快速了解竞品的关键信息。这里提供几种常用的快速了解一种竞品的方法，如图 4-2 所示。通过官网快速了解公开资料；通过帮助中心或客服了解具象的资料，如某些功能的具体情况；通过销售人员了解售价或一些商业化信息，有时销售人员还会告诉你该公司未来的战略规划；通过年报了解财务情况及发展趋势；通过调研机构的报告来补充分析这家公司的情况；通过 Google 搜索在 Google 图库中寻找相关关键词的图片，一般可以获得竞品分析资料的

图 4-2

关键图片，方便快速浏览以辅助判断。通过以上方法可以在最短时间内了解一种竞品的关键信息，在确认竞品符合自己业务分析要求的情况下，再进行详细的竞品分析。

4.1.5　详细调研竞品

谋定而后动，做 B 端服务的产品，有的支持试用，有的不支持试用，SaaS 产品也是如此。一般情况下，国内的 SaaS 产品大多数是不支持试用的，特别是你想要调研的、相对有价值的那些。如果一家公司的 SaaS 产品中含有较多的实施服务，那么该产品一般也是不支持试用的，因为试用无法让客户感知到价值，会造成比较低的转化，对短期的销售和长期的口碑都会产生不良的影响。国外

的 SaaS 产品相对国内的来讲，支持试用的较多，可以作为竞品调研的补充，这时要特别注意不依赖本地环境的商业化方案，如想要重构产品体验、想要做 Google 营销方案等。针对不支持试用的产品，要么申请公司竞品经费，购买产品来体验；要么找正在使用竞品的客户或朋友，暂借账号使用并录制相应的视频。如果要对一种竞品做详细的调研，那么一定要写调研报告，按照竞品分析目的规划竞品分析的框架，基于竞品分析的框架填充调研内容。没有调研报告的调研很容易流于形式，分析不到位。

我们常见的竞品分析目的包括探索业务方向、产品功能研究、竞品动态跟进、单竞品 360 度分析，如图 4-3 所示。这些竞品分析目的会融入年度规划、创新项目、产品重构、战略调整等企业行为或产品行为中，围绕着企业战略或产品战略开展对应的竞品分析。

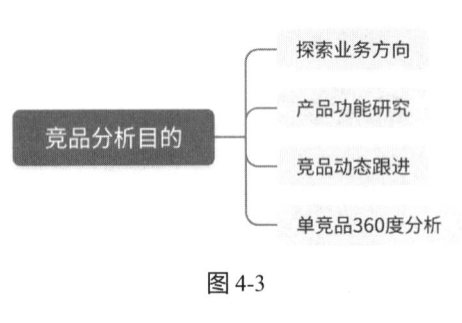

图 4-3

4.2 以业务方向探索为目的的竞品分析

4.2.1 概述

以探索业务方向为目的的竞品分析，是指在一个相对宽泛的范围内寻找相关业务可能的战略方向。一般当企业进行创新业务时，需要研究竞品，探索出适合自己企业特征的业务方向。针对 SaaS 产品，创新既可能是探索出一个新的业务领域，也可能是在原有业务领域基础上进行纵深挖掘。无论是什么情况下的创新，都应基于客户需求研究市面上该业务领域中的不同商业模式以扩展思路，避免画地为牢，降低创新业务的不确定性，给相关方一定的信息及信心。

4.2.2 竞品选择

以探索业务方向为目的进行竞品分析，在选择竞品时，应选择目标业务领域中商业模式不同的 Top$N$ 竞品。那么，怎么选择这些竞品呢？首先需要通过广泛的产品平台识别目标领域中有哪些产品，它们分别采用的是哪些商业模式，即广泛了解；然后筛选每个商业模式中的标杆竞品。这里需要注意放眼全球，国内外的竞品均需要了解。在竞品选择的过程中有一个探索的过程，即在选定竞品之前，需要浏览较多的产品，一般需要浏览 10 种以上的产品，并快速地了解相关产品的关键信息，在此基础上识别哪些产品更满足要求：一方面产品与想要探索的业务领域的相关度高，另一方面产品的商业模式存在差异。选定竞品之后，就可以进行深入的竞品分析了。

4.2.3 分析框架

分析框架可以给大家一个参考，便于在此框架的基础上快速实现以探索业务方向为目的的竞品分析。通过该分析框架呈现的内容可以清楚地反映每个竞品的基础情况，让企业纵向了解每个竞品的整体业务框架、目标用户、盈利模式、产品功能；横向对比不同商业模式的优劣。探索业务方向时，竞品商业模式、业务框架、竞争优势等都是关键信息。

掌握基础资料是整体了解竞品企业基础情况的快速方式。成立时间的长短影响企业在行业领域的积累，成立地点影响企业的宏微环境及细分客群；雇员数量说明企业的规模；融资情况可以用来判断市场对该企业的评估情况；官网信息方便我们快速地浏览企业的相关信息，官网的浏览量及排名也可以从侧面反映企业实力。在竞品的相对实力不好获知时，我们可以通过官网的浏览量及趋势来辅助判断企业实力及近期情况。对于国内的企业，大家还可以将其官方公众号的文章阅读量及变化趋势作为辅助信息，来判断这家企业的近期情况。针对行业领域的特征，大家还可以增加其他影响竞品判断的基础信息。比如，做广告投放服务的，那么竞品企业的广告支出就是基础信息；做跨境电商的，交易额就是基础信息。

纵向分析用于分别纵深分析业务领域中商业模式不同的 Top$N$ 竞品的关键信息。基于单个竞品企业，其商业模式是什么，可以简化为"为谁提供什么服务，以什么方式赚钱"；其商业模式下的业务框架是什么，即给客户提供什么产品/服务；对应商业模式下的竞争优势是什么，有哪些竞争壁垒，如果我们参考类似的商业模式，是否拥有对应的优势资源，是否能够构建同样的竞争壁垒，如果不能，那么我们基于企业的优势资源能构建什么壁垒；该竞品企业的优势功能有哪些，基于优势功能给出详细说明及产品图，以让相关方能够更深入地了解不同商业模式下的产品差异，给战略决策相关人更具象的输入，以深入了解对应商业模式下的产品化能力。因为我们的主要目的是探索业务方向，所以在进行纵向分析时，围绕关键信息即可。

横向对比用于对比不同商业模式下的关键信息。在进行横向对比时，整体围绕"为谁提供什么服务，以什么方式赚钱，怎么做的"来展开，包括商业模式、目标客户、提供服务、盈利模式、核心价值、竞争壁垒，以及其他影响业务的关键因素。我们做了很多的调研工作，最终汇总在一张横向对比表中，以识别不同商业模式的差异，以让战略决策者能够基于"一页 PPT"做出决策。

以探索业务方向为目的的竞品分析框架，如图 4-4 所示。

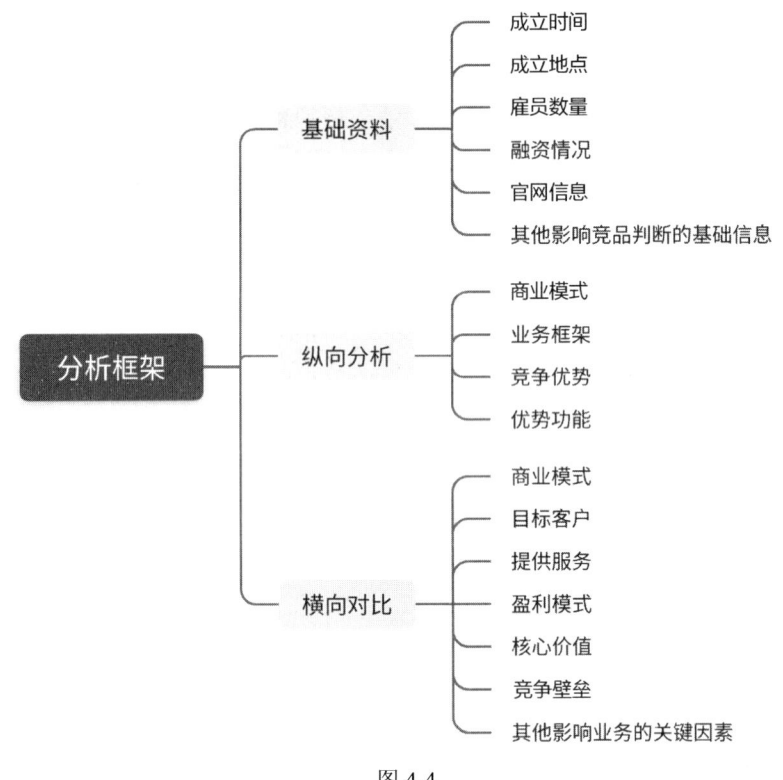

图 4-4

4.2.4 竞品分析案例

1. 背景说明

此次的竞品分析案例是为了让读者了解 Google Ads 营销自动化工具的特性，以探索业务可能的方向。本案例是对 B 端 SaaS 产品的业务方向探索。

2. 竞品选择

本次选择的不同商业模式下的 Google Ads 营销自动化产品为 Wordstream、Adespresso、Adzooma。本次调研的主要竞品是 Google Ads 投放管理的产品，即供 Google Ads 规划师或代理商使用的营销自动化产品。另一方面，因为国外做 Google Ads 营销自动化产品竞品分析的较多，而国内较少，所以本次的竞品分析主要是国外的产品。

竞品基础资料如表 4-1 所示。

表 4-1 竞品基础资料

基 础 资 料	Wordstream	Adespresso	Adzooma
成 立 时 间	2007 年	2011 年	2013 年
成 立 地 点	美国波士顿	美国旧金山	英国
雇 员 数 量	260 人	42 人	80 人
Alexa 网站排名	7 500 名	26 253 名	33 526 名
融 资 情 况	9 650 万美元	320 万美元	数百万英镑
优化广告支出	192.15 亿美元（总计）	—	3.86 亿英镑（总计）

3. 竞品纵向分析（单竞品举例）

1) Wordstream 概述

分析单竞品的目标客户、提供服务、盈利方式等。比如，Wordstream 的目标客户包括代理商和中小企业广告主，其中中小企业广告主是重点客户。其所提供的产品服务包括广告账号优化管理、自定义落地页、培训教育和知识中心、广告优化服务等。盈利方式为收取软件费用、培训费用、广告优化顾问费用、广告优化服务费用等。其所支持的平台包括 Google、Bing、Facebook（Meta），该公司以

Google 平台的广告工具起家，因此其最支持的广告平台就是 Google。Wordstream 概述如图 4-5 所示。

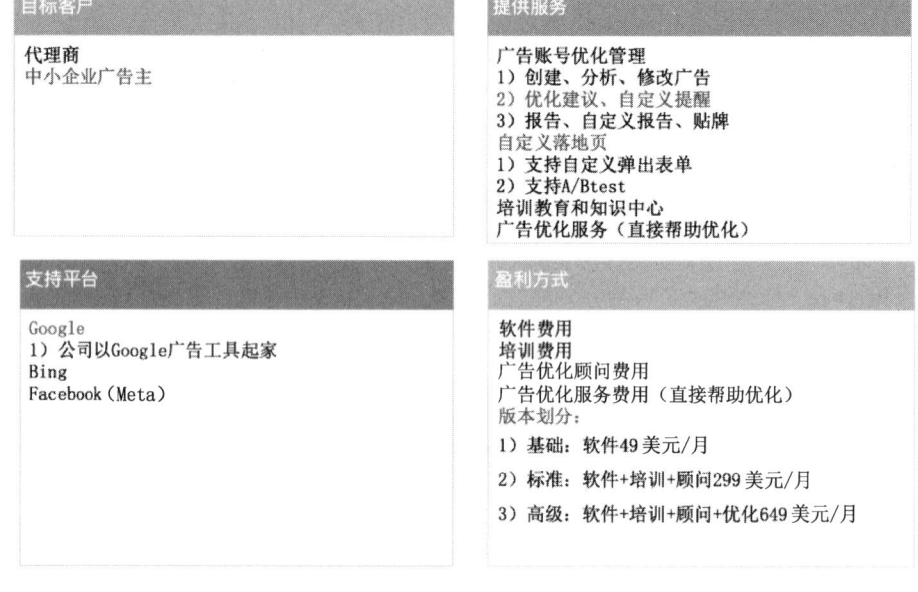

图 4-5

2）Wordstream 业务框架

Wordstream 的业务基座是端到端的广告账号优化管理，包括广告营销内容（自定义落地页）、创建广告、广告分析、广告优化、效果监控整个链条。同时，Wordstream 基于庞大的客户广告数据，做行业数据的洞察，为客户提供行业广告数据的参考标准；针对广告优化能力不足的客户，提供培训教育和广告优化服务。Wordstream 业务框架如图 4-6 所示。

3）Wordstream 与 Google Ads 后台对比

Wordstream 最擅长的广告平台即 Google，但 Google 本身的广告平台已经提供了足够丰富的能力，那么通过 Wordstream 进行广告投放管理，到底有什么优势呢？Wordstream 与 Google Ads 后台对比的优势如图 4-7 所示。

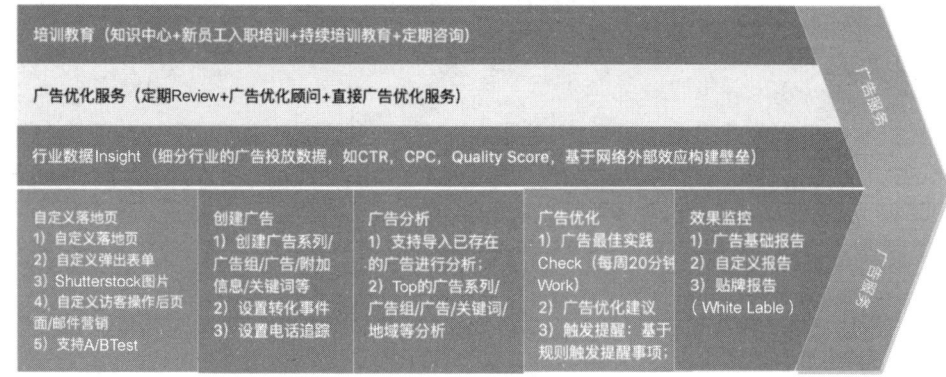

图 4-6

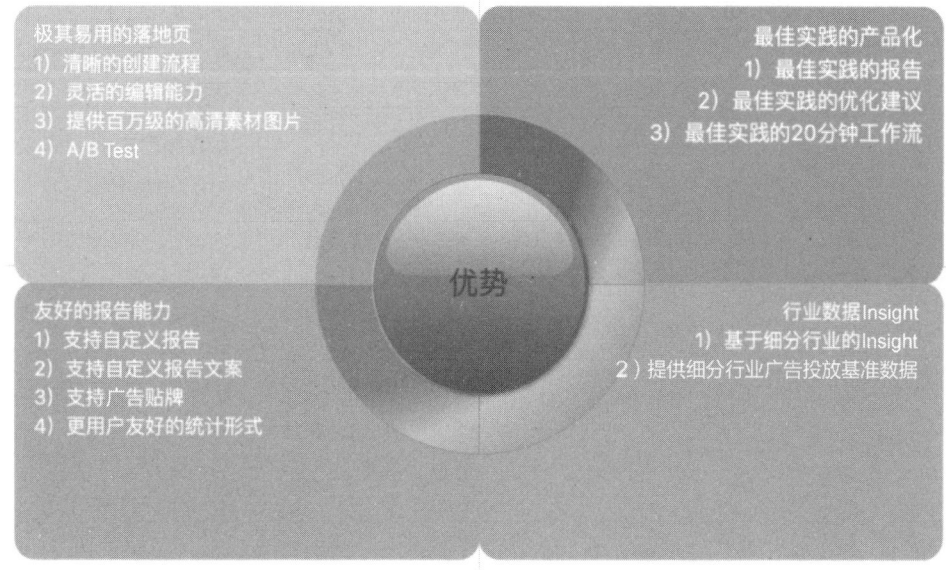

图 4-7

4）Wordsteam 优势功能分析（这里省略案例）

这一部分将重点说明竞品的优势功能。比如，易用的落地页是如何构建的，因为内容较多，这里不再详细阐述。这些优势功能也是未来进行"以产品功能研究"为目的的竞品分析的重点部分。B 端的 SaaS 产品以满足客户需求为主，但很多新的产品功能模块确实需要借鉴一些优秀的竞品，将最佳实践产品化。

4. 竞品横向对比

竞品横向对比如表 4-2 所示。

表 4-2　竞品横向对比

项	Adespresso	Wordstream	Adzooma
Alexa 网站排名	26 253 名	7500 名	33 526 名
优化广告支出	—	192 亿美元	3.86 亿英镑
商业模式	打通 CRM 的广告管理软件	E2E 广告投放管理软件	代理商平台
目标客户	代理商和中小企业广告主	代理商和中小企业广告主	代理商和中小企业广告主
软件产品重点客户	代理商	中小企业广告主	中小企业广告主
支持的平台类型	Meta，Instagram，Google	Google，Bing，Meta	Google，Meta，Microsoft
从哪个平台起家	原 Facebook（Meta）	Google	Google
产品/服务	广告优化管理+团队协作+客户协作+培训教育	广告优化管理+自定义落地页+培训教育+广告优化服务	广告优化管理+代理商平台+定制服务
与 Google 的差异化	交互高效+管理 CRM+报告强大（倾向于自定义能力强大）+自动化广告执行（代码层）	落地页+最佳实践产品化+报告友好（倾向于更友好的形式/视觉）+行业数据 Insight	以报告为中心的广告管理+报告强大+自动化规则执行广告优化（灵活且易用）+代理商平台
较其他产品的亮点	关联各种 CRM	极其易用的落地页+最佳实践的产品化+行业数据 Insight+友好的报告能力	自动化规则执行广告+代理商平台
盈利模式	软件费用+培训费用	软件费用+培训费用+广告优化费用	代理商入驻平台费用
核心价值	ROAS 分析	低门槛、高效广告投放	帮代理商拓展客群
产品/服务壁垒	ROAS 分析	由广告数据构建的网络外部效应	由中小企业广告主数据构建的网络外部效应

在日常工作中，效率低下的根本原因是方法论体系不扎实，产品效果不理想的根本原因是没有应用正确的方法论。大家可以在此基础上制定适合自身业务的框架，逐步构建自己的竞品分析框架体系，既提升效率，又提升效果。

4.3 以产品功能研究为目的的竞品分析

4.3.1 概述

以产品功能研究为目的的竞品分析，是为了详细调研某个竞品的某些功能，以做产品规划上的参考，取其精华去其糟粕。这里的产品功能可以是具体的模块，如客户模块、日程；可以是某个功能，如自定义字段、表单编辑；也可以是交互视觉设计，如启动页的设计、新手引导。重点在于研究竞品是基于什么目的做的、怎么做的，这里的目的对应的是 SaaS 产品服务的客群及场景。以产品功能研究为目的的竞品分析是我们在日常工作中经常进行的竞品分析工作，一般创新业务、重构产品、产品迭代、规划新功能、扩展产品边界等场景均涉及竞品的产品功能研究。对于 SaaS 产品，其最基本的原则是"从客户中来，到客户中去"，所以在做产品功能研究时，竞品功能所对应的客群及场景的分析是至关重要的，"知其然，知其所以然"，避免在进行以产品功能研究为目的的竞品分析时舍本逐末、"见山仅是山"。

4.3.2 竞品选择

进行以产品功能研究为目的的竞品分析，在选择竞品时，一般选择同类型产品进行调研。这里的同类型一般是指面向同一市场提供相同价值的产品，如果这里的竞品不够，则可以选择提供相似价值的产品。另外，如果要调研的功能是我们常用的功能，那么也需要调研这个功能针对什么场景解决什么问题，以及如果复制该功能的逻辑到自身的 SaaS 产品业务场景中是否会有问题，关键差别是什么。例如，日程是我们常用的功能，那么具体行业 SaaS 产品中的日程和微信、钉钉中的日程有什么区别？定位有什么不同？如果是同样的功能逻辑，那么客户为什么要在你的 SaaS 产品中管理日程呢？因此，在进行日程模块的竞品调研时，一方面需要分析同一市场提供相同价值的 SaaS 产品中的日程模块，另一方面需要分析微信、钉钉等办公产品中的日程模块，这样可以获得辅助资料，以对日程这个模块有更全面的认知。因为产品功能的研究结果直接影响需求文档的输出，所以为保证需求文档输出的质量，一般需要选择多种竞品进行对比、分析，最终基于所服务的目标人员、场景，给出满足定位的产品功能规划。

4.3.3 分析框架

虽然以产品功能研究为目的的竞品分析会融合在创新业务、重构产品、产品迭代、规划新功能、扩展产品边界等场景中，但基于 SaaS 产品的大背景，进行产品功能分析还是可以有基础分析框架的，以使得竞品分析涉及必要的维度。在竞品分析报告中，要涉及对功能基本逻辑的介绍，并与相似功能的逻辑进行区分，如日程功能和任务功能的区分；要涉及对特性基本功能、交互逻辑、关键操作的介绍和对比；要涉及数据维度的分析，在 SaaS 产品分析中，数据之间的逻辑特别重要，各模块数据打通的情况本身就反映了模块所服务的场景；要涉及场景判断，如是否涉及管理场景、协作场景等，但当涉及多角色场景时，一般试用竞品时会比较难测试，需要多个账号才能够测试出对应的场景，这时可以通过帮助中心或客服来补充资料；要涉及角色权限的介绍，在 SaaS 产品中，同样的模块，不同角色涉及不同权限，而这种权限逻辑本身影响着业务逻辑。

图 4-8 所示的分析框架仅作为参考，且局限于对某个产品模块或功能的调研，而非对竞品的整体分析。另外，大家可以根据要调研的模块或功能特点，将分析框架具象化。比如，任务涉及协作场景，那么就可以把关键场景改为协作场景。在下面的介绍中，主要以我们熟知的日程模块为例。

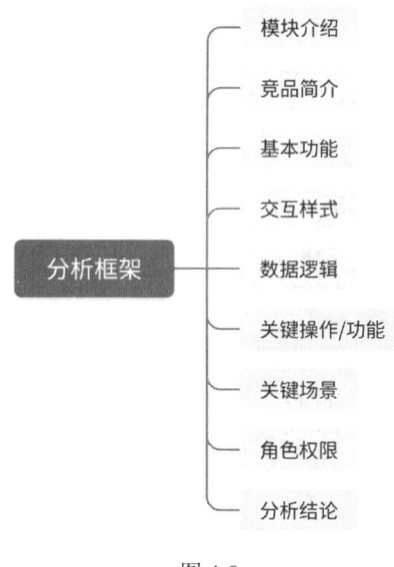

图 4-8

1. 模块介绍

模块介绍是介绍模块的基础逻辑,涉及对模块场景的定义,以及模块与类似模块之间的差异。针对相似的模块,如日程和任务,通过描述两者的差异,大家可以更好地理解其在产品中的定位,避免场景混淆。在 SaaS 业务中,可能会出现客户实际使用场景与原本模块定义场景存在偏差的情况。通过模块的介绍,大家可以对模块功能有一些基础认知,因为很多时候协作低效是因为大家对模块功能的认知不一致。只有在达成一致认知的基础上,大家才能够高效率地进行对话。

1)通用日程的特性

- 注重协作场景:普遍意义上的日程主要解决协作场景的问题,参与人数大于 1,涉及参与人;如果是 1 个人完成的事情,记 1 个任务即可。
- 邀请制度:对于参与人,需要邀请其参与,被邀请人既可以接受,也可以拒绝,接受之后也可以退出。
- 没有"完成":通用日程不存在"完成"操作,日程仅提醒用户去参与,而"完成"是任务的逻辑。

2)日程和任务的差异

日程和任务的差异如表 4-3 所示。

表 4-3 日程和任务的差异

项	日程	任务	备注
主流场景	协作场景为主,个人场景为辅	个人场景为主,协作场景为辅	如果只有最近的事情,则一般创建任务,而不是日程
创建数量	一般不会批量创建	任务经常会批量创建	日程一般基于事件触发日程安排,如用例评审,需要安排个团队日程;任务一般主动安排一系列事项,如早上写一天的任务,周一写一周的任务
协作场景	邀请机制	分配机制	邀请机制:邀请他人参与,他人可以接受/拒绝,接受之后也可以退出; 分配机制:直接把任务指定给相关人员,一般情况下,相关人员不会拒绝,也没有退出操作,是管理员常用的操作机制

续表

项	日程	任务	备注
协作场景	需要参与人一起参与会议/活动	参与人不一定要同时进行任务，可以独立进行或分步进行	这也是为什么一般任务无"开始时间"，仅有结束时间
提醒逻辑	以日程开始时间往前推提醒时间	以当前时间往后推提醒时间	日程：开始前 15 分钟，开始前 30 分钟，当天等； 任务：半小时后提醒，今天提醒，明天提醒，2天后提醒等
操作差异	无"完成"操作	有"完成"操作	任务的协作场景是需要协作方给出明确"完成"反馈的，这可能会影响下一个参与人的工作安排
字段差异	有"开始时间"	无"开始时间"，仅有结束时间	—

2. 竞品简介

竞品简介是对竞品及竞品对应功能的简单介绍，一方面让我们知道调研了哪些竞品，另一方面让我们知道这些竞品对应的功能模块的特点是什么。通过一张表，相关方可以对竞品对应功能模块有整体的了解。竞品简介举例如表 4-4 所示。

表 4-4 竞品简介举例

竞品	概述	分析局限
竞品 1	用一个框架支撑了日程，任务，备忘录；其中，任务的数据不会呈现在日程中	因账号问题，部分细化场景无法测试
竞品 2	以任务来承载日程，不支持日程，灵活性较好，支持字段自定义；另外，该竞品通过 Activity（活动）来承载用户在系统中的关键行为	因账号问题，管理场景和协作场景无法测试
竞品 3	通过日程来承载跟进事项及日程，跟进和日程合二为一；App 的日程可以呈现用户基于各对象在 App 的操作行为，包括发邮件、新建报价单，但不支持对比 Web 端	—
竞品 4	这属于竞品中最简单的日程，叫作"日程"，新建使用"提醒"，本质是"任务"逻辑；关联对象控件灵活且便捷，可以借鉴	这里有关日程特性的场景单一
竞品 5	任务和日程是用的同一套框架，任务是日程的简化；日程可以被设为任务，关联对象控件比较灵活；这里的日程更倾向通用型日程，无"完成"逻辑，参与人可退出	—

续表

竞　　品	概　　述	分 析 局 限
竞品 6	任务和日程是用的同一个框架，任务会呈现在日程中；在日程中可以查看其他人员的会议情况，便于找公共时间（OA 日程一般都有这个功能）；采用邀请和退出机制，相对更流程化（也是 OA 日程机制）	—
竞品 7	通用型日程，采用邀请机制，无"完成"，承载会议/活动；OA 日程的易用性更好些	这里仅作为辅助

3. 基础功能

基础功能是指对特性模块具有的必要功能进行图文介绍，并对比不同竞品在这些基础功能上有什么差异，基于竞品调研的业务目的评估哪些可以借鉴，如图 4-9 所示。

图 4-9

基础功能对比如表 4-5 所示。

表 4-5 基础功能对比

项	子项	竞品1	竞品2	竞品3	竞品4	竞品5	竞品6	竞品7	备注
日程日历	日视图	y	y	n	n	y	y	y	/
	周视图	y	n	n	n	y	y	n	周视图是日程日历的一个基础视图，更容易让周任务一览无余，视觉和易用性友好
	月视图	y	n	y	n	y	y	y	竞品 2 是任务承载，所以这里没有周/月视图的概念
日程看板	按照状态呈现看板	y	n	n	n	n	n	n	当前仅竞品 1 支持看板样式管理日程，从日程的场景来看，必要性也不高，只是看板属于竞品 1 本身支持的一种有阶段数据的框架类型，如 Open Completed（这是看板的一种数据展示形式，意思是从开始状态到完成状态）
日程表单	表单样式	y	y	n	n	n	n	n	虽然仅竞品1和竞品2支持表单样式，但表单样式在筛选场景、批量操作、快捷操作、排序等方面都更加友好，且符合 SaaS 用户的使用习惯，当日程服务对象跟进管理场景时尤其需要（这里其实属于任务逻辑）
最近日程	最近日程	y	y	n	y	n	n	y	/
基础操作	新建	y	y	y	y	y	y	y	
	删除	y	y	y	y	y	y	y	
	查看	y	y	y	y	y	y	y	
	完成	y	y	y	n	n	n	y	竞品 5 和竞品 6 的日程是通用意义上的日程，采用邀请机制，无"完成"操作；竞品 4 的日程做得很简单，且体验不好，名为"日程"，但操作是"提醒"，整个竞品 4 的日程比较弱
	编辑	y	y	y	y	y	y	y	/

续表

项	子项	竞品1	竞品2	竞品3	竞品4	竞品5	竞品6	竞品7	备注
筛选日程	按角色筛选	y	y	n	n	y	y	y	/
	按完成状态筛选	y	y	n	n	n	y	n	便于用户集中处理未完成的事项
	按类别筛选	y	y	y	n	y	y	n	便于用户集中处理某种类型事项，丰富了场景之后，很有必要
评论日程	评论/回复	null	y	y	y	y	y	n	属于日程场景中的基础功能，更是协作场景中的重要功能
关注日程	关注/收藏	null	y	n	n	y	n	n	有一定的必要性，属于表单场景中的基础操作
同步日程	同步系统外的日程	y	n	n	n	n	y	n	竞品1支持与Google和邮箱日程打通；竞品6的日程可以同步至钉钉（单向同步）；与系统外的日程互通，有一定的需求普适性
数据互通	日程和对象资料互通	y	y	y	y	y	y	n	竞品2的任务操作流会呈现在动态中，删除之后，历史的动态流均消失；竞品4和竞品5的日程在对象中均通过单独Tab承载；竞品3会在客户列表中呈现下次跟进时间，但在本身的客户资料页面未呈现该信息；针对CRM管理产品，这里是重点场景，用户可以以日程为入口管理业务对象的相关工作
日程提醒	通知提醒	y	y	y	y	y	y	y	

注：
- y：支持；n：不支持；/：不涉及这项功能。
- null：因此账号的原因或其他原因无法测试，而不知道其功能支持情况。

SaaS产品能辅助企业的经营及员工的日常工作，其交互模式直接影响客户的习惯、易用性、高效性等，所以对特性模块的主要交互模式要进行说明。例如，日程支持日视图、周视图、列表视图、看板视图，在SaaS产品中，日程承载了日常工作的管理，承载了任务的属性，在这种情况下，哪种视图更能满足客户需求、不同交互模式的优缺点是什么等，就是需要考量评估的点。以表单样式为例，表单样式在筛选场景、批量操作、快捷操作、排序等方面更灵活，扩展性也强，且符合 SaaS 用户的使用习惯，当日程承载任务逻辑，即服务"业务对象管理"场景时就需要考虑这种交互模式了。

4. 数据逻辑

因为 SaaS 产品可以辅助企业经营，所以企业经营的各种数据会呈现在 SaaS 系统中，员工以 SaaS 产品为日常工作的工具，对涉及的各种工作事项进行高效处理。这体现在 SaaS 系统中即各种业务对象，各种业务对象之间存在关联关系，为实现客户的高效工作，各种业务对象的数据就需要实现一定的互通或隔离。以 CRM 系统为例，客户模块会关联商机、订单等模块，那么在进行竞品调研时，分析特性模块所关联的业务对象之间的关系是什么、涉及什么底层逻辑及场景，是调研中必不可少的一环。在进行数据逻辑分析时，可以基于竞品、自身业务现状、客户需求，做及时的分析评估，以便后续高效地输出竞品分析总结及之后的产品规划。

数据逻辑举例如表 4-6 所示。

表 4-6 数据逻辑举例

数据逻辑	竞品1	竞品2	竞品3	竞品4	竞品5	竞品6	竞品7	备注
是否支持关联对象	y	y	y	y	y	y	y	/
是否支持关联各种对象			y	y(商机,客户,供应商,联系人)	y(联系人和客户)	y	y	n	普遍支持各种对象的关联，其中竞品 5 的对象选择控件非常灵活，而竞品 6 的对象选择控件更高效、快捷
是否在对象动态中呈现日程/任务	null	y	n（像Bug）	n（单独Tab）	n(单独Tab)	y	n		客户资料中普遍有日程相关信息，部分会呈现在动态中；日程完成之后自动进入对象动态，这是普适需求

续表

数据逻辑	竞品1	竞品2	竞品3	竞品4	竞品5	竞品6	竞品7	备注
是否将日程的操作流呈现在动态中	null	y	n	n	n(单独Tab)	n	n	竞品6的任务的新建和完成均在动态中呈现
删除日程时是否会删除与之有关的动态	null	y	/	/	y	n	/	竞品6删除日程时，不会删除动态中的数据，即创建的数据不会被删除，仅影响关联的日程项（这里应该和动态底层实现机制有关）
日程中是否支持呈现用户基于关键对象的操作	null	n	n（App支持）	n	n	n	n	竞品2通过Activity呈现基于关键对象的各种操作；竞品3中基于关键对象的操作均会呈现在日程中
是否支持基于对象新建日程	y	y	y	y	y	y	y	/
是否支持基于多对象批量新建日程	null	n	n	n	n	n	n	其他产品不支持，但这里场景还是很明确的，用户基于一定规则筛选对象之后，批量建立跟进任务，是对象管理场景的一部分

注：
- y：支持；n：不支持；/：不涉及这项功能。
- null：因此账号的原因或者其他原因，无法测试，而不知道其功能支持情况。

5. 关键操作/功能

操作是SaaS产品中的关键交互，直接影响客户的工作效率，而关键操作是特性模块中使用频次较高或直接影响模块活跃率的操作项。例如，日程的新建日程操作直接会影响日程的活跃率。对关键操作的详细分析及谨慎设计直接影响特性模块的成败，所以关键操作的分析要单独拎出来，给予足够的重视，这样才能够让产品规划更好地落地。产品经理的工作既要考虑宏/微观环境，又要考虑呈现给客户的字符串位数，是大到经济分析，小到标点符号的工作。所以关键操作的分析和规划，是基础产品设计工作，谨慎的产品设计能够让宏大的产品规划一步步落地。

关键操作及功能如表4-7所示。

表4-7 关键操作及功能

项	子项	竞品1	竞品2	竞品3	竞品4	竞品5	竞品6	竞品7	备注
基础字段	主题	y	y	y	y	y	y	y	/
	开始时间	y	n	y	n	y	y	y	普遍支持创建过去的日程
	到期时间	y	y	y	n	y	y	y	/
	关联对象	y	y	y	y	y	y	y	普遍支持各种类型的对象
	创建人（系统生成）	y	y	y	y	y	y	y	/
	参与人	y	n	y	y	y	y	y	参与人普遍支持组织架构选择
	重复序列	y	y	y	y	y	y	y	竞品5和6均支持自定义每×天重复逻辑，其中竞品6还支持每×周/月重复逻辑
	备注	y	y	n	y	n	y	n	竞品3和5虽不支持备注，但日程内容是多文本输入框，且支持附件上传；竞品5的文本框还支持格式、表情等的输入
	上传附件	null	n	n	n	y	y	n	这里是基础字段
	提醒设置	y	y	y	y	y	y	y	/
	可视范围	n	y	n	n	n	y	n	竞品6默认为实施"所有人均可看"操作梳理时做优化
高阶字段	优先级	y	y	n	n	n	n	n	优先级可以解决排序的问题（任务逻辑）
	完成状态	y	n	n	n	n	n	n	/
	颜色标识	y	y	n	n	n	n	n	/
	位置	n	n	n	n	n	y	n	虽然仅竞品6支持该字段，但通用日程均有位置字段，如增加会议室，大客户可能需要
	类型	n	n	n	n	n	y	n	/
	标签	n	y	n	n	n	n	n	/
	查看参与人时间	n	n	n	n	y	y	n	OA类通用日程普遍支持该字段，大客户可能需要
自定义	自定义字段	y	y	y	y	y	y	y	/
	自定义字段顺序	y	y	y	y	y	y	y	/

续表

项	子项	竞品1	竞品2	竞品3	竞品4	竞品5	竞品6	竞品7	备注
操作	保存/取消	y	y	y	y	y	y	y	竞品2支持"保持并新建"操作，较好地提升了创建多日程时的效率

注：
- y：支持；n：不支持；/：不涉及这项功能。
- null：因此账号的原因或者其他原因无法测试，而不知道其功能支持情况。

6. 关键场景

SaaS产品在设计之初，表面上是一个个的功能，实际服务于企业真实业务中的一个个场景。比如，一般SaaS产品都有账号移交功能，这本质上是离职场景，离职场景背后是一系列功能，而这一系列功能本身不应该是割裂的，虽然离职对个人来讲是低频场景，但对于一个企业来讲是经常遇到的场景，且离职意味着对企业数据及资产的保护和转移，所以是非常重要的场景。在进行竞品功能分析时，要"知其然，知其所以然"，以场景维度进行功能分析，更能够知其所以然。例如，传统企业的老板经常要给员工分派任务、监控任务的完成情况，如果日程承载了任务的属性，那么就需要分析日程的管理场景。

日程管理场景简介如表4-8所示。

表4-8 日程管理场景简介

项	竞品1	竞品2	竞品3	竞品4	竞品5	竞品6	竞品7	备注
是否支持查看下属日程	y	y	y	y	y（共享）	y	y	/
是否支持评论下属日程	y	y	y	n	y	y	n	评论是协作和管理场景的基本功能
是否支持给下属新建日程	y	y	y	n	y	y	y	/

续表

项	竞品1	竞品2	竞品3	竞品4	竞品5	竞品6	竞品7	备注
是否支持编辑下属创建的日程	null	null	y	n	n	n	n	普遍不支持编辑下属创建的日程，这里有一个基础逻辑，即非参与人一般不支持编辑日程。这里如果支持编辑确实也容易让员工有被冒犯的感觉
是否支持删除下属创建的日程	null	null	n	n	n	n	n	均不支持删除下属创建的日程，这是一个基础逻辑
是否支持删除自己创建的下属日程	null	null	n	n	n	y	n	竞品6支持删除自己创建的下属日程，创建人应该有最大范围的权限
是否支持指定人评论	null	null	n	n	y	y	n	竞品5和竞品6都有圈子机制，在圈子机制框架下也更支持指定人评论
是否支持添加日程参与人	null	null	y	n	null	y	n	从协作角度而非管理角度，一般支持日程参与人添加日程参与人，当然这里也可以通过评论之后，由创建人添加，只是流转上多了一层
是否支持编辑自己创建的下属日程	null	null	y	n	n	y	n	创建人应该有自己创建日程的编辑权限，这应该是一个基础逻辑；创建人应该有最大范围的权限
是否支持编辑下属创建的日程	null	null	y	n	n	n	n	/

注：

- y：支持；n：不支持；/：不涉及这项功能。
- null：因此账号的原因或者其他原因无法测试，而不知道其功能支持情况。

7. 角色权限

在SaaS产品中，角色权限是最基础的系统功能，对应到具体的业务模块，其角色权限之间的关系逻辑对应着特性模块的底层业务逻辑。清晰的角色权限设计可以让客户更好地掌握产品功能。而角色权限设计一般要符合客户日常的工作习惯。通过梳理竞品功能的角色权限，可以更清晰地梳理特性模块的底层业务逻辑，这既是产品经理需要梳理的内容，也是开发及测试人员需要重点关注的内容。表 4-9 所示为竞品对应功能的角色权限对比表，产品经理可以通过竞品分析梳理业务的底层逻辑，进而梳理自有业务的角色权限逻辑。

表 4-9 竞品对应功能的角色权限对比表

项	子 项	竞品1	竞品2	竞品3	竞品4	竞品5	竞品6	竞品7	备 注
创建人	支持给他人创建	y	y	y	n	y	y	y	/
	支持给团队创建	y	y	y	y		y	y	/
	新建	y	y	y	y	y	y	y	/
	删除	y	y	y	y	y	y	y	/
	查看	y	y	y	y	y	y	y	/
	编辑	y	y	y	y	y	y	y	/
	完成	null	/	y	/	/	/	n	创建人可以支持完成，创建人的权限最大
	评论	y	y	y	y	y	y（可通过权限控制）	n	只要可以看到的人，均可以评论，这里应遵循查看权限
参与人	支持添加团队	y	y	y	/（支持转发）		y	n	/
	支持添加个人参与	y	y	y	/（支持转发）		y	y	/
	删除	null	null	n	/	/（可退出）	n	y	/
	查看	y	y	y		y	y	y	/
	编辑	null	null	y		n	n（可退出）	y	/
	完成	y	y	y	/	/	/	y	/
	评论	y	y	y		y	y	n	应遵循查看权限
有权限查看的人	新建（管理员）	null	y	y	n	y	y	y	管理人和创建人默认拥有查看权限
	删除	null	null	n	n	n	n（创建者可删除）	n	除了创建人，谁都不可以删除日程，这是一个底层基础逻辑
	查看	null	y	y	y	y	y	y	/

续表

项	子项	竞品1	竞品2	竞品3	竞品4	竞品5	竞品6	竞品7	备注
有权限查看的人	编辑	null	null	y	n	n	n（创建者可修改）	n	仅参与人和创建人可以修改,这也是一个底层基础逻辑;管理员,或其他人员可以通过评论来发表意见
	完成	null	null	y	/	/	/	n	/
	评论	null	y	y	n	y	y	n	应遵循查看权限

注:
- y：支持；n：不支持；/：不涉及这项功能。
- null：因此账号的原因或者其他原因无法测试,而不知道其功能支持情况。

角色及对应操作逻辑图如图 4-10 所示。

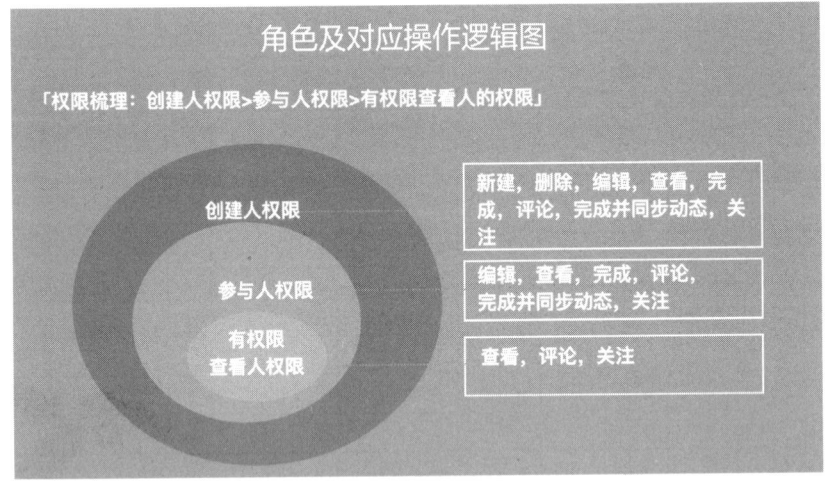

图 4-10

8. 分析结论

分析结论一方面对竞品的功能分析做总结,另一方面结合自身的业务目标给出可以在产品规划中借鉴的要点或应避免的坑。如果在进行竞品分析前已经做了客户使用场景的调研、客户工单需求分析等工作,那么在进行竞品分析后可以结合之前的分析,给出整体的分析结论及产品规划的总逻辑。

4.4 以竞品动态跟进为目的的竞品分析

4.4.1 概述

以竞品动态跟进为目的的竞品分析，一般主要指动态跟进直接竞品，不以特定的业务目标为中心，而以动态跟进的方式捕捉关键信息，作为日常防范的基础策略，从而避免竞品的一些市场或产品策略与自身业务策略冲突。有时根据竞品动态的信息，需要调整自身产品的节奏。比如，我们知道在 10 月时竞品要推出的某爆点功能可能直接影响销售转化，而我们原计划于 11 月推出类似的功能，基于竞品的动态信息，我们可能就要调整自己的产品节奏及市场推广节奏。除了动态跟进直接竞品，我们还需要动态跟进市场的新进入者，避免画地为牢。

4.4.2 竞品选择

动态跟进的竞品是直接竞品和市场的新进入者，一般选择 N 个市场上直接竞争的竞品、1 个领域中冒出来的新秀。直接竞品是指面向相同客群提供同价值的产品或服务的企业，产品形态上的差异可以忽略，一般会动态跟进 3~5 个直接竞品。对于谁是直接竞品，在一线市场上厮杀的销售人员最有发言权，销售人员是对直接竞品信息最敏感的人，而销售人员也更容易获得新进入者的信息。虽然在 SaaS 领域，竞品更新的频率没有那么高，但产品经理也需要按照季度维度迭代一下竞品表单。这里应该有两张竞品表单：一张是直接竞品汇总表，一张是用于日常动态跟进的竞品表单。产品经理基于竞品表单主动跟进竞品，并以被动获取的信息作为补充。动态跟进的关键信息应该以时间维度汇总在日常跟进的竞品表单中，这样便于根据以时间维度汇总的信息分析竞品可能的长期战略规划，并判断未来竞品可能经历的阶段。

4.4.3 动态跟进竞品

在时间维度上，一般以季度维度做定期的竞品信息更新，作为季度、半年度、年度规划的输入资料，同时辅助日常关键信息的动态跟进。动态跟进方式包括主动跟进和被动跟进两种。主动跟进是指自己基于需求主动去搜集竞品的动态信息，被动跟进是指被动地接收来自相关方的推送信息、通知、告知等。

1. 主动跟进

主动跟进竞品，可以定期去查看竞品的官网信息、产品的版本更新内容、财务报告等一手信息，并可以通过企业征信机构（天眼查、企查查）、媒体机构、咨询机构、金融机构等渠道查看竞品相关的二手信息。除了通过信息渠道获取动态信息，还可以通过相关人员去主动获取竞品的最新信息。这里的相关人员包括竞品客户、竞品销售人员、竞品客服人员，这3类人员都是可以直接触达的。竞品客户，可以通过关系好的自家客户介绍来触达，有时自家客户也是竞品客户。竞品销售人员，只要通过官网线索注册，大部分情况下会有销售人员主动来联系你。竞品客服人员则可以通过免费版本或官网来触达。主动跟进竞品信息来源如图4-11所示。

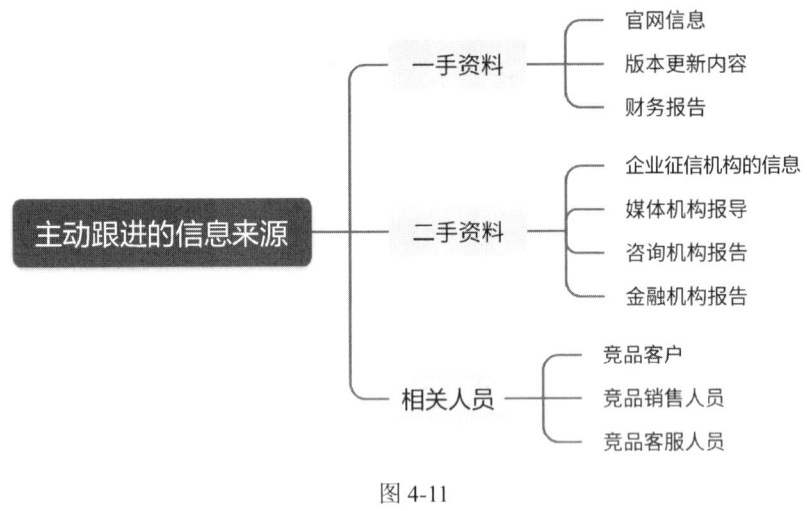

图4-11

2. 被动跟进

被动跟进竞品，是在不主动查询信息的情况下，被动接收竞品信息的跟进方式。被动跟进有两种主要的信息来源：一是通过关注相关的内容，被动地接收消息、通知，如关注竞品公众号，则会定期收到竞品公众号的推文，添加竞品销售人员的微信，则会不定期收到竞品产品更新或市场活动相关的信息；二是接收自家销售人员、客户成功经理在一线获得的相关信息，当竞品有了一些动作影响自家产品的销售转化或客户满意度时,相关人员自然会把相关信息传达到产品团队,当然这里也可以形成定期的信息沟通机制,让产品经理能够定期倾听一线的声音。被动跟进竞品信息来源如图 4-12 所示。

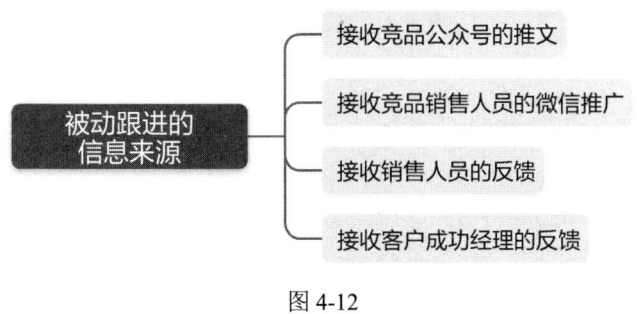

图 4-12

3. 汇总及分析

主动跟进竞品信息一般用于季度、半年度、年度规划,多会形成相对完整的分析报告,被动跟进竞品信息一般会比较零散。但无论是主动跟进还是被动跟进,都建议将竞品动态信息以时间维度、信息类别维度进行汇总,一方面可以按照市场、营销、产品、服务等维度分析竞品动态,另一方面可以以时间维度分析竞品总体的动作走向,以便判断竞品可能的长期规划。基于竞品动态信息分析,有时需要临时调整市场策略、产品迭代策略,以便在正确的时间做正确的事情,这就是所谓的"动善时"。

4.5 单竞品 360 度分析

竞品分析是战术,选择谁为竞品是战略。

4.5.1 概述

单竞品 360 度分析,是从人物到时空多维度、全方位地分析一家竞品的方法。一般选择的竞品企业是行业的标杆企业,具有很高的分析价值,为了了解其发展路径,找到该竞品企业发展起来的内外部原因,在分析过程中找到值得借鉴的地方,模仿其发展路径。比如,很多科技公司分析苹果公司的崛起,以试图找到可以借鉴的地方。

或者基于竞品企业失败的内外因分析，避免自己陷入同样的困境。比如，很多大公司分析诺基亚公司衰败的原因，以避免自己犯类似的错误而错失未来。在标杆企业分析的基础上，要基于人物、时空、环境等差异，调整相应参数，避免在参照、模仿的过程中"水土不服"，以最终达到在对应的条件下探索自己的发展路径的目的。

单竞品 360 度分析一般耗时较久，花费的精力较多，甚至需要多部门的配合，所以选对竞品至关重要。进行 360 度分析的竞品，一般要满足 3 个条件：首先，竞品企业是某个领域的标杆企业，即头部企业；其次，相较于本企业的定位，该竞品企业是面向类似市场通过类似产品或服务提供类似价值的；最后，该竞品企业的资料相对容易获取，如上市企业，或者公开披露信息较多的公司，否则在进行 360 度分析的过程中会缺失某些维度信息。这里的竞品范围比较宽泛，既可以是直接竞品，也可以是间接竞品。如果想系统分析某家企业，则无论其是否为自己的竞品企业，都可以采用单竞品 360 度分析，因为跨域或跨界参考是我们常用的解决方案之一。

为了全方位地分析一种竞品或一家企业，需要从人、事、物、时间、空间等多视角进行分析。而这些角度的分析核心是回答一个问题："谁在什么环境下为谁提供什么服务，以什么方式赚钱，怎么做的，做得怎么样"。在此基础上再来讨论我们可以从中借鉴什么成功的经验，从中学到哪些需要避免的错误。具体来讲，单竞品 360 度分析涉及的内容如图 4-13 所示。

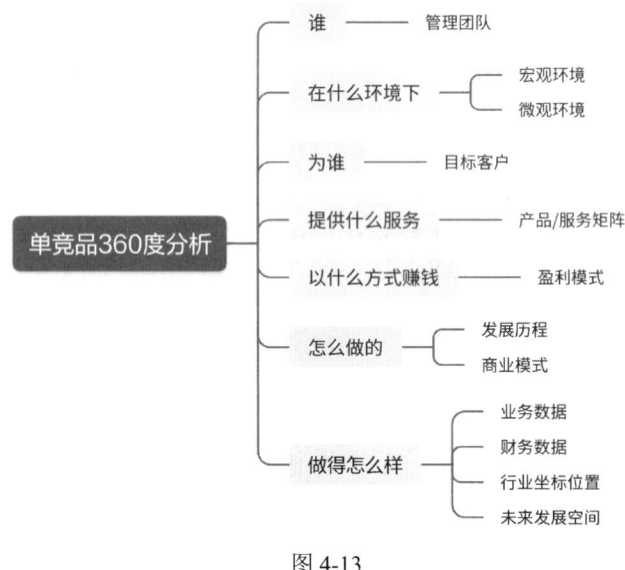

图 4-13

4.5.2 分析框架

1. 管理团队

一家企业的创始人及管理团队背景会影响这家企业的"基因",而"基因"则会影响该企业的文化、价值观,甚至影响该企业的核心竞争优势。研究创始人及管理团队的背景非常必要,包括教育背景、工作背景、人脉关系、家庭背景等。这些背景通过人的性格、格局、学习革新能力、环境适应性、认知、资源等因素构建了组织能力,决定了组织力量能否打破个人或小团队瓶颈,让企业能够持续地构建竞争力,关系到一家企业能走多远、做多大。因此,在投资圈流行一句话:"投资要投人",尤其在企业创业的初期阶段,团队成员才是投资者决定是否投资的根本因素。随着企业的发展,管理者的重要性可能会下降,因为企业已经具有了品牌、规模,以及在此基础上发展的势能,但管理者依然扮演了非常重要的角色。"谁离开了某家公司,该公司发展直下;谁接手了某家公司,该公司扭亏为盈",这样的例子屡见不鲜。比如,杰克·韦尔奇执掌通用电气长达 20 年,这期间通用电气的市值由他上任时的 130 亿美元上升到了 4800 亿美元,成为全球市值最高的公司之一;史蒂夫·乔布斯离开苹果公司之后再加入,让苹果公司重新回到公众的视野。

对于 SaaS 企业,我们经常提到的企业就是 Salesforce 和 HubSpot。以 HubSpot 为例,HubSpot 的创始人是布莱恩·哈利根和达梅什·沙阿,这两位创始人均毕业于麻省理工学院,在创办 HubSpot 之前他们就已经在科技圈取得了一定的成就。布莱恩·哈利根曾经是 Groove Networks 公司的销售副总裁,之后该公司被微软收购。达梅什·沙阿是 Pyramid Digital Solutions 公司的创始人兼 CEO,之后该公司被 SunGuard Data Systems 收购。从这里至少可以看出 HubSpot 的两位创始人的教育背景十分优秀,有相对成功的创业经验。基于此,其学习能力、革新能力、社会资源等都具有一定的优势,这决定了 HubSpot 的起点。

2. 宏/微观环境

宏观环境分析是了解这个行业的 PEST,即政治环境(Political)、经济环境(Economic)、社会环境(Social)、技术环境(Technological)这几方面的情况。政治方面的主要内容有政治制度、政府政策、国家的产业政策、相关法律及法规等；经济方面的主要内容有经济发展水平、规模、增长率、政府收支、通货膨胀率等；社会方面的主要内容有人口、价值观念、道德水平、种族等；技术方面的主要内容有高新技术、工艺技术和基础研究等的突破性进展[①]。通过 PEST 分析，可以了解宏观环境下整个行业的市场规模变化、组成结构变化、政策支持的影响、技术可能会带来的产业链变革、社会文化及流行元素对行业的影响等。通过宏观数据及趋势的分析，可以判断这个行业当前处于什么阶段：是在萌芽期、成长期、成熟期、衰退期、还是二次成长期。在 SaaS 产品领域，我们经常需要研究国外的竞品，很多业内的标杆企业也是国外的企业，这时宏观环境的分析就至关重要。宏观环境是一家企业成长的土壤，"橘生淮南则为橘，生于淮北则为枳"，一味地借鉴、模仿，则会脱离本土实际，偏离 SaaS 产品的基本原则。SaaS 产品面向企业，目标客户之间的差异较大，"从客户中来，到客户中去"是 SaaS 产品最基本的原则。因此，基于宏观环境的分析，了解竞品企业发展起来的土壤，识别不同宏观环境的差异性，基于差异性做好预测和调整，才是宏观环境分析的意义所在。PEST 分析如图 4-14 所示。

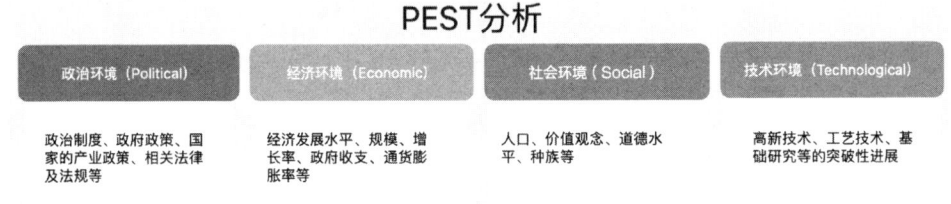

图 4-14

例如，HubSpot 是在 2006 年成立的，随后发展起来，并于 2014 年上市。那么，基于什么样的宏观环境，HubSpot 的创始人决定成立 HubSpot 这样的 SaaS 公司，并且在当时的宏观环境下能够让这样的创业型 SaaS 公司成立并发展壮大呢？这就要基于 2006 年的时间切片，去看一下美国当时的宏观环境，我们用表 4-10 来说明美国 2006 年的宏观环境。

---

① 资料来源：秦勇，李东进，于洁，等. 管理学：理论、方法与实践[M]. 北京：清华大学出版社，北京交通大学出版社，2013 年.

表 4-10 美国 2006 年的宏观环境

2006 年的美国宏观环境	说　明
政治环境	政策：知识产权保护法及隐私相关法律的完善为 SaaS 行业保驾护航，通过立法的方式为用户隐私和信息安全提供保障
经济环境	人均 GDP：46 298.73 美元 利率水平：利率达 4.25%，已是自 2001 年 5 月以来的最高水平，处于加息周期中； 财政货币政策：加息周期说明美国的货币政策由"扩张"向"紧缩"转变，2006 年处于"紧缩"的货币政策下； 通货膨胀：通货膨胀温和； 失业率水平：受到总需求增长的拉动，就业市场非常兴旺，失业率为 4.6%，处在历史低位，每月新增就业岗位 18.7 万个，也意味着人力资源竞争激烈； 居民可支配收入：个人收入继续增加，每小时的真实工资增长 1.7%（整体消费支出增多，储蓄下降）； 市场机制：出口和投资保持着旺盛的增长势头； 市场需求：总需求增长； 说明：以上信息都说明 2006 年的美国整体经济向好，未来预期乐观，具有相对良好的投融资环境
社会环境	信息化程度高：2006 年美国互联网用户占比已经超过 80%，为企业信息化的普及提供了庞大的用户基础，无论是大企业还是中小企业，信息化程度和标准化程度均相对较高，基础数据比较完善且真实度高； 对云服务的接收：伴随着人们对云计算及其共享资源理念的接受度的提高，企业用户对于数据安全性及保密性的担忧减缓； 付费习惯：在整体大环境中，用户已形成了很好的付费习惯，各种类型的软件均要付费； 人力成本高：美国的人力成本在 2006 年已达 20 美元/时； 说明：从社会环境来看，美国在 2006 年已经具有较好的 SaaS 发展土壤，这也是国内外 SaaS 企业发展环境的重要差别，而这些差别当前仍旧影响着国内 SaaS 企业，成为阻碍国内 SaaS 企业成为千亿市值企业的因素
技术环境	新技术：数据处理、混合云与网络安全等方面的新兴技术不断涌现，推动 SaaS 行业的发展；2006 年亚马逊推出 S3、EC2 服务，实现了硬件存储云化，SaaS 投融资迎来爆发式增长； 应用背景：2006 年 SaaS 处于快速发展期，生态逐步形成，大量的企业开始使用 SaaS 产品。新领域的企业级 SaaS 公司大量出现，许多 SaaS 企业相继上市，市场进入向上的拐点

从 2006 年的美国宏观环境可以看出，当时美国经济整体预期向好，给创业企业提供了良好的投融资环境，高信息化、高付费习惯、高人力成本为 SaaS 企业提

供了良好的发展土壤，数据处理的软/硬件新技术推动了 SaaS 的发展，SaaS 生态的逐步形成及 SaaS 公司的相继上市，使 SaaS 企业进入快速发展期。这些是 HubSpot 在 2006 年成立时所处的宏观环境，为 HubSpot 提供了合适的成长环境。

微观环境分析主要针对行业的现状及变化趋势，其中竞争情况分析是基础，我们一般用波特五力模型（波特五力模型由迈克尔·波特于 20 世纪 80 年代初提出）来分析行业的竞争情况，即购买者的讨价还价能力、供应商的讨价还价能力、潜在进入者、替代者威胁、同行业竞争者。这 5 种力量综合起来影响着产业的吸引力及现有企业的竞争战略决策，大家也需要在此基础上扩展该行业的关键影响因子，如市场、渠道、运营、营销、数字化等，以全方位、更深刻地洞察该行业领域。波特五力模型如图 4-15 所示。

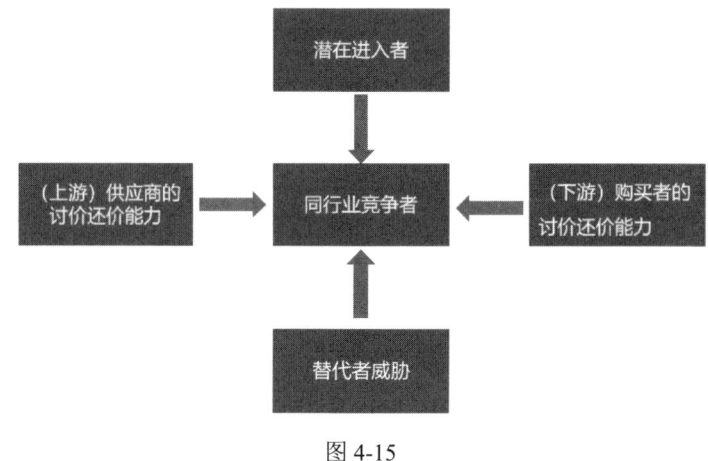

图 4-15

宏观分析及趋势用来判断行业当时处于什么阶段，竞品企业为什么在那个时候进入该行业并能做起来，这里的核心动因是什么，是否有系统性或结构性的变化存在促使了行业格局的变化。而微观分析及趋势用来判断行业的各影响因子的当前现状及变化趋势，以分析竞品企业为什么从某些点切入这个行业，又是怎样以点撬动面的。

3. 目标客户

竞品企业面向的目标客户是谁？客群的画像特征是什么？是否存在客群分层？客群分层的核心依据是什么？画像特征和客群分层的依据是如何影响对应的

产品和服务，即客户画像和业务画像的对应关系是怎样的？比如，企业的规模一般影响这家企业管理需求的高低，一家企业所处的发展阶段影响这家企业需要服务的内容。通过以上分析，可以对竞品企业的目标客户有整体的掌握。在此基础上，通过对客户画像的具体描述，生动地表达客户画像，让对应的客户画像能生动地浮现在大脑中。

例如，HubSpot 客户画像的部分数据（基于 2020 年的数据）如图 4-16 和图 4-17 所示。图 4-16 所示为 HubSpot 客户的行业细分，图 4-17 所示为 HubSpot 客户的规模细分。

Companies that use HubSpot, by industry:

Industry	Number of companies
Computer Software	11357
Marketing and Advertising	7143
Information Technology and Services	5740
Hospital & Health Care	3092
Internet	2328
Retail	2188
Financial Services	2102
Construction	1954
Education Management	1766
Real Estate	1673

图 4-16

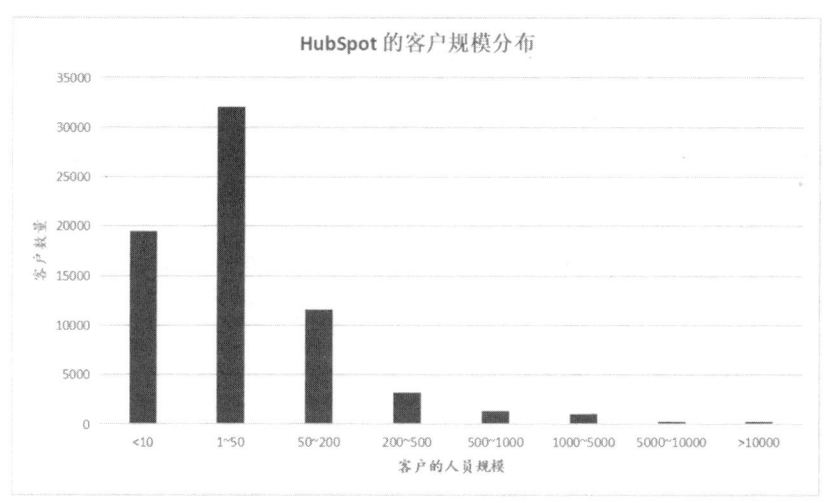

图 4-17

通过图 4-17 可以看出，HubSpot 以服务 SMB（Small and Midsize Business，中小企业）为主。其中全球最青睐 HubSpot 的客群是电脑软件（Computer Software）产业、广告行销（Marketing and Advertising）产业、资讯科技与服务（Information Technology and Services）产业。目标客户的类型影响这家企业的产品/服务，并影响这家企业的盈利模式。SaaS 产品面向企业客户，无论面向什么规模的企业，一般均需要提供实施服务，这样才能够让客户真正地把产品使用起来。像 HubSpot 这样面向 SMB 的企业，不会自己提供重服务，因为 SMB 不会提供很高的服务费用，所以 HubSpot 建立起了合作伙伴生态来补充自己的服务。合作伙伴销售一套 HubSpot 软件可以获得 20%的佣金，而且只要客户一直续费，合作伙伴每年都可以拿到 20%的佣金，这对于合作伙伴来说有非常强的维护现有客户的动力，即服务好客户。HubSpot 的合作伙伴可以基于 HubSpot 工具可以提供多种服务，包括但不限于线索产出、内容产出、SEO、网站设计和开发、社交媒体营销、广告设计、公关和销售服务。合作伙伴生态是 HubSpot 重要的业务组成，其 Marketing Partner 业务为 HubSpot 带来了可观的年营收，这一平台生态使得 HubSpot 的业务非常稳固。面向不同类型的客户，以何种方式提供何种服务从而使客户真正地把产品使用起来并续费，是影响 SaaS 企业的营收规模及营收质量（即利润）的重要战略决策。国内很多 SaaS 企业也一直在针对这个问题迭代解决方案。

用数据来描述客户画像会相对抽象，因此可以用具象的信息来描述客户画像及其行为，使人们能够想象出来具体的画面。例如，阿里巴巴国际站的目标客户是中小外贸商家，其用户是一家中小外贸公司的业务员，这个业务员是一个专科毕业、英语四级水平、口语表达能力一般的 23 岁男生，他每天早上乘坐公交车到公司，公司位于类似郊区的工业区。他手里拿着一部价值 1000 多元的手机，在公交车上会查看国外买家的邮件信息或阿里国际站上的买家询盘，并做简单的回复。到了公司之后，他打开了电脑，他的电脑上安装的是 Windows 系统，电脑是公司使用多年的，运行速度不太快。打开电脑之后他做的第一件事就是回复买家的邮件，接着打开阿里巴巴软件回复询盘，处理完信息之后，他会跟进前几天的订单……通过具象的信息就可以描述一家中小外贸公司业务员的画像及其一天的事项，并从中发现可能的机会点。

4. 产品/服务矩阵

了解竞品企业提供的产品/服务有哪些、对应的矩阵是什么、矩阵的扩展逻辑是什么，是了解一家企业的基础。一家行业的标杆企业，一般不会仅提供单一产品或服务，而是会以矩阵形式切入细分客户的细分领域，一方面更好地服务客户，另一方面尽可能地获得更好的业务及财务数据结果，交叉销售和产品升级是提升客户生命周期价值的常用方法。产品或服务的演进都有一定的路径，随时间、空间的变化，企业自身及行业因素等多变量交互变化，逐步从单一产品或服务演进到最新的产品或服务矩阵，该路径即该企业的发展历程，企业的人员规模、营收规模、组织架构等也因产品或服务的演进而演进。当一家企业想要上一个台阶时，在目标客群不变的情况下，首先要对现有的产品或服务进行延展或重构，然后基于产品或服务规划来规划组织架构，以支撑业务发展，毕竟大多数时候业务的扩展不是通过"堆人"就可以解决的。对于 SaaS 企业来讲，产品是客户所在行业领域最佳实践的数字化，服务是辅助客户进行最佳实践的落地，两者相辅相成。针对少量客户的客户成功或许可以通过人力服务来解决，但针对批量客户的客户成功，一定需要产品的介入，但更多情况下需要两者结合才能实现规模化的客户成功，即

$$产品+服务 \geqslant 客户成功$$

5. 盈利模式

盈利模式即企业到底靠什么赚钱，包括企业的收入结构、成本结构及相应的利润构成。

其主要的营收构成是什么。一般来讲，CRM 类 SaaS 企业靠订阅费用赚钱，ERP 类 SaaS 企业靠软件费用及服务费用赚钱，电商类 SaaS 企业靠交易费用赚钱。而一家大型 SaaS 企业的营收构成是多维的，且营收构成的比例在不断变化，而营收构成或盈利构成的比例变化趋势也会影响我们对这家企业未来发展空间的判断。一家企业的产品或服务的对应成本一般分为固定成本、变动成本，在进行成本分析时，主要看这家企业的产品或服务在成本上是否满足规模效应，即随着客户量的增加边际成本递减，不满足规模效应的企业是很难发展壮大的。在进行营收构成分析时，一般将营收分为以下类型。

（1）一次性收费：购买时一次性收取费用。比如，有些客户要求将 SaaS 软件进行私有化部署，那么在私有化部署时就会获得一次性的收入。

（2）计量收费：按使用量来计费。SaaS 软件中的有些资源要按消耗量来计算费用。比如，云盘空间费用，在初始的 SaaS 订阅年费中一般包括基础的使用量，当客户使用超出这个量之后，则需要额外花钱购买资源。

（3）计时收费：按使用时间计费。SaaS 企业的订阅费用是典型的按使用时间计费，国外一般是按月或年计费，因为有信用卡机制，可以自动扣款；国内一般按年计费，按年续约。

（4）计次收费：先付费后依据使用次数扣除。SaaS 软件中有客户的行为需要消耗 SaaS 对应的付出成本，一般在这种情况下，SaaS 企业也会按次进行收费，如查看 EDM 邮件发送的次数、查看关键数据的次数等都属于按次收费。

（5）分成收费：与客户或第三方合作分成带来的收入。SaaS 企业的开放平台、应用市场、生态合作，都可以贡献分成的收入，当客户通过 SaaS 软件使用对应的第三方服务或应用产品时，则会收获部分收入。比如，电商类 SaaS 企业会按照客户的交易额收取一定比例的提成。

（6）免费：将核心的产品或服务免费提供。这些免费送出的产品或服务，虽然不直接承担贡献营收的作用，但会间接为降本提效做贡献。比如，通过免费的产品吸引客户注册留下资料，这里更多分担的是营销成本。又如，给客户提供免费的售后服务，以让客户更好地使用产品，提升客户的满意度，从而提升次年续约的可能性。

6. 发展历程

发展历程呈现一家企业是如何从初创走到现在的，用于识别一家企业的成长路径。发展历程涉及关键时间点、关键里程碑事件、关键人物、每个历程的内外部环境。在一家企业从一个阶段发展到另外一个阶段的过程中，关键人物及组织方式是生产力本身，所以我们可以看到很多大企业会相对频繁地调整组织架构以适应业务发展或关键人员调整，进而促进业务发展。企业发展历程中的有些信息可以通过官网等公开渠道获取，但在发展历程中关键决策及真正的动因，有时需要通过内部人员的分享才能获取,而这些相对难获取的信息有时更值得我们深挖。在我们做企业战略规划或产品规划时,最基础的三步走就是识别当前的位置、识别你的目的地、找到从当前位置到目的地的最佳路径。当前我们也知道是不存在最佳路径的,最佳路径都是在实践过之后,"事后诸葛"般推演出来的,在真正的发展过程中,在前往目的地的过程中,都是迂回前进的,有时走弯路也是难免的。因此,要"保证方向的大致正确",这样才不会失焦,同时不会因"保证方向百分百正确"而过度地消耗资源。事实上,谁都无法真正地保证方向百分百正确,所以我们经常听到"迂回前进""螺旋式上升"。"保证方向的大致正确"也是任正非在华为内部所主张的,笔者认为甚是正确,用词也相当精准。

7. 商业模式

商业模式用于说明一家企业的整体商业逻辑,包括一些商业要素及商业要素之间关系。商业模式也可以被看作一家企业的概览描述,涉及目标客户、产品服务、核心资源、收入、成本等,是我们在研究一家企业时所必须进行结构分析的内容,也是我们在做企业规划或产品规划时需要思考清楚的内容。商业模式同时是投资人在做投资决策时需要重点考量的内容。这里大家可能会把商业模式和盈利模式混淆,大家可以简单理解为盈利模式是商业模式的内容子集,即商业模式包含了盈利模式,但同时商业模式还需要说明推广模式、运营模式等,以更全面地阐述一家企业的商业逻辑。在阐述一家企业的商业模式时,我们可以借用商业画布,商业画布是一种结构化思考工具,将商业模式中的元素标准化。商业画布包括九大元素:客户细分、价值主张、渠道通路、客户关系、收入来源、核心资源、关键活动、重要伙伴、成本架构[①]。在应用商业画布时,要遵循一定的顺序,即先了解目标用户群(客户细分),再确定他们的需求(价值主张),想好如何接触到他们(渠道通路)、与客户构建什么样的连接(客户关系)、怎么盈利(收入来源)、凭借什么筹码实现盈利(核心资源)、我需要做什么(关键活动)、能向谁寻求帮助(重要伙伴),并最终进行整体的成本核算(成本架构)。

商业画布元素说明如表 4-11 所示。

---

① 参考 *The One Tool Startups Need to Brainstorm, Test and Win*。

表 4-11 商业画布元素说明

序 号	九大元素	说　　明
1	客户细分	明确产品或服务的目标客户，客户画像要尽量清晰、明确、精准，且可识别、可量化
2	价值主张	描述为目标客群提供的产品或服务
3	渠道通路	如何将产品或服务销售给客户，如直销、分销、渠道等
4	客户关系	企业与客户之间建立的关系，如为客户进行企业管理最佳实践赋能、以客户成功为核心
5	收入来源	公司从客群中得到的收入，包括在盈利模式中提到的各种类型的收入，如按时间计费的软件订阅费用、按分成方式计费的交易费用
6	核心资源	整个商业模式中核心要素，包括但不限于人、数据、有形资产等，这些核心资源一般也构建了商业模式中的核心壁垒
7	关键活动	为了实现整体的商业模式必须执行的事情，如招聘关键角色、构建营销渠道等
8	重要伙伴	参与整体商业运作过程中的合作伙伴，包括渠道商、服务商等
9	成本架构	运作整体商业过程中涉及的成本项，包括销售成本、管理成本、研发成本等

我们在分析一家企业的商业模式时，要避免被表面的商业模式所误导。比如，某养猪场的核心资源是其科学技术，某餐饮企业的核心资源是远期期货。在 B 端服务领域，某家公司宣称自己做的是人员服务，收取的是服务费用，但通过财务报表及内部人员信息发现，这家公司真正做业务运营的人员不足 10 位，技术人员却有上百位，所以该公司本质上是将技术产品包装成了服务项目，其核心资源是这个领域的经验积累及技术产品，而非服务人员。该公司之所以将技术产品包装成服务项目，可能是因为国内市场对软件的付费意愿低，对人员服务的付费意愿反而高，在进行市场宣传时，这样更能满足目标客户的心智，即对人员服务更信任。所以 SaaS 企业在将产品和服务进行商业化的过程中，如何包装、如何向市场传递是影响商业化成功非常重要的因素，产品和服务本身足够好是势能，但势能也需要合适的管道才能被应用。

8. 业务数据

业务数据是企业产品、服务运作过程中的关键业务指标，用于描述企业业务运转的状况及未来发展的可能性。业务指标数据的获取有一定的难度，一般来自内部信息，或者通过上市公司的报告中获取，或者通过一些财务数据进行间接推算，或者自己花钱进行调研，做辅助参考。在 SaaS 行业中，常见的业务指标包括客户量、客单价、销售额、续约率、PMF、NPS、PAST等，即便是这些业务指标的切片值（基于某个时间点的值），也能对未来有一定的预测作用。比如，续约率、PMF、NPS、PAST这些业务指标影响公司产品、服务的口碑，而口碑将会在未来的财务指标中体现。这里要求产品经理熟练掌握对应领域的核心业务指标类型，以及对应业务指标的行业参考值，以便能够对竞品有所判断。同时，通过业务指标值之间的关系也可以推演出数值的合理性及真实性，并且可以通过这些业务指标推断其背后可能的业务逻辑。

通过企业每年的年收入、累计客户数、客单价，可以大概估算出这家企业的续约率，通过续约率及客户数的变化趋势可以判断这家企业的业务前景。比如，通过企业营收来源及人员变化，可以看出这家企业的业务是在收缩还是在扩张，抑或是在转型。如果识别出这家企业的业务在转型，同时利润由负转正，则说明这家企业还是可以有所期待的。如果竞品企业是上市公司，特别是小型上市公司，分析财务报表是非常重要的，因为有些小上市公司的业务变化比较快。在业务数据推演的基础上，还可以通过目标客户调研来佐证数据的可靠性。

9. 财务数据

财务数据是竞品企业运作过程中的关键财务指标，用于描述企业在财务上的状况、未来发展的可能性、企业估值的空间。财务数据的获取对于上市公司而言比较容易，上市公司的报告中均会披露基础的财务数据，并且会有一些基金公司或券商公司基于上市公司的财务数据进行比较详细的分析，这些可以拿来参考。对于非上市公司，财务数据的获取比较难，一般以第三方报告的融资数据等作为辅助参考。在SaaS行业中，营业收入的构成、成本的构成、续费率等对于分析企业的商业模式、企业健康度非常重要。通过财务数据的分析，既可以反向推导竞品的商业模式及核心竞争力，也可以看出竞品企业发展规划的变化。这些是在研究已经上市的标杆企业时，必须深入分析的数据。另外，产品经理往上发展更多需要的是对业务、商业的洞察和规划，财务分析技能也是其所需掌握的一个必要技能，大家可以根据自己当前的职场定位及未来的职业规划，扩展对应的技能树。

另外，有两点需要注意。

（1）战略性亏损：基于战略的投入会出现亏损的情况，所以亏损不一定是坏事，战略性亏损有时有助于企业的长期可持续发展，或者帮助企业合理避税。

（2）现金流：有时现金流比账面利润还重要，现金流的稳定是企业发展的基础，所以有时会出现企业拿利润换现金流的情况。

10. 行业坐标位置

行业坐标位置是描述竞品企业在行业领域中所处的坐标位置，用于描述其发展阶段及竞争地位，一般会由第三方专业机构进行评估。借助第三方专业机构可以提升我们的分析效率，并补充更多的视角。国内外均有较多机构会发布类似行业坐标的内容。大家一方面可以通过行业坐标识别竞品企业在行业中的位置，另一方面可以通过行业坐标寻找更多合适的竞品，毕竟选择谁为竞品是战略，竞品研究本身是战术。比如，Gartner 是一家提供行业洞察的机构，会定期发布 B2B 行业的一些分析报告，其中包括行业中的主要参与者、参与者的优/劣势及参与者所处的位置。Gartner 常用的魔力四象限就是很好的参考，如图 4-18 所示。其中，Salesforce、HubSpot 等为领导者，Freshworks 为特定领域者，而 Zoho 为有远见者。

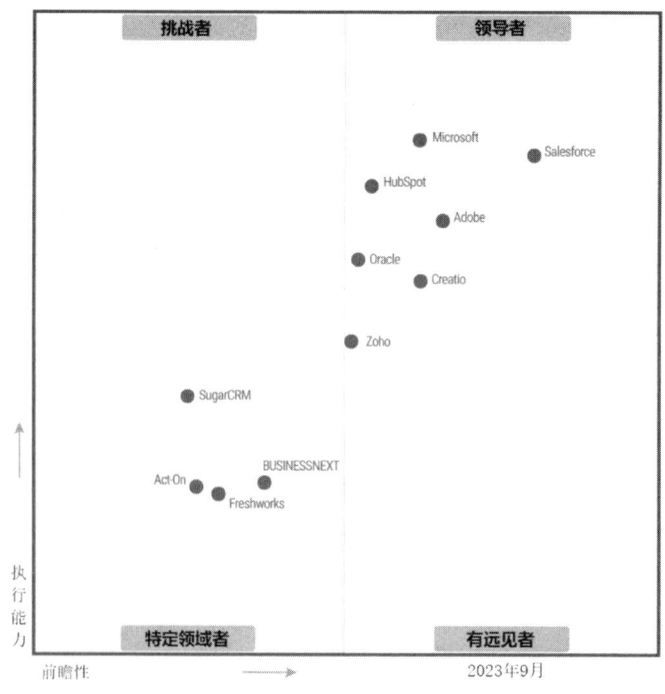

图 4-18

11. 未来发展空间

未来发展空间是基于企业当前的业务现状及未来的产品、服务、商业规划，对企业未来整体发展空间的预判。这种预判用于评估是否可以在战略上模仿或是否可以在投资上买入。未来发展空间包括对客户量、客户结构、营收、利润等业务数据及财务数据的判断。进行这种分析需要产品经理具有极强的行业洞察及数据分析能力，一方面产品经理可以自己进行分析，另一方面可以借助第三方的报告。通过对竞品企业未来发展空间的预判及校验，也可以验证自己的行业洞察功力。

比如，通过分析竞品企业的客户结构、每层客户的变化趋势、每层客户的续约率即可分析出其未来续约率的变化趋势。当一家 SaaS 企业的小客户占主导，且小客户占比呈上升趋势时，一般其整体续约率是下降的，因为小客户会因自身属性原因导致续约率低，当续约率持续走低时，这家 SaaS 企业离裁员也就不远了。

第 5 章
SaaS 产品方案设计及立项

通过本章，读者可以学习如何在行业洞察、客户调研、竞品分析的基础找到客户需要的、可行的、有竞争力的产品方案。产品方案的设计是产品规划、需求撰写的前置条件、既定方向。大中型产品方案还需要走立项流程以获得足够的资源支持。产品方案设计的过程即基于正确的信息和正确的逻辑，推演出正确的结论，将风险尽可能地消灭在启动之前，做到"先胜而后战"。读者一方面可以学习SaaS 产品方案设计涉及的多个维度，另一方面可以了解 SaaS 产品立项的流程和框架。

5.1 机会挖掘

机会挖掘是指在行业洞察、客户调研、竞品分析的基础上识别适合自身业务发展的机会。机会挖掘可以从各个视角进行，包括但不限于以下视角：基于宏/微观趋势挖掘机会、基于产业链挖掘机会、基于业务流程视角的关键流程挖掘机会、基于客户业务现状挖掘机会、基于客户工作场景挖掘机会、基于不同角色的管理或协同挖掘机会、基于现有产品使用状态挖掘改进机会、基于竞品动态挖掘机会。大家可以看出，绝大多数的机会挖掘视角来自行业和客户，而非竞品，而部分产品经理总是从竞品角度寻找机会点和解决方案，这特别容易脱离客户的业务现实。

机会挖掘是一个先发散再收敛的过程，基于众多机会点，识别匹配自身业务及企业能力的机会。所谓匹配的机会是指客户需要的、有商业价值的、符合自己优势的、可交付的机会。

我们在进行机会挖掘的同时，可以给出对应机会点的粗略解决方案，如果发现很多解决方案具有共性或异曲同工的地方，那么这个"共性"就是本质的解决方案。我们可以通过梳理"机会关键词"和"解决方案关键词"找到对应的"共性"，以便下一步生成产品化的解决方案。

5.1.1 宏/微观趋势机会

宏/微观趋势机会是指，基于宏/微观环境的变化挖掘趋势机会，包括宏观政策、经济、技术、社会环境的变化所带来的机会，以及影响行业微观环境的关键要素变化所带来的机会。比如，RCEP政策带来的跨境电商出海机会；ChatGPT[①]带来的AI技术应用机会。

基于宏/微观环境的变化挖掘趋势机会，是相对低频的行为。在创业时或开展创新项目时，一般会基于宏/微观环境的变化挖掘趋势机会；大部分情况下宏/微观环境比较稳定，但当有突发的宏/微观事件时，也会基于事件挖掘基于事件的趋势机会。比如，近几年因为新冠疫情的原因带来的宏观环境变化，让Zoom这类协同办公的SaaS供应商乘势起飞，也让旅游业岌岌可危，对应服务旅游业的SaaS供应商也面临危机。

基于宏/微观环境的变化所挖掘的趋势机会，并不一定都对应着战略决策。普通的产品经理在做功能场景时，也会考虑宏/微观环境带来的影响。比如，因为之前新冠疫情的原因，之前的线下展会转为线上展会，那么对应的场景交互流也应发生变化，在进行功能设计时就需要调整，以适应新的场景交互流。

在基于宏/微观趋势做战略决策时，需要注意的是趋势的到来是有一定时间条件的。例如，华为内部流行一个观点："早半步则活，早三步则死"，这是指即便顺应趋势的发展，切入的时机也至关重要，过早地步入未来的趋势领域，可能还没熬到红利的到来，就已经生存不下去了。对于技术变革所带来的趋势，可以参考Gartner公司的新兴技术成熟度曲线。从1995年起，Gartner公司每年都会发布

[①] ChatGPT是一种自然语言处理模型，由OpenAI开发。该模型使用了大量的预训练数据和机器学习算法，能够理解和生成人类语言。ChatGPT可以用于实现对话系统、聊天机器人等应用。它已经在多个领域取得了成功，并且具有广泛的应用前景。

新兴技术成熟度曲线（Hype Cycle for Emerging Technologies），一般认为在稳步爬升复苏期（Slope of Enlightenment）实践技术带来的机会是比较合适的时机。Gartner 公司发布的 2022 年新兴技术成熟度曲线如图 5-1 所示，从中可以看到 Gartner 预测 Web3 在 5～10 年内将会成熟，NFT 在 2～5 年内将会成熟，Causal AI（因果 AI）将在 2～5 年内成熟。

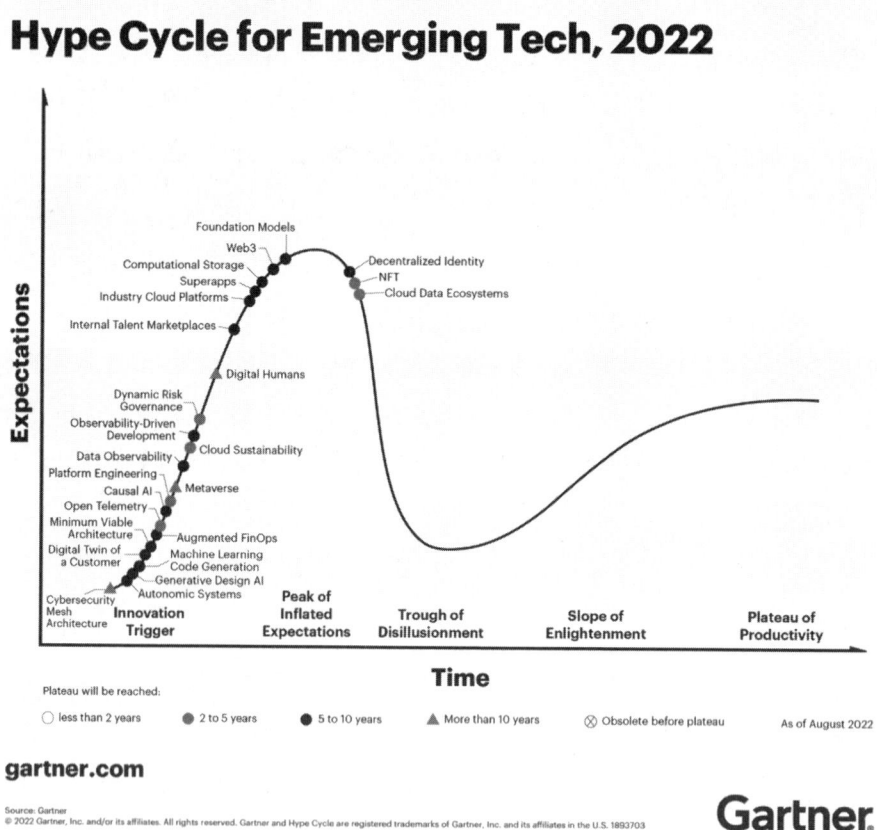

图 5-1

5.1.2 产业链机会

产业链机会是指基于产业链的关键环节挖掘机会。一方面基于关键环节的变化挖掘可能的机会，另一方面基于产业链的中枢环节挖掘可能的机会。例如，对于外贸行业，2021 年产业链下游的物流环节发生较大的变化，物流费用激增，直接影响了订单的成交和交付,而相关的 SaaS 厂商也需要调整运营策略或场景功能,以适应该变化;对于跨境电商行业,无论是上游做运营服务,还是下游做物流服务,都离不开"订单"环节,即"订单"环节是中枢环节,基于该中枢环节可以衍生很多服务,撬动电商市场,如 AfterShip。

基于产业链挖掘机会,也是相对低频的行为。在创业时或开展创新项目时,需要进行产业链机会挖掘;当产业链的上/中/下游发生重大事件时,也需要对产业链进行重新评估,挖掘可能的机会。

产业链是渐进式演变的。比如,商品供给端的生产方式,从传统制造到柔性制造,再到智能制造,制造方式的演进是循序渐进的,当前 3 种制造方式是并存的,小部分企业走在前面。当产业链呈渐进式演变时,只有资金雄厚的企业才能够先一步行动,否则基于产业链所挖掘的不一定是机会,也可能是危机。

5.1.3 业务流程机会

业务流程机会是指,基于客户业务的流程现状,识别关键流程和关键环节,基于不同环节客户的现状、问题、情绪及市场现状挖掘可能的机会。比如,跨境电商创业者,因无工厂、无供应链能力,在供应商选取环节存在较多的负面情绪,基于此衍生了一些 Dropshiping[①]供应商 SaaS 软件;又如,商家最关心且最困惑的环节是将潜在客户转化为订单的销售转化环节,那么可以考虑在销售转化环节提供销售助手解决方案。

基于业务流程挖掘机会,是经常用到的机会挖掘方式。当规划项目或进行项目重构或项目创新时都可以通过分析业务流程的客户现状、问题、情绪识别客户的痛点,并针对客户当前的痛点寻找市场上存在哪些解决方案,基于客户的痛点与当前市场解决方案的匹配性,以及自身企业具有的优势和劣势,识别可能的商业机会。

---

① Dropshipping 是一种零库存零风险的供应链模式,其中零售商在没有实际库存的情况下,通过与供应商合作,直接将产品发货给最终客户。在这种模式下,零售商充当中间人的角色,负责销售和市场推广,而供应商负责产品的制造、库存和发货。这种模式的优势在于零售商无须承担库存成本和物流运营的风险,同时能够快速测试市场需求和产品可行性。然而,由于零售商与供应商之间的合作紧密程度较高,其利润空间相对较小。

基于业务流程挖掘机会，有一个很重要的前提，即梳理出对应业务场景的流程，基于正确的流程、场景化的细节，才能够洞察客户痛点，挖掘对应的需求。这里大家可以参考客户调研相关的章节。

SaaS 供应商所面向的 SaaS 客户，一般在业务流程上有一定的稳定性，即你所识别的关键流程或关键痛点很可能在之前就已经存在了。那么，基于你所识别的痛点，当前市场解决方案有哪些？是否已经解决了客户的痛点？如果没有解决，那么你为什么认为你能够解决？贵公司有哪些优势是其他供应商没有的？或者，基于什么原因，解决客户的痛点所需要的必要条件发生了变化，使得原来不具备的条件得到了满足？因此，在基于业务流程挖掘机会时，识别变量或差异很重要，一定要弄清楚到底什么发生了变化、到底哪里存在差异。

5.1.4 客户业务现状机会

客户业务现状机会，是指基于客户企业运作或业务发展过程中遇到的主要问题和需求，挖掘可能的机会。较业务流程机会，客户业务现状机会更关注客户直接反馈的问题和需求，而非基于业务流程识别关键流程或关键环节的痛点。例如，客户可能会在企业运营过程中遇到招不到业务员或新手无法快速上手业务的问题，对此，公司可以提供解决新手上手问题的 SOP 工具或方法论赋能的工具，降低业务员门槛，缩短新手出业绩的时间周期，提高业务员对外服务的专业水平。

基于客户业务现状挖掘机会，是产品经理常用的机会挖掘方式。我们在规划新功能、规划业务模块、规划产品线、做战略规划时，均需要基于客户业务现状进行调研，然后挖掘机会。

在客户调研过程中，我们常见的主题即识别客户问题及需求，即基于客户业务客观现实，通过剥洋葱的方式洞察客户问题及需求。比如，客户反馈当前的订单少，那么就要识别客户订单少的原因是潜在买家少，还是潜在买家转化为订单的转化率低。如果客户说是潜在买家转化为订单的转化率低，则需要识别是因为业务员水平低，还是因为客户当前产品本身竞争力不足……识别客户的本质问题及需求，是成功挖掘机会的基础。

基于客户业务现状挖掘机会时，需要注意的是，有些问题并不是机会，因为 SaaS 供应商无法真正地解决问题，无法交付解决方案。比如，客户反馈买家的需求无法满足，这时即便 SaaS 供应商通过营销工具帮助客户获客，也无法真正解决吸引来的买家存在的需求不匹配的问题。对于无法交付解决方案的问题，可以经过评估后果断放弃。

5.1.5 客户工作场景机会

客户工作场景机会是指基于客户当前主要的沟通工具、办公软件、渠道、平台等挖掘机会。沟通工具的变化，会衍生很多的战略机会。比如，客户的沟通场景从 QQ 转到了微信，可以基于微信做沟通场景下的功能，即基于客户常用的沟通工具做沟通伴侣。因为客户常用的工作工具会顺应客户使用习惯，所以基于客户常用工具进行业务创新，更容易被客户接受。比如，客户常用的业务工具是 Excel，但 Excel 的内容无法自动录入 SaaS 系统，可以考虑在 SaaS 系统中接入 WPS 功能，这样既符合客户使用习惯，又能够与 SaaS 系统中的数据做到数据融合。销售渠道的变化，带来商业人货场的变化，相应地也带来新的机会，如小红书、抖音电商等挑战传统电商渠道。

基于客户工作场景挖掘机会，是做创新项目时常用到的机会挖掘方式，也是产品经理需要掌握的一种思考方式。这种思考方式不仅可以让产品经理挖掘到创新点，还可以让产品经理在做交互设计评估时更符合客户习惯，给客户提供更好的客户体验。比如，当我们做移动端规划时，可以识别客户当前主要在手机上做哪些与工作相关的事情，在做这些事情时都会使用哪些软件，进而 SaaS 供应商可以思考自己的软件如何与手机上的其他办公软件协同，以让客户更好地移动办公。比如，我们在做客户管理列表时，应该尽可能地让列表的交互设计与 Excel 一致，以减少学习成本。

基于客户工作场景挖掘机会时，应首先识别客户常用的沟通工具、办公软件、运营渠道、经营平台等，在此基础上，观察客户是如何使用这些软件的，然后基于此思考存在的问题和可能的机会。如果想要做细致的调研，可以在进行客户调研时，通过 5W2H 洞察客户使用这些软件的角色、目的、行为、问题等。在这里，产品经理可以问自己一些问题：自己服务的客户常用的软件有哪些？又是如何使用这些软件的？为什么使用这些软件？自己是否了然于胸？

5.1.6　不同角色机会

不同角色机会，是指基于客户企业运作过程中涉及的角色，挖掘不同角色之间的管理、协同所衍生的机会。比如，管理者对于员工进行管理，这里既可以将管理拆分为人的管理和事的管理，也可以将管理拆分为过程管理和结果管理，进而衍生对应的管理功能。比如，基于成交订单的目的，买家体验是销售人员最终关注的点，则基于买家体验可以设计相应的工具或解决方案；又如，业务员和跟单员经常信息错位，则可以基于不同角色之间的协同，规划相应的信息自动流转功能。

基于不同角色挖掘机会，是 SaaS 产品经常遇到的场景。SaaS 产品一般服务于一家企业中的多个角色，不同角色的关注点不同，基于不同角色甚至要设计不同的软件版本。识别关键角色，洞察不同角色之间的关系，评估不同角色的优先级是进行基于角色设计功能或场景的基础。比如，针对传统企业，管理员和员工之间更多的是任务分发机制，那么对于任务完成度的监控就比较重要；针对互联网企业，更多的是自下而上地汇报工作进展，所以周报场景比较重要。

在基于不同角色挖掘机会时，还要识别哪些角色与续约率或续费率相关，在进行产品规划时将更多资源倾斜给对应角色。

5.1.7　现有产品机会

现有产品机会，是指基于现有产品的购买、激活、使用、续约情况，以及现有产品的优点和缺点，识别现有产品的改进机会，对产品进行优化迭代。基于现有产品使用情况挖掘改进机会是产品经理常用的机会挖掘方式，但部分产品经理容易画地为牢，仅基于负面反馈优化产品，而忽略正面反馈。

在识别现有产品改进机会时，一般从两个角度优化迭代产品。一个是现有产品"正向"视角，即基于客户购买的原因、激活的原因、活跃的原因、续约的原因，放大产品优点，或者基于产品优点对产品进行重定位。比如，客户购买并续约 CRM 产品的原因是其买家数量较多所以需要一个 CRM 功能,且我们的产品满足其诉求,则可以考虑将 CRM 产品的客群瞄准在买家数量超过一定阈值的客户。另一个是"反向"视角,即基于客户不购买的原因、不激活的原因、不活跃的原因、不续约的原因,对产品进行优化迭代或舍弃整体带来负面效应的功能。比如,客户因产品太复杂而不会使用产品,则需要提供简单易用的场景化产品,采用客户常用软件的交互,让 SaaS 客户可以获得 C 端产品的交互体验。

在对现有产品的使用情况进行分析时,要基于分散的反馈信息进行分类及抽象,以识别客户反馈信息的共性,这样才可以找到真正的机会点,并给出匹配的解决方案。例如,有的客户希望邮件可以按邮件名称的首字母排序,有的客户希望邮件有自动翻译的功能,这两者都属于邮件查看的需求;有的客户希望不同邮箱可以归档不同的文件夹,有的客户希望发件可以按邮箱归档,有的客户希望邮件可以按照主题归档,这三者都属于邮件归档的需求;有的客户希望可以按标签筛选客户列表,有的客户希望空字段可以反向筛选,有的客户希望筛选结果可以快捷操作,这三者都属于筛选需求。而查看、归类、筛选都可以泛指"查"的需求,以上 8 个需求都是希望可以更快速、便捷、清晰地查看相应内容,基于此,需要做整体的交互逻辑优化,而非某个模块的某个功能的优化。

5.1.8 竞品相关机会

竞品相关机会,是指基于竞品动态,识别竞品的产品亮点及可能的规划,找到匹配自身业务的机会点,跟进相应动作。产品经理在挖掘机会时一般从客户出发,而非竞品,否则容易脱离自己的客群。基于竞品动态挖掘相应机会,仅作为辅助手段,一般基于面向同市场提供同价值的同种形态竞品做分析。

在挖掘竞品相关机会时,产品经理通过主动跟进和被动跟进的方式获取竞品动态信息,评估竞品动态是否对自己构成威胁,或者竞品动态是否给自己创造了机会,自己是否具有后发优势或其他优势,然后基于此调整市场策略或产品迭代策略。例如,通过销售反馈信息,产品经理发现竞品将在 2 个月后发布一个客户期待已久的功能,并已经做好市场宣传。基于此,产品经理可以评估自己的研发团队是否能在 2 个月内发布对应的功能,并抢在竞品前面发布,这样一方面"借势"了竞品的市场宣传,另一方面先于竞品抢占市场。

在基于竞品挖掘机会时，一定要避免被竞品带节奏，有些竞品的行为是可以经受住市场检验的，有些竞品的行为可能真的就是提供一堆功能而已。先对竞品动态信息进行充分评估，了解竞品做了什么、为什么那么做、付出了什么成本、市场反馈如何等，然后才可以确定是否有必要采取相应的应对策略。大多数情况下，保持自己的节奏更重要。

5.2 产品解决方案

5.2.1 概述

产品解决方案是基于机会挖掘，识别匹配自身业务及公司能力的机会，即客户需要的、有商业价值的、符合自己优势的、可交付的机会，并基于匹配的机会给出大概的解决思路或逻辑。针对不同机会的解决思路或逻辑，可以抽象解决思路或逻辑的共性，找出通用解决方案。

产品解决方案先于产品架构和产品需求输出，用于描述针对问题或需求的解决思路或逻辑。一般在立项时就要给出产品解决方案，但不一定要输出产品架构和产品需求。本质上，SaaS 供应商提供给客户的并不是一堆功能，而是针对场景的解决方案。基于场景的颗粒度，解决方案可以分为不同层次：从客户视角划分，包括产业层、企业层、部门层、员工层；从供应商视角可以划分，包括战略层、产品层、模块层、功能层。例如，通过外贸 B2B 交易电商化升级中国 B2B 出海的业务模式属于客户视角的产业层、供应商视角的战略层，针对离职场景提供一键交接的解决方案则属于客户视角的员工层、供应商视角的功能层。

SaaS 产品为客户提供标准化的解决方案，标准化的解决方案有两层含义：针对客群，基于客户分层，解决方案可以分层，但一个解决方案针对某类客户，而非某个客户；针对被解决的问题或需求，SaaS 产品的解决方案在大多数情况下解决的是某类问题或需求，而非某个问题或需求，否则不仅研发成本和售后成本会提升，产品复杂度也会提升，进而导致客户体验下降，最终会在续约率上有所体现。

5.2.2 如何找到合适的解决方案

思考解决方案，最根本的方法是先基于客户场景的问题本质，给出有针对性的解决思路，再对解决思路进行抽象，给出最终的解决方案。但有时我们可能会受到经验和知识的影响，这时可以借助两种思路寻找解决方案：一种是基于解决方案常见的几种来源寻找解决方案；一种是基于 SaaS 产品的数字化程度寻找解决方案。

SaaS 解决方案常见的来源如下所述。第一，将线下方案线上化，即看客户当前线下是怎么做的，将其直接搬到线上，一方面继承了原有客户的行为习惯，另一方面通过线上化将数据打通系统，对企业信息资产进行管理。第二，将行业标杆的解决方案产品化，即基于客户问题找到客户所在行业内的标杆企业是怎么做的，将标杆企业的解决方案产品化，赋能给中小企业。比如，将标杆企业的电子产品目录做成模板赋能给没有美工的小微企业；对竞品解决方案进行调整、适配，即分析对于类似的问题，竞品是怎么解决的，以及竞品的客群、优势、劣势等分别是什么，然后基于我们自己的客群、优势、劣势等做相应方案的调整。第三，将其他行业的解决方案应用于本行业。比如，将 B2C 解决方案应用于 B2B 行业，SaaS 产品的 PLG 增长模式就属于将 B2C 增长解决方案应用到 B2B 行业的一个案例。

SaaS 解决方案按照数据化程度可以分为信息化、自动化、智能化。信息化是指将企业运作过程中的要素数字化，包括人、商品、财务、流程等。比如，最基础的 CRM 软件让客户将买家资料录入系统，进行信息的存档和管理，就属于信息化。自动化是在信息化的基础上，降低使用者的操作成本，减少机械的工作，提升工作效率。比如，SaaS 系统中常见的工作流就是自动化的典型案例。智能化较自动化更进一步，自动化一般针对简单、重复、高确定性的工作，智能化则相对复杂，如基于 ChatGPT 提供 SaaS 应用是智能化解决方案。

除了以上 2 个寻找解决方案的思路，大家也可以将自己工作中用到的不同类型的解决方案进行整理、抽象，形成自己的解决方案库。比如，针对不同的场景可以给出不同的 SOP，然后给小客户提供标准化流程，给中型客户提供支持运营配置的个性化 SOP，给大客户提供支持自定义的 SOP。

5.2.3 输出解决方案

在输出解决方案时，一方面要用抽象逻辑展示解决方案的主思路，另一方面要用故事化思维展示解决方案。一般解决方案得到认可之后，才会进行下一步详细方案的设计。解决方案面向不同的角色，抽象逻辑和故事化思维相结合，更能有效传递解决方案的主思路，降低沟通成本。

我们在输出解决方案的过程中，可以先根据场景属性提炼出通用解决方案、行业解决方案、基于客户分层的解决方案、基于问题分层的阶段性解决方案，然后根据客户优先级、项目预算、项目周期等安排版本节奏，以保证每个阶段都可以面向某类客户交付一定的价值，收到一定的效益。

当产品面向市场时，更需要基于场景对解决方案进行相应的包装，让客户快速了解解决方案到底解决的是什么问题。比如，相较于微信的文档，飞书将文档包装成项目周报、会议记录、需求管理等一个个场景的解决方案。

5.2.4 验证解决方案

输出解决方案后，需要对解决方案进行验证。在验证解决方案的过程中，需要问几个问题：客户是否理解了我们的方案？客户认为我们的方案解决了什么问题？客户认为我们的方案没有解决哪些问题？客户认为我们的方案可以有哪些改进？客户是否愿意为解决方案付费？得到客户认可是得到项目组或董事会认可的前提。

5.3 商业模式

5.3.1 概述

商业模式用于说明产品立项的整体商业逻辑，包括一系列商业要素及商业要素之间的关系。产品方案是说做什么，而商业模式是高层更关注的事项，也用于论证这件事情是否有商业价值。什么是商业模式，即"为谁提供什么服务，以什么方式赚钱,以什么方式 PK 竞争对手"?回答清楚这些问题,商业模式也就出来了。

商业模式也可以被看作一个产品方案的概览描述,涉及目标客户、产品服务、核心资源、收入、成本等,是我们阐明一个产品方案最简洁的方式,有点类似于投/融资时商业计划书的首页——阐明商业计划书的核心内容,是投资人、董事会、项目组在做投资决策时需要重点考量的内容。大家可能会混淆商业模式和盈利模式。简单理解,盈利模式是商业模式内容子集,即商业模式包含了盈利模式,但商业模式还需要说明推广模式、运营模式等,以更全面地阐述产品解决方案的商业逻辑。

产品经理扮演的是一个杠杆性的角色,其规划内容会撬动后续 N 倍的研发运营资源,并影响销售业绩,因此商业思维是产品经理应该具备的思维。基于此,产品经理才能拥有更多的视角来了解企业决策,才能真正地为结果负责。产品经理的产出结果分为 3 个层次,分别是产品设计结果、数据结果、商业结果。其中商业结果是产品经理价值的最终体现,也是产品经理职场定价的主要标准。

在构建产品方案的商业模式时,产品经理须具备一定的经济学知识。对于非商科的产品经理建议先学习最基础的宏观经济学及微观经济学,然后在此基础上扩展企业管理、财务管理、创新管理等知识。

5.3.2 商业画布

在阐述一家企业的商业模式时,我们可以借用商业画布。商业画布是一个结构化思考工具,可以将商业模式中的元素标准化。前文已介绍,商业画布包括九大元素,即客户细分、价值主张、渠道通路、客户关系、收入来源、核心资源、关键活动、重要伙伴、成本架构。在应用商业画布时,要遵循一定的顺序,即先了解目标客群(即客户细分),再确定他们的需求(即价值主张),想好如何接触到他们(渠道通路)、与客户构建什么样的连接(客户关系)、怎么盈利(收入来源)、凭借什么筹码实现盈利(核心资源)、我需要做什么(关键活动)、能向谁寻求帮助(重要伙伴),并最终进行整体的成本核算。

客户细分指明确产品或服务的目标客户,客户画像要尽量清晰、明确、精准,且可识别、可量化。例如，如果目标客户是买家数量多的客户，则可以再明确买家数量多是怎么定义的、阈值是多少、对应的客户群体量有多大。

价值主张指为目标客群提供的产品或服务，在描述价值主张时，要对产品或服务的本质进行定义，否则无法清楚地传递价值。例如，我们为客户提供的产品是帮助销售提升转化率的销售助手，销售助手中包括标杆企业都会使用的标准化销售流程，以及各种话术、模板。那么，请问我们向客户交付的是工具还是内容？假设我们定义的是工具，那么交付是相对可控的，价值比较明确，价值深度相对较低。假设我们定义的是内容，那么我们的竞争对手其实是做销售培训的老师们，价值比较明确，价值深度比较高，但交付相对不可控。

渠道通路指通过什么方式将产品或服务销售给客户，如直销、分销、渠道等。对于大的创新项目一般建议由公司内部的销售人员进行售卖，这样可以控制市场节奏、快速响应市场、听见"市场声音"。应该让销售配合产品进行产品迭代，而不是让产品被销售拖着走。对于适合交叉销售且售价比较低的产品，可以利用直接触达客户的线上渠道进行销售。

客户关系指企业与客户之间建立的关系，如为客户进行企业管理最佳实践赋能，以客户成功为核心。在进行客户关系定义时，需要思量清楚产品方案涉及的几方角色及处理这些角色利益冲突的原则。例如，当产品方案涉及客户及买家（客户的客户），且两者的利益冲突时，产品设计的原则是什么？

收入来源指通过这个产品方案，企业从中可以得到的收入有哪些。比如，按时间计费的软件订阅费用，按分成方式计费的交易费用，按量计费的云空间费用，按次计费的服务费用等。一般来讲，CRM 类的 SaaS 企业靠订阅费用赚钱，ERP 类的 SaaS 企业靠软件费用及服务费用赚钱，电商类的 SaaS 企业靠交易费用赚钱。一个产品的收入来源可以是多维的，可以随着产品的发展衍生更多的收入来源。例如，当客户量较少时，可以靠软件订阅费用获取收入；当客户量较大时，可以靠与第三方合作获取分成收入。

核心资源是指产品方案中的核心竞争力由什么构成，这是整个商业模式中的核心要素，包括但不限于人、数据、有形资产等。我们常见的构建产品核心竞争力的方式包括技术壁垒、数据壁垒、销售渠道、客户体验等。对于 SaaS 产品，即便竞品具有相同的业务模块,但我们的产品整体架构一致、数据互通、客户体验好,这本身也是一种壁垒。

关键活动是指为了实现整体的商业模式而必须执行的事情,如招聘关键角色、构建营销渠道等。对于创新项目,很多情况下,如果企业不具备直接拥有相关经验的人,则需要招聘有相关经验的人来弥补团队的经验缺失。这里需要注意的是,招聘有相关经验的人时,一定要对相关经验进行谨慎的定义,宁愿招无经验的人,也不能招有经验错位的人,因为无经验的人只需要经历学习的过程,而不需要经历克服的过程,而有经验错位的人还需要克服习惯性经验。

重要伙伴是指参与整体商业运作过程中的合作伙伴,包括渠道商、服务商等。对于重要伙伴,一定要思量清楚3个问题:重要伙伴的选择原则是什么?与重要伙伴的合作模式是什么?合作的执行的标准是什么?

成本架构是指运作整体商业模式的过程中涉及的成本项,包括销售成本、管理成本、研发成本、售后成本等。例如,对于SaaS产品,在某些情况下,产品具有一定的复杂度,需要客户成功经理提供线下服务才能让客户使用起来,那么客户成功经理的人力成本就要计算在内。

5.3.3 输出商业模式

同一个产品方案的商业模式可以有多种,短期和长期的商业模式也可能会有所不同。在输出商业模式时,既可以将不同的商业模式进行对比、分析,也可以将短期和长期的商业模式分开阐述。基于不同的商业模式,和相关方进行充分讨论,由领导基于企业短期、长期的战略,以及只存在其脑子里的其他信息进行决策。基于同样的企业战略、优势、资源,领导风格不同,则对商业模式的选择会不同,保守型的领导更在意确定性收益,开拓型领导更在意未来的可能性。

在产品面向市场时,有时需要对商业模式进行再包装,以更好地占领客户心智。例如,某家服务商将技术产品包装成服务项目,可能是因为国内市场对软件的付费意愿低,对人员服务的付费意愿反而高,在进行市场宣传时,这样更容易满足目标客户的心智,即客户对人员服务更信任。

5.4 价值分析

5.4.1 概述

价值分析就是在商业模式的基础上进一步回答"为什么做"这个问题，讲清楚"对客户的价值，对企业的商业价值，对企业的战略价值"，这里已经包括了短期价值和长期价值。针对客户价值，有时基于项目特色还需要按照不同的目标客户、目标客户的不同角色进行有针对性的分析。价值分析是立项决策时重点评估的内容。例如，如果你的产品方案是针对小客户提供降本提效的价值，那么你的产品方案很可能无法通过，因为小客户一般还处于生存阶段，根本不关注降本提效，或者不愿意为降本提效付费。只有产品方案的项目成本、客户价值、商业价值、战略价值相匹配，才能说服投资人、董事会等提供项目预算。

5.4.2 价值分析维度

客户价值是指产品方案为目标客户带来的价值，一般 SaaS 产品可以从 3 个维度为企业带来价值，分别是增收、降本、提效。从客户视角出发，增收价值>降本价值>提效价值。对于小客户，一般更关注增收；对于大客户，降本和提效更能体现价值。同样的产品方案为不同的目标客户带来的价值也不同。例如，一款售价为 1 万元的 SaaS 软件，可以将业务员的录单时间从 2 小时减少到 1 小时，对于小公司，1 年总共就 100 单，而大公司 1 年可能有 1 万单，那么这款 SaaS 软件为小公司节约的是 100 小时，相当于 1 个业务员 2 周的工作量，或者相当于 1 个业务员半个月的工资，这个提效所带来的价值小于企业付出的显性成本，而对于大公司，这款软件为其节约的是 1 万小时，带来的价值远远大于 1 万元的显性成本。

针对客户价值，有时为了向客户更好地传递产品价值，让销售人员更好地售卖产品，可以设计一个客户价值计算器，显化产品方案为客户带来的价值，给客户带来最直接的数据冲击。以 KBMax 的 CPQ 价值计算器为例，如图 5-2 所示，基于客户的订单数量（Number of orders）、平均订单金额（Average order size）、业务员的数量（Number of internal sales reps）、业务员报价的数量（Numbers of quotes generated）、业务员生成报价单的时间（Hours of touch time to generate a quote）、工程师介入的时间（Hours of engineering touch time per quote）即可计算出 KBMax 的 CPQ 为客户产生的价值。

第 5 章 SaaS 产品方案设计及立项 | 147

图 5-2

大家可以根据自己的产品属性设计相应的价值计算器，在设计价值计算器时，应本着实事求是的原则，不要夸大价值，不要过度销售，否则就是给自己"埋雷"。

商业价值，指产品方案为企业带来的商业利益。这里的商业利益不是指营收，因为大多数产品方案都会带来一定的营收，这里更多是指影响商业前景的内容，包括但不限于扩展现有产品的边界、差异化卖点、提升客单价、升级盈利模式、扩展客群、优化财务结构、提升续约率等。例如，当产品方案能为仅靠订阅费用获得收入的企业带来交易收入时，则升级了企业的盈利模式；当产品方案能提升企业整体的续约率或降低企业整体的销售成本时，则可以优化企业的财务结构。

战略价值，指产品方案为企业长期带来的影响，战略价值一般也属于商业价值的范畴，但战略价值是更长期的体现，包括但不限于升级产业服务、扩展第二增长曲线、提升企业估值等。例如，当产品方案扩展了产品矩阵时，有可能为企业带来第二增长曲线；当产品方案带来的商业模式具有更高估值倍数时，会拉动整个企业的估值。

5.4.3 价值验证

只有得到客户验证的价值才是真正的价值，产品经理要避免臆想产品价值。在验证产品价值时，需要提前准备好价值点清单，价值点要用客户能够理解的语言描述，通俗易懂，在进行客户调研时对价值点进行评估。另外，需要清楚验证哪部分客户更认可哪部分价值点，这将影响优先级，并对这些价值点背后对应工作量的投入产生影响。

5.5 项目计划

5.5.1 概述

项目计划是在人力、时间、交付范围、质量要求基础上的产出。产品方案设计及立项中的项目计划是在产品的详细方案制定出来之前完成的。产品经理和技术专家基于产品解决方案的大致逻辑和核心要素估算出来的项目周期、交付范围、人力预算等,用于在立项汇报时向领导层阐述"在什么时候交付什么、需要多少人",以便于领导做预算决策。

5.5.2　输出项目计划

项目计划基于产品路径而生成,基于产品路径的每个节点设置关键的里程碑。产品路径是指要完成产品方案从 0 到 N 的演进,我们基于产品方案的起点和终点可以规划多个产品路径。我们要对不同产品路径在关键时间点的交付价值、成本支出、市场节奏等进行对比、分析,选择能够被大家普遍接受的产品路径。产品路径后续还可以被迭代、演进,毕竟一般走向终点的路径都是曲折的,迂回前进也是产品经理在真实项目过程中常遇到的情况。

基于产品经理视角,在规划产品路径时,应尽可能地将每个阶段的产品解决方案解耦,让每个阶段的产出可独立交付;每个阶段的产品都支持客户试用体验,一般大项目的周期会比较长,如果中间过程没有客户的试用把关,则风险是极大的;每个阶段的产出应尽量为客户提供闭环的价值,并让企业产生一定的效益。对于 SaaS 产品,基于企业经营情况、产品市场节奏等各种原因,项目在立项通过之后,可能会存在加快项目节奏、让多个阶段产品并行的情况,也可能存在暂停或不再投入的可能性,因此产品路径的前后依赖关系、不同阶段的耦合度会直接影响研发的效能。

基于初步的产品路径,可以生成初步的项目计划表,项目计划一般包括项目阶段、不同项目阶段的项目内容、关键里程碑、需求评审时间、开发开始时间、开发结束时间、开发上线时间、对应阶段的人力投入情况。有时,还需要基于不同的人力预算制作两个项目计划表,并进行对比、分析,以申请到合适的人力预算。

5.5.3　注意事项

在生成项目计划时,一定要和技术专家或项目经理一起探讨,最终项目计划的工作量的预估、开始/结束时间、人力预算的预估以技术专家或项目经理的意见为准。一方面,产品经理的技术修养与研发人员还是有一定差距的;另一方面,进行立项汇报时，需要研发线的"老大"投票。但在与技术专家或项目经理沟通时，一定要对交付产品的边界定义清楚，否则同一个项目的内容描述可能会衍生出不同的产品交付，因为在这个阶段，我们还没有撰写需求文档，和相关方保持密切沟通能有效减少信息错误。

5.6 风险及应对

5.6.1 概述

风险及应对是指产品方案从设计到面向市场的过程中可能遇到的问题，以及问题的解决思路。识别风险是项目管理的基础，也是产品经理之间差异化能力的体现。将可能存在的风险整理出来，并给出应对策略，尽可能地将风险消灭在项目启动前，是提升决策胜率至关重要的一环。消灭风险一般需要进行进一步的数据调研、客户调研或技术调研。

5.6.2 识别风险的能力及应对风险的策略

识别风险的能力也是产品经理之间差异化能力的体现。首先，产品经理应该知道常见的风险类型有哪些；其次，基于自身对产品的运营情况和业务属性，可以梳理出当前业务常遇到的风险项；最后，整理出自己的风险清单，并不断迭代风险清单，每次立项或盘点需求时对照一下风险清单，这样有助于加强对风险的识别和提升对风险的敏感度。

在识别风险点的过程中，产品经理需要判断产品方案的复杂度，明确产品方案中最复杂的部分，越复杂越有风险。针对识别出的风险点，产品经理对风险出现的概率及影响的程度进行判断，然后进行综合评估。这里可以采用风险可视化工具中的风险矩阵法（二维表格即可），操作简单。对于综合评估需要解决的风险，则在项目启动前或立项汇报前，就应该给出相应的应对策略，让风险可控。给出的应对策略应该满足一定的成本要求。例如，对于复杂度高的产品方案，其实施风险就是明显的风险，但在应对策略中不能只说配置实施人员，因为配置实施人员是需要成本的，且此成本会随产品售卖规模的扩大而线性增长，所以应该给出边际成本递减的方案。比如，企业可基于产品方案匹配的细分行业，制定行业化实施方案。在行业化实施方案制定出来后，企业可以根据实际效果进行方案迭代，从而积累细分行业的最佳实践。随着产品销售和实施经验的积累，企业的实施成本将大幅降低。

5.6.3 常见的风险类型

针对 SaaS 产品，会遇到很多种风险类型，包括但不限于产品化风险、市场风险、技术风险、合作风险、资源风险、实施风险等。下面对常见的风险类型进行简要说明，仅供参考，大家可以基于自身业务的类型，整理自己的风险清单。

产品化风险是指产品方案从规划到上线的风险。例如，在做创新项目时，如果公司内部缺少具有相关经验的同事，那么产品方案很可能是基于表层推底层的方案，如同空中楼阁，风险较高，这时应采取的最直接的策略是招聘有经验的产品经理或技术专家；有些产品方案需要兼容各种类型的客户或行业，在产品化过程中也比较难落地，这时需要对客户类型或行业做取舍，以实现最大化产出；当产品方案依赖其他开发中的产品时，这种产品依赖关系也会影响产品化的进展，两个项目组的密切沟通与配合可以在一定程度上控制风险。

市场风险是指当产品方案面向市场时，不像预期的那样被市场接受。例如，当产品方案存在较高的迁移成本时，会削弱产品的价值，这时需要给出客户一键迁移的方案。当产品方案涉及前沿概念时，则需要一定的解决成本，需要市场部做好前期的基础讲解工作。当产品方案被市场接受的程度有非常高的不确定性时，则需要进行进一步的调研，包括但不限于对销售人员进行调研、对相关数据进行调研，以减少不确定性。

技术风险是指在产品化过程中因技术人员、技术瓶颈等造成的上线风险。例如，当产品方案侧重前端渲染效果，而公司团队的前端人力配置缺少相应的人才时，则需要招聘相应的人才；当产品方案需要融合多个现有产品，且需要技术人员对多个现有产品都很熟悉，才能加快研发进展、减少低级错误时，则需要调拨老员工到项目组；当复杂度高的产品方案既要求在短期快速上线，又要求有长期扩展性时，则需要架构师的参与；当产品方案本身用到的技术有一定技术瓶颈或数据瓶颈时，则需要产品经理和技术人员一起做好预研工作。

合作风险是指在产品方案涉及合作方时，与合作方之间可能出现的配合、合规等问题。例如，当产品方案的部分数据来自合作方时，需要评估合作方的资质、可控性、可持续发展性等，以保证自身产品的可持续发展，同时应尽可能接入多个合作方，避免产品方案受制于人；当产品方案需要调用第三方 API 时，则存在接口风险，需要对第三方接口可以调用的次数限制、授权限制、有限期限制都了解清楚，并做好数据监控，在客户感知到接口限制之前，做好第三方接口的预警和报错。

资源风险是指公司因各种原因提供的资源不足或资源未及时到位。例如，缺少对应的人、缺少外部的专家、缺少对应的时间、缺少销售渠道等都属于资源不足。针对资源不足，首先，产品方案应该有相应的兜底策略，以保证在资源不足的情况下最大化产出；其次，向领导要资源也是产品经理的工作之一，毕竟资源总是不足的。

实施风险是指产品在交到客户手中之后，需要很高的实施成本才能让客户使用起来。例如，当产品涉及的业务较复杂时，客户可能需要重新梳理业务，这样实施成本就会很高；当产品本身较复杂时，也会存在较高的实施成本。当实施成本较高时，产品经理可以考虑基于客户的业务类型、属性等配置模板简化实施路径，或者将一些必经的实施路径进行产品化实施。

5.7 产品立项

5.7.1 概述

产品经理扮演的是一个杠杆性的角色，其所做的决定会影响产品的研发、测试、设计、运营等工作，甚至影响整个企业的发展，可谓牵一发而动全身。对于产品经理而言，最重要的就是指明方向、做对决策，让每个决策达到最高的胜率。对于大的项目更是如此，大项目的成功与否可能会影响企业的第二发展曲线,甚至是企业的存亡。因此,大项目一定要走严谨的立项流程,基于正确的信息和正确的逻辑,推演出正确的结论,将风险隐患尽可能消除在项目启动之前,做到"先胜而后战"。

5.7.2 需要立项的产品方案

产品方案是否立项取决于其影响度和风险度。对于风险高、影响大的项目均需要立项,那么什么叫风险高、影响大呢?涉及新市场的产品或新产品均有较高的风险,均需要立项。对于现有市场和现有颗粒度比较粗的产品也需要立项。对于颗粒度的衡量,可以根据公司的研发标准制定,如 30 人/日以上的可以称之为"大需求"。在这里大家可以将市场简单地理解为"客群",当产品所面向的客群主要为现有客群时,即"现有市场";当产品所面向的客群发生了比较大的变化,为非现有客群时,即"新市场"。安索夫产品矩阵如图 5-3 所示,仅供参考。而需要立项的项目往往可能影响企业的第二发展曲线,也会得到高层的关注,压力与机遇并存。

图 5-3

5.7.3 产品立项框架

好的立项框架直接影响立项材料的完备性和逻辑的完整性，基于对称的信息和正确的逻辑，才能降低误判的风险。立项框架是骨架，其内容才是血肉，正确地执行框架范围内的事项，并以合适的方式呈现，才有可用于高效做决策的内容。图 5-4 所示的产品立项框架仅供参考，大家应因地制宜，因为项目属性不同，所侧重的内容会稍有不同。比如，针对现有产品的重构，行业洞察就会弱化，因为针对现有产品的行业洞察应该是随时进行的，相比较而言，针对新市场的新产品就会更侧重行业洞察。

图 5-4

5.7.4 立项流程

审慎的立项流程有助于对项目进行严格的把关，控制企业的投入产出比。市场上常见的产品方案立项流程有两种：一种是产品部门主导，一种是项目经理主导。产品部门主导立项的优点是消耗更少的人员，减轻其他部门的压力，减少会议及协作次数，提升效率，基于第一手各维度资料进行整合、分析；缺点是在人力有限的情况下，调研的充分度会有所下降，时间也会相对紧张，节奏更快。项目经理主导立项的优点是各部门分工协作，调研更充分；缺点是需要各部门派专人参与立项工作。中小企业更适合由产品部门主导立项，而人力预算充分的大企业更适合由项目经理主导立项。

1. 产品部门主导立项

第一步，由产品部门发起立项。

第二步，产品部门针对立项给出调研方案及计划。

第三步，产品部门执行调研方案及计划并进行分析。（在这个过程中，领导层也可以通过人脉、投资人进行调研，减少信息不对称造成的误判风险。）

第四步，产品部门准备立项材料。

第五步，产品部门向领导层汇报。（针对确定性高的项目，领导层可以邀请其他部门的领导一起参与；针对确定性不高的项目，一般不会邀请其他部门的领导，避免过早邀请造成时间消耗及资源浪费。）

第六步，领导层对立项进行审批，审批结果一般会抄送其他部门的负责人。（立项审批结果有 3 种，即通过、不通过、待定。针对通过的项目进行后续的资源配置、需求撰写、项目研发、商业化等事项；针对不通过的项目，一般不会再投入资源进行调研；针对待定的项目，一般需要进行进一步的调研或由领导层再往上汇报并进行评估。）

2. 项目经理主导立项

第一步，由项目经理发起立项。

第二步，由各部门人员组成项目组，制定各自领域的调研方案及计划，并由项目经理拉通评审。

第三步，各部门按照计划执行调研方案并输出调研内容，如市场部进行市场空间分析、运营部进行客户访谈和问卷调研等。

第四步，项目经理整合各部门的调研材料并在项目组内评审通过。

第五步，项目经理向领导层汇报，其他部门视情况参与。

第六步，领导层对立项进行审批，审批结果一般会抄送其他部门的负责人。

第 6 章

SaaS 产品规划

产品规划是需求撰写的前置条件，可以让相关人员更好地了解产品目标、设计的原则、核心的指标、整体的框架等。合理的产品规划一方面会让小项目更精细，另一方面会让大项目更有把控力。通过本章，读者可以学习如何制定一个完整的 SaaS 产品规划。

6.1 设定产品目标

6.1.1 概述

产品目标是产品所要实现的价值，产品目标既可以是定性的，也可以是定量的，合适的产品目标可以牵引产品团队前进。明确的产品定位，是设定产品目标的前提。基于产品目标可以制定衡量产品目标的产品指标。产品目标和产品指标的关系，类似于 OKR[①]中 Objective 和 Key Result 的关系。

6.1.2 如何设定产品目标

一定要先明确产品定位，再基于产品定位设定合适的产品目标。产品定位是指产品为客户提供什么样的服务，一般用一句话概括，用以传递产品价值导向。

[①] OKR（Objective and Key Results）是一种目标和关键结果的管理方法。在 OKR 中，"Objective" 表示一个明确的目标，是组织或个人努力的方向；"Key Results" 则是衡量目标实现程度的关键结果，通常是可量化的指标或成果。OKR 强调设定具有挑战性和激励性的目标，并通过关键结果来跟踪与评估目标的实现情况，以促进组织的发展及个人的成长。

例如，对于一款 CRM 产品，要研发对应的移动端来满足客户的移动办公需求。其产品定位有两种描述："为客户提供移动场景下的 CRM 解决方案""为客户提供 CRM 解决方案的移动版本"。这两种描述所对应的价值导向有明确的差异，"为客户提供移动场景下的 CRM 解决方案"的最终导向是解决方案，即移动场景下的解决方案，其产品目标可以是支持客户手机中的办公 App 与 CRM 系统互联互通；"为客户提供 CRM 解决方案的移动版本"的最终导向是移动版本，即解决方案对应的移动版本，其产品目标可以是支持客户在移动端查看 CRM 系统中的资料。对于这两种定位的差异，大家可以细品一下。

产品目标是产品规划的目的地，实现产品目标的路径有多种，在实现产品目标的过程中，允许迂回前进。例如，产品规划的目标是提升客户成单率，那么提升客户成单率的手段既可以是在产品内部部署应用的课程内容，也可以是将销售的方法论进行产品化，还可以是通过 AI 手段丰富买家信息、辅助客户决策。

一定要在制定产品方案之前明确产品目标，而不能基于产品方案制定产品目标。因为实现产品目标不一定要通过产品化，从公司角度出发，产品目标也可以通过客户成功、运营、售后等手段实现。例如，一个内部产品想通过数据看板提升管理者的管理效率，实现这个目标有两个方案：一个是将数据进行产品化，另一个是让助理定期统计数据。第一个方案不一定就比第二个方案好，最终还是要计算投入产出比的。产品经理大多喜欢用产品化的手段解决问题，在 SaaS 领域，很多问题借助客户成功经理、运营人员来解决，可能会比运用产品化方案更可靠。例如，某产品的产品目标是支撑客户灵活设置工作流，假设当前仅有几个大客户对工作流的灵活性要求比较高，而灵活设置工作流需要当前的技术人员对该产品架构进行调整，但工作流设置本身不是高频行为，基于此，公司完全可以通过针对大客户提供后台脚本部署的方式灵活设置工作流。

6.1.3 拆解产品目标

拆解产品目标，即基于产品目标给出实现产品目标的路径，并明确路径上的产品指标。例如，产品目标是提升客户成单率，那么产品经理应识别影响客户成单的核心因素、优化核心因素并制定对应的指标。比如，针对影响客户成单率的买家质量，对应的路径及指标可以是通过 AI 丰富买家信息，使得买家信息丰富度从当前的 60 分提升到 80 分、信息准确率从当前的 75% 提升到 90%；针对影响客户成单率的产品资料，对应的路径及指标可以是通过专业、美观、可追踪、可反馈的电子产品目录，将客户反馈率从 30% 提升到 50%；针对影响客户成单率的业务员水平，对应的路径及指标可以是通过标准化的销售流程及场景化的话术资料缩短业务员的平均成单时间，使出单周期从 1 个月降到 2 周。

6.2 制定产品原则

6.2.1 概述

产品原则是产品设计过程中要遵守的基本原则，是指导产品设计的大框架，在产品设计过程中不偏离产品原则可以保证方向的大致正确。

按照产品设计过程，产品原则可以分为 4 个部分，分别是产品定义、产品设计、产品研发和产品运营。

6.2.2 如何制定产品原则

在公司维度应该制定整体的产品原则，以引领产品研发团队更好地为客户服务。如果在公司维度没有制定相应的产品原则，产品研发团队也可以自己从 0 开始构建产品原则，并随着实践的积累迭代产品原则。从 0 构建产品原则可以分为 3 步：首先，将产品设计过程中经常需要讨论的问题整理出来；其次，针对经常讨论的问题给出指导性原则；最后，根据实践迭代产品原则。例如，产品经理经常会和设计人员针对交互设计的内容讨论对应的交互是否更快捷，这里就可以衍生两个产品设计原则：首先是"尊重客户习惯"，即客户平时是怎么用的就还是怎么设计，如果客户已经习惯了 Excel 的操作方式，那么我们就可以参考 Excel 的交互，减少客户的学习成本；其次是"不要让客户思考"，这来自 *Don't Make Me Think* 一书，是指不用思考的两步要快于需要思考的一步。基于此，当出现类似的问题讨论时，大家可以回到产品原则，看看是否能够找到答案，终止内耗。

6.2.3 SaaS 产品原则举例

基于日常工作积累,这里给出在 SaaS 场景中,笔者认为应该遵守的产品原则,仅供参考。

1. 从客户中来到客户中去

SaaS 产品方案的立足点永远是客户。即便是创新业务,创新的原点也是客户场景,是真实存在的客观业务实践。

2. 满足客户心智

客户的心智不一定正确,但改变客户心智是需要教育成本的,就像电饭锅内胆之所以越来越重,不是因为用重的内胆烧出来的饭更好吃,而是因为许多人觉得重的就是好的。在大多数情况下,只有满足客户心智才能带来付费意愿,所以在进行价值传递和产品包装时一定要满足客户心智。假设大多数客户认为 AI 是不靠谱的,那么即便你的产品可以通过 AI 技术帮助客户实现一定的价值,在没有试用的情况下,客户大概率是不会为此买单的。基于此,可以把对应的产品方案包装成满足客户心智的产品方案。比如,把产品方案包装成运营服务,运营人员和客户的比例是 1∶100,运营人员仍通过 AI 技术帮助客户实现价值,但客户可以不知道这个过程。

3. 产品方案的主逻辑简单

首先,主逻辑简单,客户才不会感觉到复杂,才不会排斥,才不会有负担,才愿意使用;其次,主逻辑简单说明设计人员思考得比较清楚,如果主逻辑复杂则大概率是存在优化空间的;最后,基于简单的主逻辑,更容易向相关方传递清楚内容,同时,简单的主逻辑可以降低代码的复杂性,因为基于复杂的主逻辑,大概率会衍生复杂的代码逻辑,随后的测试成本和维护成本也会很高。

4. 交付价值可控

交付价值可控是指,此产品方案我们能做到、我们能做好、效果可控,以及客户反馈的问题可以被解决。例如，当我们将第三方的产品包装成我们自己的产品售卖给客户时，客户会将问题反馈给我们，但因为是第三方的产品，所以客户反馈的问题能否被解决，以及什么时候被解决，我们都无法控制。这时，第三方的产品很可能会拖累我们整体产品的口碑，因为交付价值是不可控的。因此，如果客户需要在场景中使用第三方的产品，则建议保持弱合作关系，提供一个跳转链接即可。

5. 价值可感知

价值可感知是指价值直接、清晰、可衡量，且无须过多解释，这样才可以带来更好的付费转化。例如，美图秀秀可以一键帮助人们 P 图；通过查快递的功能，只要我们输入快递编号就可以查看快递到了哪里。当我们说产品价值是帮助客户提升成单率时，多指我们内部传递的产品价值。当我们向客户传递产品价值时，需要向客户传递更直接、清晰、可衡量的价值。比如，客户通过电子产品目录可以追踪客户是否查看、查看多久、查看多少次，以判读买家的购买意向。

6. 尊重客户习惯

在产品设计过程中，尊重客户习惯，产品的易用性才会高，客户的使用率才会高。如果一个操作需要很多的引导，那么其大概率是失败的设计，因为需要被教育的东西一般较难推行。

7. 使用客户语境

在客户调研、产品文案设计、产品运营等场景中，一定要使用客户语境，这样客户才能明白你在说什么，即满足"不要让客户思考"的原则。例如，做外贸的客户很少说自己是做 B2B 的还是 B2C 的，而是说自己是做亚马逊的还是做阿里的，即在什么平台做业务。在进行客户调研时，与其问客户"您的主营业务是做 B2B 还是 B2C"，不如问客户"您公司的业务主要做哪些平台？是亚马逊还是阿里，抑或是其他平台"。

6.3 确定北极星指标

6.3.1 概述

北极星指标（North Star Metric）是指唯一关键性指标，又可以称为OMTM（One Metric That Matters）。北极星指标，顾名思义，就是希望这个关键性指标可以像北极星一样指引方向。无论是公司层面、团队层面还是产品层面都应思考对应的北极星指标。

6.3.2 北极星指标的标准

好的北极星指标应该能够反映客户获得的价值，能够有助于达成长期商业目标，简单、直观、可拆解、可衡量，是先导指标而非滞后指标。

1. 反映客户获得的价值

例如，SaaS产品经常将活跃客户数作为衡量产品质量的指标。活跃客户数在一定情况下可以作为衡量整个产品的指标，但作为衡量某个业务模块的指标时无法体现客户可以从业务模块中获得的直接价值。比如，针对邮件模块，发送邮件的客户数比邮件模块的活跃客户数更能体现客户从邮件模块获得的价值；针对客户管理模块，编辑客户资料的客户数比客户管理模块的活跃客户数更能体现客户从客户管理模块获得的价值。

2. 有助于达成长期商业目标

例如，营业收入是每家企业都非常关注的目标，SaaS企业经常遇到过度销售的问题，上一年有上亿元的收入，而下一年收入腰斩的不在少数。营业收入更多反映的是一个周期内企业的发展状况，并不能代表一个企业的可持续发展性，所以营业收入不适合作为北极星指标。

3. 简单、直观、可拆解、可衡量

例如，我们有时会用核心客户数表示一个产品的重点客户，核心客户需要给出具体的定义（如一周使用 3 天以上的客户），在进行指标传递时，核心客户数就比活跃客户数更难理解。

4. 是先导指标而非滞后指标

例如，SaaS 产品的续约率是非常重要的指标，直接影响企业的可持续发展。续约率是结果指标，属于滞后指标；而北极星指标作为指南针，可以指明到达结果的路径，是过程指标，即先导指标。相比较而言，NPS 更适合做北极星指标，NPS 衡量客户对产品的推荐程度，是预测客户流失的过程指标，是企业口碑的体现，既影响续约率又影响获客成本，可以定期监控。

6.3.3 寻找北极星指标

北极星指标经常与"啊哈时刻"绑定在一起，"啊哈时刻"也被称为"爽点"。SaaS 产品为客户成功服务，"啊哈时刻"也可以被理解为"客户成功点"，它是驱动业务增长的支点。产品经理在制定、寻找北极星指标时，可以思考客户在使用产品或模块时的"啊哈时刻"，将"啊哈时刻"进行数据化呈现，并找到满足北极星指标标准的对应指标，和团队讨论之后达成一致，大家共同为北极星指标奋斗。例如，新手业务员在应用销售话术、建议、模板等销售管理工具收到买家的肯定回复时，会产生"啊哈时刻"。数据化的指标包括发送的话术量、买家回复量、出单周期、出单量等，可以在这些指标中筛选出北极星指标。

6.3.4 跟进北极星指标

制定北极星指标后，要及时跟进，用于指导团队工作，大家一起形成合力提升北极星指标，进而促进业务增长。对于北极星指标和业务增长之间的关系，产品经理可以定期复盘，如果发现北极星指标与业务增长的关系出现了问题，则一方面要思考指标衡量的手段是否合理，另一方面要思考北极星指标制定得

是否合理。当产品经理发现北极星指标无法指引业务增长时，要及时调整，以免延误时机。

6.4 进行业务抽象

6.4.1 概述

业务抽象是对客户需求进行整理、过滤，通过表面需求洞察实际需求，从众多客户分散的需求中抽取出共同的、本质性的需求，舍弃非本质需求的过程。业务抽象可以将客户业务场景以更便于产品研发团队理解的方式呈现，业务抽象一般会将客户需求梳理成对象、组件、模块，并通过类图、流程图等来表明元素之间的关系。

6.4.2 如何进行业务抽象

进行业务抽象的方式有两种，一种是自上而下的方式，一种是自下而上的方式。无论采用哪种方式，重要的都是识别业务元素及元素之间的关系。

针对重构性项目，我们一般采用自上而下的方式，在现有业务抽象模型的基础上进行删减。例如，针对已有的模块日程，可以先将现有的对象、角色、操作及关系都列出来，然后在此基础上进行整理。比如，日程支持客户关联买家资料，那么买家资料可以抽象为 CRM 系统中的业务对象，如线索、商机、报价单、订单等；让日程关联 CRM 系统中的所有业务对象，如日程支持增、删、查、改、评论、关注等操作，但经常收到客户反馈操作权限的问题，可以将日程的操作按照创建人、参与人、有权限查看的人进行归类。

针对新项目或创新型项目，我们一般采用自下而上的方式，尽可能多地收集不同类型客户的需求，先对零散的需求进行归类、筛选，再按照一定的逻辑关系梳理业务关系。例如，针对创新型的业务，第一步是按照业务属性将客户分群；第二步是找到每类客户中的标杆客户进行调研需求；第三步是对收集来的需求进行分类汇总；第四步是对汇总的需求进行抽象，抽象出对象、组件、模块；第五步是梳理对象、组件、模块之间的关系。比如，对于产品资料管理，客户需求包括标品、定制品、组件、包装、物料清单等，可以抽象为多级产品表，进一步可以抽象为表及表关系。

6.4.3　业务抽象举例

小功能级别的业务抽象举例如下。收到客户需求："希望移动端邮件中的客户名称能够点击跳转至移动端对应的客户页面，而不是 Web 端的客户页面，Web 端的客户页面在移动端展示不友好。"这个需求中的"客户名称"为可识别的对象，"客户页面"是系统页面，既有 Web 端链接也有移动端链接，客户需求非常合理，可以进一步抽象为"移动端的对象跳转至移动端对应的链接"。而这个需求在实现层就是将移动端中嵌入的 Web 端链接转化为移动端可识别、可跳转的链接，而非单一地解决客户需求描述中的问题，需要开发自动识别 Web 端链接做统一转化，链接的部署也应该在后台而非在前端，这样便于后期的灵活调整。对客户需求进行业务抽象，解决一类问题而非一个问题，这样做的短期实现成本可能会稍微高一些，但长期实现成本会变低，因为解决方案更系统化。

功能模块级别的业务抽象举例如下。客户认为当前的产品模块不能满足其需求，客户公司的销售人员需要灵活配置买家有采购意向的产品目录。客户公司有两类产品：一类是支持独立销售的产品，另一类是需要组合销售的产品。对于需要组合销售的产品，需要配置一定的组合关系及相应的产品功能；销售人员在给买家配置产品目录时，还需要对产品进行报价，并在报价时根据买家的情况、产品的情况、采购数量、采购金额等给买家相应的优惠，买家确定下单之后才会生成订单。客户描述的需求涉及对产品模块的重构，如客户描述某款软件能满足他的需求，但使用起来比较复杂。客户先为我们演示了这款软件的使用方法，然后让我们试用了一下。这款软件对应产品模块的业务抽象示例如图 6-1 所示，竞品的产品解决方案可以给我们一定的参考，基于竞品的业务抽象要识别其优点及缺点，然后基于客户的业务需求场景做调整适配。

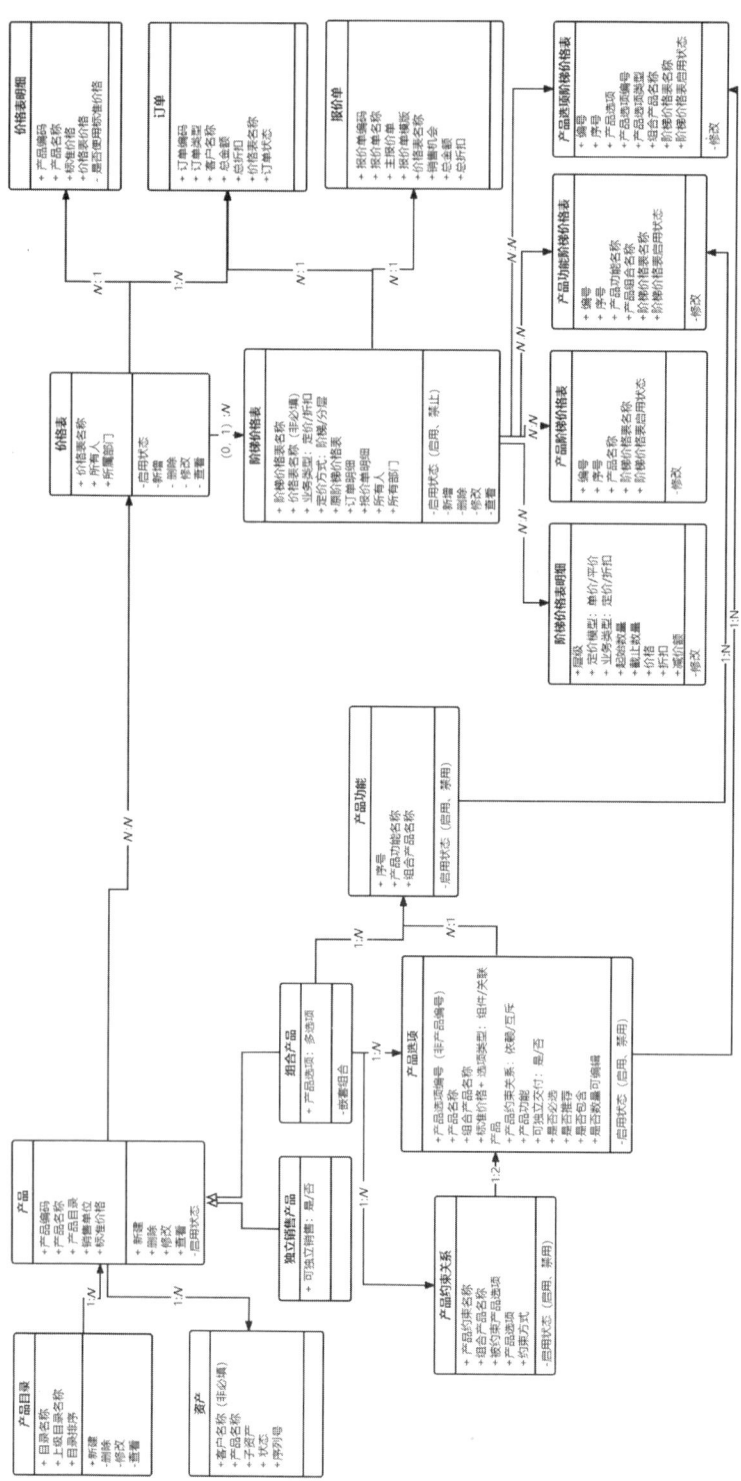

图 6-1

6.5 设计产品架构

6.5.1 概述

产品架构是指在业务抽象的基础上，对功能模块进行结构化设计，用于描述产品整体规划的可视化架构。产品架构包括产品主逻辑、逻辑分层、功能模块、模块间关系、数据流转。产品架构可以是公司产品矩阵维度的，可以是单个产品维度的，可以是业务模块维度的，也可以是功能模块维度的。从全局到局部是产品架构分层的过程，即产品架构图是可以分层的。基于整体战略可以呈现产品整体的设计思路，即第一层产品架构；基于第一层产品架构的重要构成模块可以再梳理具体的产品架构，即第二层产品架构；针对第二层产品架构的重要构成模块可以再梳理具体的产品架构，即第三层产品架构；以此类推。针对大型项目，多层产品架构设计是必要的，一层层的产品架构设计是由粗到细的过程，可以简单、高效地传递产品的设计思路，多层级的产品架构设计也可以实现从战略到战术的稳健落地，是从战略到战术落地的阶梯之一。

6.5.2 产品架构举例

产品架构举例如下。"从客户中来，到客户中去"是我们首要遵守的原则，在遵守此原则的前提下，我们可以分析市面上的产品、拆解其产品架构，进行参考。在拆解竞品的产品架构时，一般从局部到整体，先拆解竞品功能，再梳理其设计逻辑，最后输出竞品的产品架构。这里我们以国外的一款 CPQ（Configure Price Quote）产品为例，梳理对应的产品架构，如图 6-2 所示。国内的 CPQ 产品较少，以这款产品为例，正好可以供大家参考。

多层级产品架构举例如下。一个销售管理系统包括销售标准化流程、销售资料对应的各种模板、业务谈判所需要的内容建议、销售与买家沟通所集成的各种沟通渠道等，这些模块、模块间关系及数据流转构成了第一层产品架构。将销售与买家沟通所集成的各种沟通渠道拆解为销售管理系统需要集成的具体沟通软件、沟通软件中集成的各种功能、沟通软件与当前系统之间的数据关系；针对销售标准化流程、销售资料对应的各种模板、业务谈判所需要的内容建议可以再具化流程，以及流程与模板、内容建议之间的关系，这构成了第二层产品架构。将资料模块抽象为文本、图片、视频等组件，用组件构成图文列表等模块，用图文列表等模块构成产品信息、工厂信息、证书等业务模块，这构成了第三层产品架构。以国外产品 Qwilr 的文档模板产品架构为例，如图 6-3 所示，在规划案例中的第三层产品架构时，可以将此作为参考资料。

图 6-2

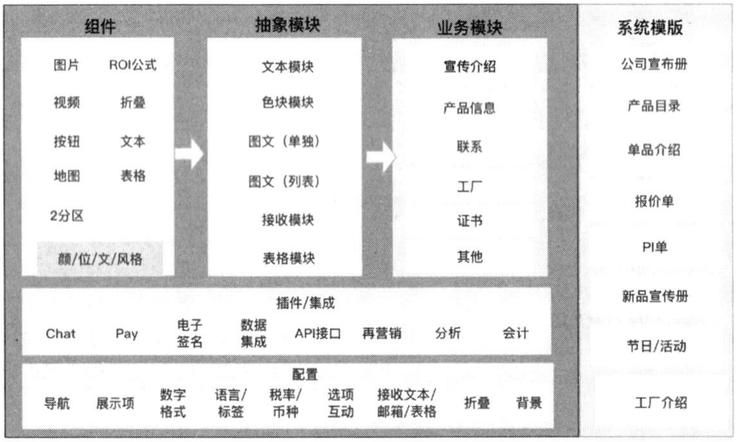

图 6-3

6.5.3 如何设计产品架构

产品架构的形式是多样的，不限于具体的表现形式，但产品架构设计应该满足以下几点要求，这样才能够更好地指导产品研发工作。首先，产品架构相对于长期产品规划应具有一定的稳定性，即客户的业务需求都已经被囊括在产品架构范围内。其次，产品架构设计应该遵循一条主逻辑，如业务流程、客户旅程、功能组合关系等，主逻辑是架构分层的依据。例如，一个独立站的产品架构应该首先包括获客、内容展示、产品采购、交易、履约、运营几大模块，然后细化模块的具体功能。这个独立站的产品架构设计的主逻辑即一个买家的客户旅程，客户旅程的每个阶段就是一个架构分层。再次，产品架构的模块之间应该有清晰的边界，如获客和内容展示都是单独的模块，这两个模块之间的界限非常清晰，买家访问网站之前看到的都是获客模块，访问网站之后看到的才是内容展示模块。最后，产品架构中的功能应该满足 MECE（Mutually Exclusive Collectively Exhaustive）原则，即相互独立、完全穷尽，这里的穷尽是指穷尽规划范围内的功能。

6.5.4 产品路径规划

基于产品架构，产品经理可以规划具体功能模块的实现路径，把握产品实现的节奏。产品路径展示产品是如何从起点走到终点的，一方面要包括产品架构中的所有功能模块，另一方面功能模块的实现节奏要遵循一定的价值交付逻辑，这个逻辑既可以与产品架构的主逻辑一致，也可以与产品架构的主逻辑不一致。当产品架构中的架构层或功能模块构成价值交付时，可以参考其主逻辑；当产品架构中的单个架构层或功能模块不构成价值交付时，需要按照价值交付的逻辑规划产品实现路径。产品路径规划，一般包括主逻辑、里程碑、功能模块、价值点。产品路径规划示意图，如图 6-4 所示（仅供参考）。

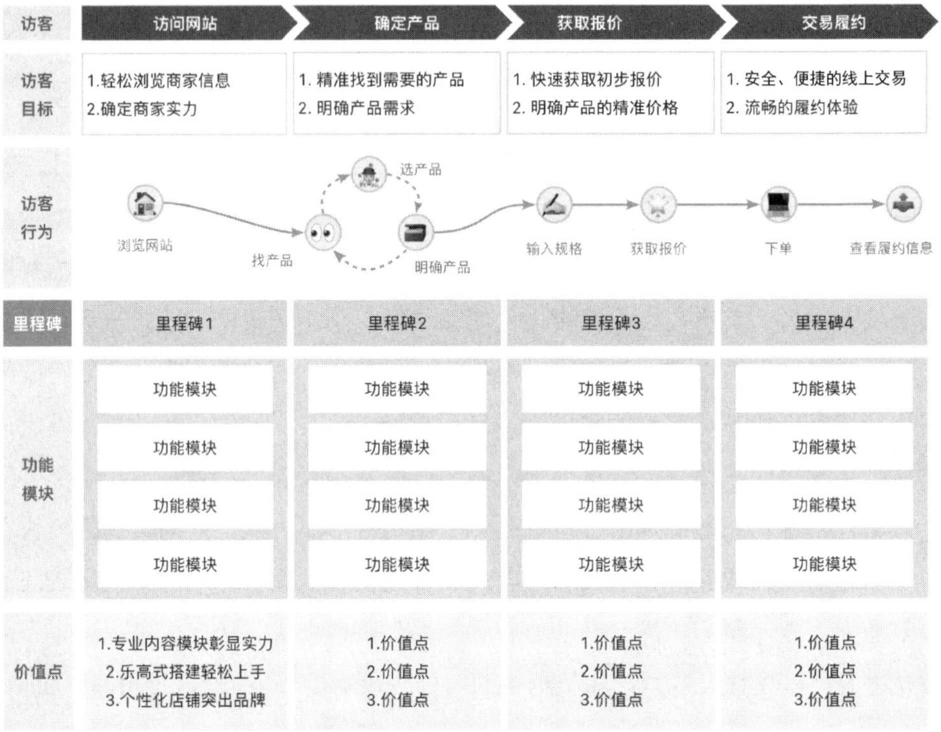

图 6-4

6.6　SaaS 产品的 MVP

6.6.1　概述

MVP（Minimum Viable Product）即最小可行产品，是一种产品验证理念，其目的是用最短的周期、最低的成本对交付价值进行验证，MVP 的产出为一个最小可用的功能集合，这个功能集合本身构成一个基础价值闭环。先通过 MVP 进行价值验证，再逐步迭代，向客户交付完整价值。

在 SaaS 领域，因为产品功能复杂度高、产品周期长，且面向多角色交付多价值，所以 MVP 设计很重要。由于交付价值的多维性，"先验证什么，再验证什么"也是 SaaS 产品 MVP 设计的难点。

6.6.2 MVP 的标准

MVP 基于交付价值设计，而非基于功能设计。例如，销售场景的文档模板包括表格、图文、视频等各种组件，不仅支持在线查看、下载、分享、编辑，还支持多人协作等。在设计 MVP 时，要明确整个文档模板交付的价值有哪些，以及这些价值之间是什么关系。基于这个案例，假设文档模板交付的几个价值分别是专业美观、可追踪、可反馈，且这几个价值之间是层层递进关系，那么在设计 MVP 时只能先交付"专业美观"这个价值，即将能够使这个价值闭环的最小功能集合作为第一个产品版本。如果文档模板交付的几个价值之间不是层层递进的关系，而是可以独立验证的关系，那么这时的 MVP 版本是什么就需要讨论了。比如，针对可追踪的价值，可以通过本地文档在线进行单独验证。这时有两种方法可以用来选择 MVP 的交付价值：一种是在客户价值的基础上，评估对应的商业价值，MVP 应该验证最接近商业价值的客户价值；另一种是假门测试，即在设计 MVP 时通过"假"入口观察客户的态度和行为，基于此选择 MVP 的交付价值。

MVP 要满足可用性，否则 MVP 的验证结果反而可能造成误导。SaaS 产品的功能复杂度较高，即便 MVP 产品的功能逻辑简单，当一个逻辑简单的功能放在庞大的系统中，其操作复杂度也会升高很多。基于此，MVP 产品的可用性一定要满足一定的标准，这样才能减少一些系统复杂性带来的影响。多数情况下，客户成功经理不会在 MVP 阶段介入，待 MVP 价值验证通过、产品走向完整版本时，才会让客户成功经理介入。客户成功经理的介入，可以有效地提升客户使用产品的概率。因此，不要让产品因为可用性问题停止在 MVP 阶段。

6.6.3 MVP 的设计思路

MVP 的设计核心是围绕交付价值设计。我们可以先基于产品定位明确产品的交付价值，然后基于细分客群、客户价值、商业价值、战略价值，以及一定的优先级整理出最小价值闭环，最后整理对应的功能集合构成第一个 MVP 版本。

第一步：基于产品定位整理目标客户及产品价值。

第二步：在众多产品价值中找到一元性价值点，即其他价值点的必经路径。（如果存在多个价值路径，则在多个价值点中寻找最接近商业价值的价值点；如果比较难以权衡，则需要回归到战略价值对价值点进行优先级评估。)

第三步：整理一元性价值点对应的功能集合。

第四步：整理一元性价值点面向的细分客群。

第五步：基于细分客群的优先级进一步缩小功能集合。

第六步：生成 MVP 版本的功能集合。

第 7 章

SaaS 产品需求撰写及评估

通过本章，读者可以学习如何完整、详细、准确地梳理和评估需求。需求文档是从产品方案到开发实现的载体、是信息传达的中介，需要面向开发人员、测试人员、设计人员，建立需求文档是产品经理的基本功。产品经理的基本功不扎实会使得规划无法落地，项目无法按质按量地上线。通过本章，读者一方面可以学习将一个大项目拆解为各个维度需求的基本方法，另一方面可以学习如何更好地用市场上的验证方法来验证需求并构建决策模型。

7.1 需求拆解

7.1.1 概述

需求拆解是指将产品规划的内容按照一定逻辑梳理成一个个独立的需求，再按照一定的颗粒度将大的需求拆解为子需求的过程。对于大项目或复杂的项目，拆解需求特别重要，它是项目稳健落地的基础。

7.1.2 需求拆解的目的

需求拆解有 3 个目的。首先，需求拆解有助于产品经理输出高质量的完备需求，因为在需求拆解的过程中，需求框架会更清晰；同样，基于清晰的需求框架，需求也不容易被遗漏。其次，进行需求拆解可以让需求下游的相关方清晰地了解需求的结构关系，降低相关方对需求的理解成本。最后，将需求按一定的颗粒度拆解，可以让需求下游的相关方快速地分配和处理需求，降低相关方进行需求分配和处理的时间成本。

7.1.3 需求拆解的要求

MECE 原则：相互独立、完全穷尽。相互独立是指，针对每个层级的需求进行拆解，拆解之后的需求之间尽量没有交叉，如果必须存在交叉部分，则仅在一个需求中撰写即可，另外一个需求引用交叉部分的内容。针对需求引用，需要给出引用需求的地址。需求应该是完全穷尽的，即每个层级的需求合起来应该是一个整体，这要求对于单个需求需要按照统一的逻辑去拆解。例如，针对文档操作的需求可以拆分为新建、查看、关联关系等功能需求，这是基于一个对象的操作属性来拆解的。

相关性原则：相关需求要放在一起。相关需求是指属于同一个维度的需求。例如，解决同一个问题的需求是相关需求，隶属于一个模块的需求也是相关需求。

价值闭环：在进行需求拆解时，应尽可能地让单个需求能够实现最小价值闭环，当开发量不足时，可以先暂停未启动的需求。这里并不要求每个子需求都实现最小价值闭环，而应尽可能地让一二级需求实现价值闭环，毕竟，有的需求颗粒度比较大，要拆解成几个子需求才可以实现价值闭环。

颗粒度控制：需求要拆解到合适的颗粒度，这样才便于交付。这里的交付是指产品研发团队内部的开发任务、测试任务等。针对最"枝叶"的需求，即母子需求中的子需求，应该尽量控制在 10 人/天的开发量范围内。

前后端逻辑拆分：后端逻辑应尽可能和前端逻辑区分开。这里有 3 个原因，首先，SaaS 系统一般服务于多端，对于后端一般是一个需求，而对于前端可能是多个需求，至少移动端和 Web 端的 SaaS 的交互逻辑是不一样的，前后端逻辑拆分能够更好地适应多端需求；其次，后端逻辑一般不涉及交互设计，而前端逻辑非常重视交互设计方案，前后端逻辑拆分能够让交互设计人员简化需求理解、更好地评估工作量、合理安排设计方案的交付时间；最后，前后端逻辑拆分可以降低需求的耦合性，如果之后出现修改需求或补充需求的情况，则会更加方便。（一般只有大需求才需要拆分前后端逻辑，小需求比较难把前后端逻辑完全拆分，或者小需求有时仅涉及一端。）

特殊需求单独拎出：兼容性需求、统计需求，以及其他非功能性需求要单独拎出，避免遗漏。兼容性需求可能不需要研发人员开发，但需要架构师在设计架构时考虑到，也需要测试人员进行兼容性测试。统计需求，如果不单独拎出则非常容易被遗漏。而其他非功能性需求，在一定程度上会直接影响功能性需求的可用性及易用性。

7.1.4 需求拆解的方法

需求拆解不是一蹴而就的，一般需要经过初步拆解、需求撰写、需求再拆解、需求关系调整 4 个步骤。

（1）初步拆解：在撰写需求之前，针对相应范围内的需求进行初步拆解。一般先按照一个主逻辑将产品规划的内容拆解为一定数量的一级需求（建议控制在 10 个以内），然后将每个一级需求按照需求属性拆解成相应的二级需求。

（2）需求撰写：基于一二级需求框架撰写相应的需求。

（3）需求再拆解：对于颗粒度比较大的二级需求，需要再将其拆解为三级需求，控制需求的颗粒度，以便于研发、交付。

（4）需求关系调整：基于 MECE 原则、相关性原则、价值闭环，对需求的母子关系进行调整。

7.1.5 检查拆解结果

需求拆解完毕，可以检查一下需求拆解得是否合适。首先，可以按照需求拆解的几点要求进行检查，即检查拆解后的需求是否满足 MECE 原则、相关性原则、价值交付，以及颗粒度是否得当、特殊需求是否有遗漏、大需求的前后端逻辑是否有拆分；其次，检查、询问开发人员、测试人员、设计人员是否能很好地了解需求框架及内容；最后，询问项目经理基于需求拆解的结果是否能够有效地分解任务。

如果需求拆解的结果并不令人满意，则需要及时调整，以免影响项目的交付质量。

7.2 功能性需求

7.2.1 概述

功能性需求是产品规划的主体部分，功能性需求撰写的质量直接影响产品方案的落地质量。产品经理应通过详尽的内容、合适的方式高质量地撰写功能性需求，高效地传达功能性需求，减少功能性需求的理解成本，避免信息不对称。

7.2.2 详尽的内容

在撰写功能性需求时，内容应该包括需求背景、可行性分析、需求综述、需求详情、需求注意事项，以及其他需求。

需求背景指需求产生的背景，即由谁基于什么原因提出该需求，以及实现该需求能够带来什么价值。对于大的需求，需求背景还可以补充项目立项时的资料，包括但不限于项目目的、项目目标、项目原则等。

可行性分析指对需求的可行性进行分析，一般将数据调研、客户调研、竞品调研等资料作为辅助分析资料。比如，竞品针对该需求已经有相应的实现方案，这一方面验证了需求的可行性，另一方面可以给相关人员提供参考资料。

需求综述是指用一句话对需求进行综合描述，并将需求拆解成满足 MECE 原则的几个功能点。另外，还应对每个功能点进行概要说明，以便相关人员对需求进行快速评估。

需求详情包括需求主流程及详细的功能描述。需求主流程包括但不限于需求涉及的主要角色、操作、步骤。SaaS 系统的需求一般相对复杂，因此绘制流程图是必要的，但对于特别小的需求可以不绘制流程图。需求的详细内容包括需求描述、主要操作、操作说明等。

需求注意事项指产品人员、测试人员和开发人员认为需要注意的事项、容易忽略的事项、容易出错的事项及关键的事项。可以在此重点强调说明，引起大家的关注，避免出错。需求注意事项也是产品人员、开发人员和测试人员在做验收时需要多次确认的内容。

其他需求包括扩展性需求、兼容性需求及统计需求。扩展需求即该需求在未来一段时间将如何演进，撰写扩展性需求有助于架构师提前做好架构设计。兼容性需求是指该需求对其他产品或功能的影响，兼容性需求可能不需要研发人员开发，但需要架构师在设计架构时考虑到，也需要测试人员进行兼容性测试。比如，WeSaaS 需求对移动端和桌面端的影响，客户模块对订单模块的影响。统计需求即基于效果评估及产品迭代的目的，需要哪些数据，这些数据的统计维度是什么，需要研发人员怎么埋点。

针对不同的需求内容，需要采用不同的表达方式，这样才能更有效地传递需求。一般用思维导图表达需求框架，如一个大版本的需求框架包括新增功能、重构功能、优化功能；用类图表达对象关系，如客户、报价单、订单之间的关系；用逻辑图表达逻辑关系，如角色、操作、权限之间的关系；用流程图表达业务流程，如客户一键建档的主要流程，这里涉及客户操作及系统操作；用原型图表达需求细节，如在原型图上标记哪几个地方需要怎么优化；用合适的表单对需求详情进行描述，如针对对象的操作，可以用表单描述操作项、操作定义、其他说明等。

7.3 性能及安全需求

7.3.1 概述

性能及安全需求是指产品功能需要满足的性能指标和安全要求。性能及安全直接影响产品的可用性，是产品经理在撰写需求时需要重点描述的内容，基于具体要求，让研发人员和测试人员进行关注与验收。

7.3.2 性能及安全的重要性

产品性能及安全直接影响企业的口碑，甚至影响企业信誉，越大型的企业越关注产品的性能及安全。近两年大家会发现，某大厂的某产品出现性能问题频上热搜；某 SaaS 企业员工为泄私愤删除客户数据库，直接导致企业损失数亿元，同时也给 SaaS 行业带来了针对数据安全的信任危机。在大厂和小厂都工作过的人会发现，同样的功能，大厂的研发成本可能是小厂的两三倍，其中一部分成本来自安全问题的处理，让代码满足一定的安全标准，大厂还经常进行全局性安全整改，安全问题是红线问题，不容忽视。

SaaS 产品的数据安全问题直接影响客户的付费及使用意愿。调研发现部分客户不愿意下单可能是因为对 SaaS 服务商的数据安全保障不信任，如担心 SaaS 服务商拿走其核心客户数据。部分客户在使用产品时，仅做数据获取不做数据录入，其原因也是对 SaaS 服务商的数据安全保障不信任。因此，其在使用系统时，只通过系统查看一些资料，而不会将线下的资料录入系统中。

7.3.3 需求撰写及举例

针对性能及安全需求，在进行需求撰写时，可以由产品经理、开发人员、测试人员一起维护需求文档，开发人员和测试人员可以给出更明确的建议及方案。

针对性能需求，产品经理可以给出自己的要求，先由开发人员进行可行性调研，然后基于可行性进行调整，在进行可行性调研时一般会以竞品的性能数据或类似功能的性能数据为参考，当获取不到参考数据时，则以客户体验为核心，基于客户体验的"可用""好用""极致"来设置应用的指标。常见的性能需求包括网页的打开速度、资料的加速速度、批量数据的处理时间、操作的响应时间等。在撰写性能需求时，针对多端产品，不同设备端的性能需求可能会有差异，要分别撰写；针对全球性产品，不同国家/地区的性能需求也会有差异，需要分别撰写，同时需要研发人员在全球部署相应资源以匹配性能需求。

安全问题一般包括两类，一类是代码层面的数据安全保障问题，这类问题一般要求研发人员根据公司内部的代码规范来处理，如代码要做好反爬机制；一类是产品应用场景中可能出现的安全问题，对此，产品经理需要列出安全问题涉及的场景，以及针对该场景的解决方案，如在独立站创建过程中可以通过密码机制控制谁可以浏览创建中的独立站。另外，在外贸场景中，经常会出现钓鱼邮件骗取客户付款，那么邮件模块就需要规划相应的安全功能来保护客户资产。安全问题常见的解决方案包括代码安全规范、权限控制、异常识别及提醒等。

7.4 易用性需求

7.4.1 概述

易用性是指以使用者为中心的设计理念，其重点在于让使用者能够快速学习如何使用产品，并能够高效地通过系统完成自己的工作。易用性强的产品首先应该满足使用者日常的习惯，如人的视觉是从左往右、从上往下的。一位优秀的交互设计师可以通过 UI 规划提升整个系统的易用性，一位产品经理可以通过易用性需求对产品的易用性进行把控。

通过规划易用性需求，可以把易用性问题摆在优先级较高的位置，对设计人员提出明确的要求。SaaS 产品或许可以通过堆功能让客户付费，但付费只是客户旅程的第一步，能否使用起来、能否续约才是一个 SaaS 产品能否获得可持续发展的关键。客户价值是客户续约的直接原因，而"易用性"是客户价值的放大器，只有产品的易用性满足客户的要求，客户才能感知到价值。换一句话说，客户是为可感知的价值续费的。

7.4.2 常见的易用性需求

产品经理需要规划的易用性需求包括新手引导、自助化学习、交互式教程、自动化培训、个性化配置等。

新手引导是通过 Onboarding（引导页面）、静态或动态图、操作步骤等手段，让使用者快速了解产品功能及操作的方法。在进行新手引导时，首先是传递价值，然后才是介绍功能和操作，只有客户对产品价值感兴趣，才会产生后续的学习动力。

自助化学习是指通过常见问题、帮助中心、操作指南、论坛、案例资料、课程等手段让使用者自行解决问题，其中使用案例或最佳实践模板是 SaaS 产品常用的手段，通过案例或模板既可以清晰地传递价值又可以帮助使用者更好地应用产品，最终帮使用者达成满意的业务效果。对于自助化学习的渠道及资料，需要专人进行维护。产品经理在产品内部署自助化学习入口时，需要将相应的链接做成活链，即链接从后台拉取，而非部署在前端。这样一方面便于自助化学习资料的及时更新，另一方面可以避免因运营方式的变动而影响线上版本的可用性。

交互式教程是在使用者使用功能时，通过内嵌场景化引导、模板、微视频等手段让使用者快速学习和理解，以便快速上手。国外很多优秀的 SaaS 产品都会采用这种方式让使用者更好地应用产品。

自动化培训是基于使用者的操作将相应的培训视频、操作指南等发送至使用者邮箱。一方面自动化培训不会给使用者传递过多的信息，因为过多的信息会提高产品的理解难度；另一方面，自动化培训可以结合使用者的相关信息给出有针对性的培训方案。产品经理在规划自动化培训需求时，需要规划相应的内容模板，并且基于内容推送需要设计对应的触发机制和唤醒机制。

个性化设置是通过使用者的角色、使用目的等给使用者呈现且仅呈现他所需要的产品功能，降低系统的复杂度。一个易用的业务模块融合在一个庞大的系统中会降低该业务模块的易用性，通过个性化设置可以降低因系统庞大而带来的复杂度。例如，使用者每次使用且仅使用客户模块，那么就应该允许使用者拥有不看其他模块的权利。如果想通过功能露出提升使用者使用其他功能的可能性，则可以基于一定的唤醒机制让使用者在某些情况下了解其他模块的价值，做好价值传递的部署及功能入口即可。一般情况下，大家对一直存在的东西，容易视而不见。

7.5 最佳实践内容构建

7.5.1 概述

SaaS 产品要将企业运营所需要的方法论、最佳实践以产品化的形式赋能给客户，以帮助客户增收、降本、提效。在产品化的过程中，一部分方法论、最佳实践会构建成工具，一部分方法论、最佳实践会构建成内容，如飞书构建的基于各种场景的文档模板。最佳实践内容的质量会直接影响产品的价值，基于此，构建最佳实践内容有时也是产品经理的工作。

最佳实践内容一般包括两类，一类是有限内容，一类是无限内容。例如，构建某行业销售标准化流程，就是有限的最佳实践内容，虽然基于买家类型、产品属性等会产生多个销售标准化流程，但整体的流程环节是有限的，流程流转的方式也是有限的，客户基于此可以灵活调整。构建某行业销售场景话术，就是无限的最佳实践内容，因为沟通、洽谈所涉及的场景几乎无法穷举，只能基于主要场景给出话术建议及参考。

7.5.2　最佳实践内容的要求

因为SaaS产品的最佳实践内容需要赋能给批量客户，所以在构建最佳实践时，最佳实践内容要覆盖主要的目标客群。当单个最佳实践内容无法覆盖主要目标客群时，则应基于客群细分分别构建最佳实践内容。最佳实践内容应该清晰、易懂，客户可以轻松学习最佳实践内容的应用场景。最佳实践本质上是一种模板，基于此模板，客户可以进行个性化设置。

1. 构建最佳实践内容

最佳实践内容是指针对具体问题的最佳解决方案，可以从标杆客户、行业课程、行业资料、行业专家等途径获取最佳实践。其中，通过客户调研从标杆客户获取最佳实践是产品经理常用的手段。通过标杆客户获取最佳实践一般需要基于多个标杆客户的解决方案，抽象为适用于批量客户的最佳实践方案。

最佳实践内容应该包括内容、应用场景、内容来源、内容质量、内容标签、内容变量、创建人及其他说明。应用场景可以方便产品经理在产品化时将最佳实践内容部署在合适的业务场景中；标明内容来源一方面是为了尊重知识产权，另一方面是为了识别内容来源和内容质量的关系，便于后续进行内容迭代；内容质量用于评估内容的水平，在产品化时，只有满足一定质量水平的内容才会被采纳；建立内容标签是为了便于筛选内容，内容标签是内容、应用场景的补充，但内容标签更加灵活；内容变量是内容中建议客户替换的内容，也是个性化应用的一种方式，公司Logo、公司名称、产品名称等都是常见的内容变量；创建人是指内容由谁构建，这一方面便于后续追踪，另一方面也关系到内容构建的激励机制；其他说明是指以上字段尚未覆盖的内容说明。

为了获取尽可能多的高质量的最佳实践内容，要确定最佳实践内容由谁构建：是由 SaaS 企业构建，还是由外部使用者构建。SaaS 产品针对有限最佳实践内容，一般以 SaaS 企业构建为主；针对无限最佳实践内容，SaaS 企业需要首先构建初始的最佳实践内容，然后通过激励手段激励使用者构建最佳实践内容。SaaS 企业在构建最佳实践内容时，既可以由内部人员构建，也可以与行业专家合作。

2. 最佳实践内容的验证及迭代

最佳实践内容的验证主要有两种方式，一种是咨询专家意见，另一种是客户验证。咨询专家意见是比较快捷的方式，但是其验证结果的可信度取决于专家的水平。客户验证是相对较慢的方式，但是其验证结果更加有说服力，因为即便你构建的最佳实践内容非常优质，也需要验证目标客户对最佳实践内容的可感知价值。

最佳实践内容迭代是指基于客户的反馈信息、使用情况对最佳实践内容进行增、删、改。在最佳实践内容进行产品化时，需要对最佳实践内容进行数据埋点，包括使用的客户数、使用的频次等，以辅助内容迭代。

7.6 需求验证

7.6.1 概述

需求验证是对需求质量的把关，是进入产品开发阶段之前的关键环节。产品经理扮演的是一个杠杆性的角色，每个需求的落地需要 N 倍的人力支持，所以在进入产品开发阶段之前，一定要尽可能地做到谋定而后动。需求验证主要验证需求是否与客户的业务诉求相匹配，需要验证的内容包括需求的匹配性、需求的正确性、需求的完整性、需求的优先级。

7.6.2 需求验证的维度

需求的匹配性是指需求目的是否与客户的业务诉求相匹配。例如，需求目的是方便业务员外出时进行资料查看，但当需求即将进入排期时，新冠疫情发生了，短期业务员都无法外出了。

需求的正确性是指需求描述及方案原型是否已经解决了客户的业务诉求，达成了需求目的。例如，需求目的是解决业务员外出时的资料查看问题，但业务员外出时主要乘坐公交车，这时他经常会用一只手拿手机，方案原型的设计是否满足便于业务员单手操作会影响需求的正确性。

需求的完整性是指当前的需求范围是否已经涵盖了客户的业务诉求。例如，需求目的是解决业务员外出时的资料查看问题，这里的外出场景包括出差、上下班、展会等场景，资料查看的内容主要是客户资料、产品资料、供应商资料等，那么需求是否覆盖了主要的外出场景、是否覆盖了主要的业务对象都会影响需求的完整性。

需求的优先级是指基于当前需求范围，判断哪些需求是客户最急迫、最重要的需求。例如，需求范围是移动端的优化，优化内容包括社交 App 与 CRM 的互联互通、业务员外出场景的资料查看，由于新冠疫情的原因，社交 App 与 CRM 的互联互通的优先级会更高一些。

7.6.3 需求验证的方式

SaaS 产品方案或需求的立足点永远是客户，从客户中来，到客户中去。需求验证需要基于有代表性的目标客户进行调研，包括现有标杆客户、现有普通客户、潜在客户。如果需求的来源是业务抽象调研，则要对业务抽象的调研客户进行二次验证调研，以最大限度地使需求与客户的业务诉求相匹配（可参有关客户调研的具体章节）。

7.7 需求评审

7.7.1 概述

需求评审是进入产品开发阶段前的最后一个环节。需求评审有 3 个目的：一是信息同步，对上下游进行需求告知；二是质量把控，通过需求评审对需求进行查缺补漏、逻辑优化；三是任务下发，通过需求评审把明确的需求下发给下游的相关方，启动相关任务。

不同企业基于组织架构的差异，需求评审流程也会有差异。SaaS 企业在进行需求评审时，在某些情况下会邀请客户成功及运营相关人员，一方面是因为部分需求的来源是客户成功及运营相关人员，另一方面是因为客户成功及运营相关人员一直在一线服务，他们对客户有专业的认知。因为 SaaS 企业对于数据安全、信息安全特别关注，所以在进行需求评审时，有时还会邀请法务人员参与。

7.7.2 需求评审环节

需求评审一般要经过产品内部评审、关键开发评审、交互设计评审、项目全员评审 4 个环节。SaaS 产品的需求相较于 C 端需求更难理解，需要相关人员对需求服务的场景有一定的认知，因此，需求评审的首个环节不是串讲需求，而是传递价值。讲清楚需求的目标客群、客户的业务场景、解决的问题、客户价值、商业价值、战略价值，让大家肯定需求的价值，才是相关人员理解需求、支持需求、认真对待需求的基础。

产品内部评审可以借用大家的智慧为需求质量把关。一方面，一个人的思维是有局限的；另一方面，SaaS 产品不同的业务模块会存在一定的相关性，彼此影响。产品经理可以对需求影响的范围进行评估，提前暴露风险、完善方案。如果需求评审需要客户成功及运营相关人员参与，则可以在这个环节邀请他们，因为客户成功及运营相关人员可以贡献客户认知，辅助完善需求方案。

关键开发评审是在需求面向全员之前，由关键开发人员进行评审，这样既把控了需求质量，又评估了需求可行性，同时避免占用大部分人的时间。SaaS 产品的需求复杂度较高，开发人员需要有一定的业务洞察能力，这样才能提出更好的建议。因此，有业务洞察能力的开发人员是特别好的盟友，如果遇到，请珍惜。在评审时，关键开发人员一般会给出很好的建议。比如，通过某技术方案解决需求原本要解决的问题，通过简化实现方案达成核心需求目的。

交互设计评审是指在需求面向全员之前，针对交互设计稿进行评审，交互设计稿构成需求的一部分，可以一起面向项目全员评审。交互设计稿直接影响工作量的评估，一般建议在面向项目全员评审之前先完成交互设计稿，但有时由于项目周期紧、设计资源缺失，可能会存在开发和交互设计并行的情况。

项目全员评审是指需求由项目全员进行评审，在由项目全员进行评审之前，需求已经经过几轮评审，变动的可能性大大减小。因此，项目全员评审的工作多是信息同步和任务下发。在这个过程中，大家对需求理解的一致性非常重要，基于此，在这个评审环节，可以增加反串讲环节，即让某个开发或测试人员从他理解的角度讲一遍需求，看看大家的理解是否一致。如果需求评审需要法务的参与，则一般在这个环节邀请他。法务的作用是帮助大家在法律框架内做事情，他所做的是辅助业务，而非阻拦业务，大多数情况下会通过隐私协议、补充条款、服务合同等帮助大家规避风险。

7.7.3 需求评审的注意事项

需求评审前、评审中、评审后的相关事项会影响需求评审的效率及效果。无论是哪个评审环节，在进行需求评审前一定要将相关资料发给相关人员，并督促相关人员审阅并反馈意见。在需求评审过程中，一定要记录相关人员的疑问点、建议等，并整理成遗留事项。在需求评审后，一定要将会议上的遗留事项分配给具体人员，跟进遗留事项的完成情况，并将遗留事项的答复结果同步给相关人员。

7.8 需求决策

7.8.1 概述

需求决策是产品经理最基本且很重要的工作，这部分工作影响了后续团队的工作量，对团队工作的质和量都起到杠杆作用。需求决策的正确率影响了团队/企业的效率及机会。需求决策在没有框架指引的情况下，高度依赖于产品经理的个人经验及素质。然而，即便是同一位产品经理，在面对不同的场景时，其需求决策的质量受限于其经验和知识背景，也具有一定的不稳定性。需求决策模型可以将需求决策过程中的影响因子提炼出来,将部分影响因子通过产品团队整理和共同迭代变成固定变量而非依赖于个人判断的可变变量;通过需求决策过程的把控,降低个人决策的不稳定性,提升需求决策的质量;通过需求决策过程中的中间输出结果整理,可以让相关人员或产品经理协助识别需求决策过程中可以判断的错误,进而提升需求评审的有效性。

7.8.2　SaaS 产品需求决策

SaaS 产品需求决策很可能会直接影响其续约或新签情况,部分对客户有很大的价值,但对其续约或新签情况没有价值的功能的优先级可能会降低。在 SaaS 产品需求决策模型中,企业的商业价值影响因素更大,如对续约率的影响、对新签数的影响等。C 端产品在刚开始普遍为免费产品,更多考虑的是客户价值,较少考虑商业价值,后期即便考虑商业价值,商业价值和需求功能之间的关联性较 SaaS 也相对弱。因此一些 C 端常用的 KANO 模型(见图 7-1)、四象限法则(见图 7-2)可以作为判断客户价值的辅助,而不能直接应用于 SaaS 产品需求决策。

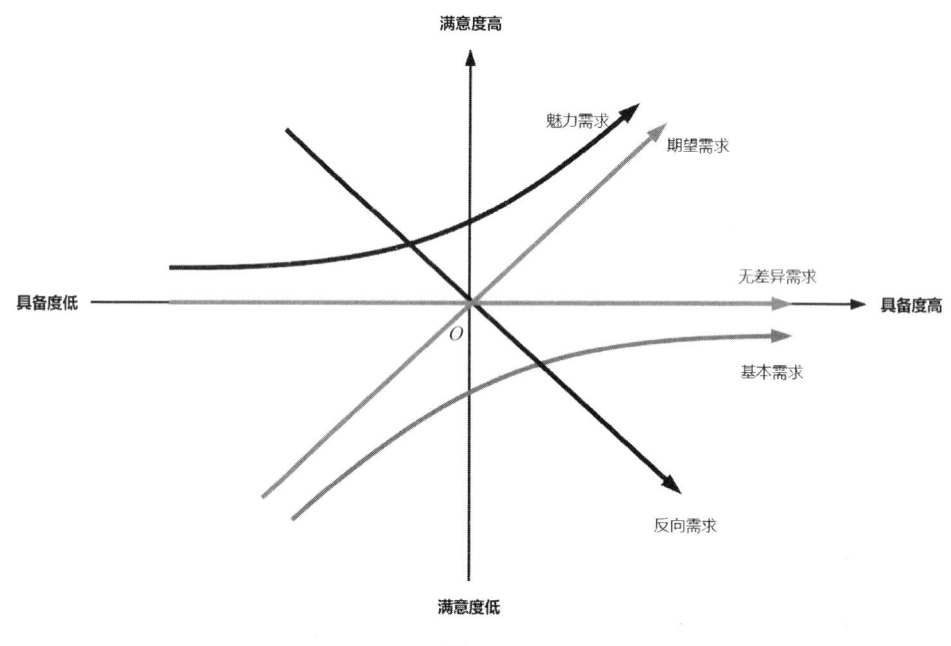

图 7-1

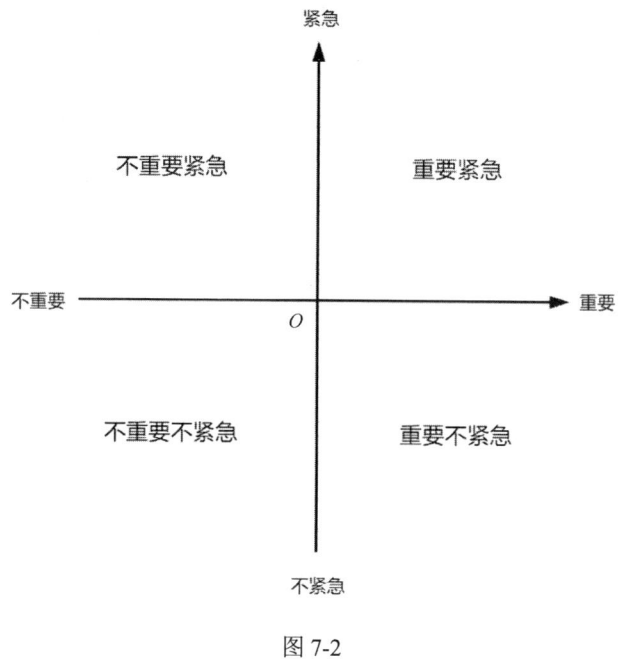

图 7-2

7.8.3 构建 SaaS 产品需求决策模型

1. 梳理业务逻辑

在进行 SaaS 产品需求决策前,最重要的是梳理清楚业务逻辑,这里的业务逻辑包括业务角色、业务场景、业务场景涉及的功能特性、业务的商业价值,以及业务的战略定位。对于一家企业而言,这些在短期内是不会变的,是需求决策的基础框架。而这些基础框架构成了需求决策过程中的固定变量(短期的固定变量,长期可迭代)。基础框架会影响 SaaS 产品需求决策模型,保证整体需求内容不偏离主航道,且不被单点价值影响。客户故事地图是很好的梳理业务角色及业务场景的工具,并可以结合业务的商业价值及战略定位灵活应用。以国内 B2B 贸易公司的客户故事地图为例,如图 7-3 所示。

2. 客户故事地图实践指导

首先,客户故事地图最重要的是梳理清楚业务角色、业务故事(流程)、故事细节,以及对应的商业价值和战略定位。这里面涉及一些定义,如下所述。

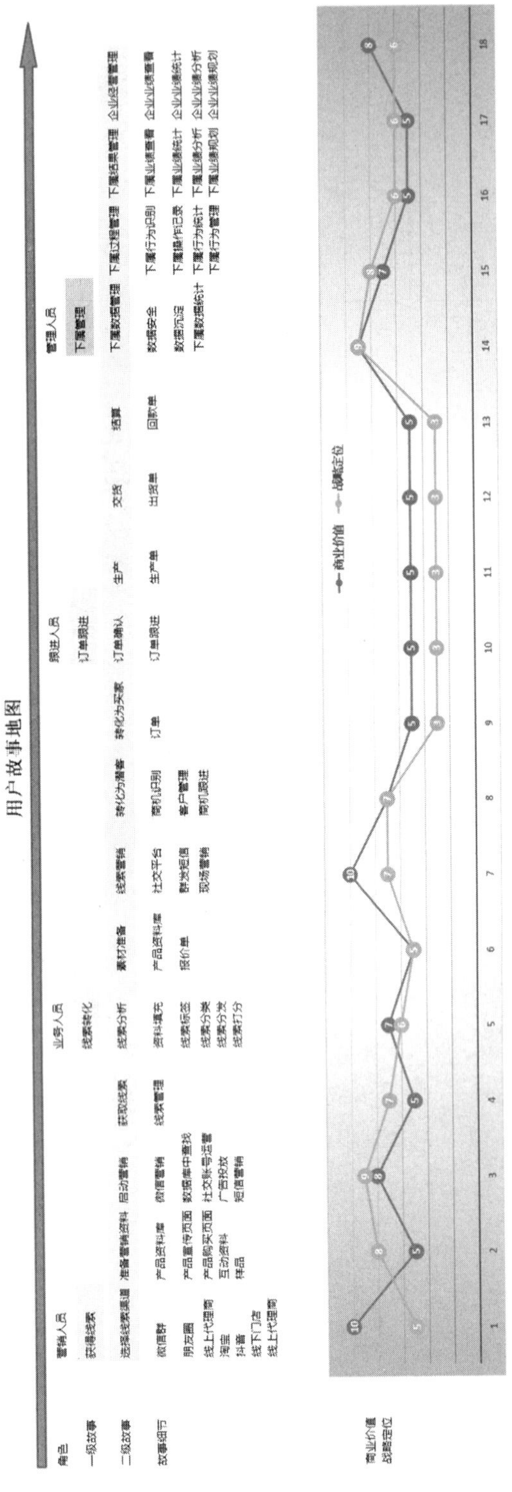
用户故事地图
角色
一级故事
二级故事
故事细节
商业价值
战略定位
营销人员
业务人员
跟进人员
管理人员
获得线索
线索转化
订单跟进
下属管理
选择线索渠道
准备营销资料
启动营销
获取线索
线索分析
素材准备
线索营销
转化为潜客
转化为买家
订单确认
生产
交货
结算
下属数据管理
下属过程管理
下属结果管理
企业经营管理
微信群
朋友圈
线上代理商
淘宝
抖音
线下门店
线上代理商
产品资料库
产品宣传页面
产品购买页面
互动资料
样品
微信营销
数据库中查找
社交账号运营
广告投放
短信营销
线索管理
资料填充
线索标签
线索分类
线索分发
线索打分
产品资料库
报价单
社交平台
群发短信
现场营销
商机识别
客户管理
商机跟进
订单
订单跟进
生产单
出货单
回款单
数据安全
数据沉淀
下属数据统计
下属行为识别
下属操作记录
下属行为统计
下属行为管理
下属业绩查看
下属业绩统计
下属业绩分析
下属业绩规划
企业业绩查看
企业业绩统计
企业业绩分析
企业业绩规划
商业价值
战略定位

图 7-3

(1)客户情绪：在业务环节，客户情绪越低客户价值越大（可在价值判断时参考，不一定在客户故事地图中画出）。

(2)客户价值：客户价值=（新体验价值-旧体验价值）-替代成本（评估商业价值时需要用到）。

(3)商业价值：商业价值=（客户价值×付费比例）×（付费意愿×客群数量）。

(4)战略定位：由公司战略层根据公司定位、战略及当前的发展状况确定。

其次，以季度或年度刷新企业级别的客户故事地图，基于市场环节的变化和领导层认知的变化及时刷新客户故事地图，理论上 SaaS 产品的企业级别客户地图一旦确定，短期内很少变动，即便变动也多为"故事细节"的变动。

最后，企业级别的客户故事地图在短期内对于 SaaS 产品需求决策模型来讲是固定变量，这里可以减少因不同工作人员的能力或认知偏差造成的偏离大方向。企业级别的客户故事地图中的故事模块对应的商业价值和战略定位，可以作为需求决策表的输入参数。

3. 明确需求决策影响因素

1）需求决策的影响因素

影响需求决策的因素包括需求、需求面向的客群、需解决的问题、当前客户量、当前客户频次、目标客户的量级、目标客户频次、时效性（紧急程度）、前置需求、客户实际价值、客户可感知价值、开发成本、其他成本、是否影响续费、是否影响新签、其他商业价值、投入产出比等。其中，有的因素比较容易判断，如当前客户量，这种非常明确的因素不容易出错，工作人员具备中等职级即可；有的因素比较容易依赖个人经验、能力判断，如客户可感知价值、其他商业价值等，这些比较依赖个人经验、能力判断的因素也是需求评审过程中的重点，需要产品团队协作把关。

2）个人能力：客户洞察

客户洞察是对客户及客户业务场景的理解，这是一个持续加强的部分。比如，客户当前是怎么解决问题的？是否有其他替代方案？客户是否会从当前的解决方案中迁移过来？如果不做会有什么不好的影响？客户洞察力会直接影响产品经理主观判断部分的准确度，在判断产品价值时会有偏差，不过可以借助客户价值公式来判断产品价值 [（新体验价值-旧体验价值）-迁移成本]。在需求评审环节，可以邀请资深产品经理进行把关。

3）梳理需求决策表

需求决策表可以将需求评估时涉及的各维度均考虑到，从而减少需求设计过程中忽视的因素或存在的漏洞。比如，"价值感知度"评估，可以让产品设计人员更多地考虑如何让客户感知到该功能或特性的价值，以优化产品设计；"其他人力成本"可以让设计人员在需求评估时除考虑研发成本外，也考虑到需求上线之后的其他成本，如表 7-1 所示。

表 7-1 需求决策表

项	描　述
需求概述	简述需求
目标客群	需求解决哪些客群的问题
问题描述	简述客户遇到的问题
客户当前怎么解决问题	基于当前问题，客户是怎么解决的。比如，客户通过线下沟通，或者使用其他的软件工具等，也可以简述客户解决当前问题的场景画面
我们提供的解决方案	解决方案简述
是否存在客户迁移成本	比如，客户习惯迁移、数据迁移等问题。如果客户习惯迁移的成本很高，则可能在需求上线后，客户很难从原有习惯切换至新的产品体验
是否有其他替代方案	这里要经过慎重思考后再答复，考虑性价比，如果有替代方案也可以写出，可以在需求评审时讨论并决策
是否为战略需求	取值（是/否），影响了什么战略
当前客户量及频次	一般写周活和周平均次，个别需求也可以写其他周期的数值，如设置操作
目标客户量及频次	一般写周活和周平均次，个别需求也可以写其他周期的数值，如设置操作
是否有前置需求	比如，对其他产品端的依赖，或者对其他模块的依赖，需要某些需求先实现，才可以做此需求。前置需求和当前需求如果并行开发，则也可以接纳，但不建议
是否紧急	取值（是/否），如果选择是，则需要阐明原因。有的是因为客户投诉原因紧急，有的是因为配合客户年度周期性场景紧急，如展会场景、圣诞节祝福场景；有的是因为借助这些场景可以借势，所以相对紧急
客户价值	阐述对客户的价值，客户价值=（新体验价值-旧体验价值）-迁移成本

续表

项	描 述
客户可感知价值	客户可感知价值=客户实际价值×可感知度
商业价值	阐述对新签或续约情况的影响，或者其他商业价值，如成本的降低
研发成本	阐述需要的开发、测试成本
其他人力成本	阐述需求可能带来的运营、售后成本
投资回报系数	阐述需求的投资回报系数，使用投资回报系数，是因为一个功能（仅是产品的很小一部分）的价值很难直接用钱来衡量，这里用相对值来替代人民币的值，用投资回报系数替代投入产出比；这个系数的定义规则，在团队内达成一致即可

4）需求决策表的应用

（1）可以根据自己的业务、产品特性适当调整需求决策表。

（2）一次评审的需求不应该过多，当需求过多时，不同的小团队应该基于需求决策表先过滤一遍需求。

（3）需求决策表可以做简化，但非常依赖个人经验的部分需要尽可能地拆解为可量化的内容。

（4）需求归属的客户故事地图是需求决策的基础框架，在进行需求决策时，要保证需求不偏离主航道。某些需求的单点投资回报率高，但如果偏离主航道，则不利于构建主航道的价值壁垒。当一个需求涉及多个故事模块时，可以以商业价值或战略定位价值高的模块为准。

（5）需求决策表中的故事商业价值、紧急程度、投资回报系数、故事战略定位构成需求决策模型的四要素。

4. 构建需求决策模型

需求决策模型，应该考虑所属模块的故事商业价值、紧急程度、投资回报系数、所属模块的故事战略定位，以构建企业长期壁垒为中心，基于投资回报系数和紧急程度来决策需求的优先级，这里的表现形式大家可以根据自己的习惯调整。只有在商业/战略基础线之上，且在投资回报系数基础线上的需求才在考虑范围内，之后根据投资回报系数、紧急程度对这些需求进行排序即可。以上四要素通过需求决策表得出（见表 7-2），并自动生成需求决策模型（BRES[①]模型）（见图 7-4）。

表 7-2　需求决策表——四要素

需　　求	故事商业价值	紧 急 程 度	投资回报系数	故事战略定位
消息通知	8	0	3000	7
日程	9	1	500	8
邮件	8	0	600	5
文档管理	8	0	2000	9
即时通信	10	1	7000	10
表单	8	0	666	7
会议	2	1	222	2
交易	7	1	100	4
审批	8	1	2000	10

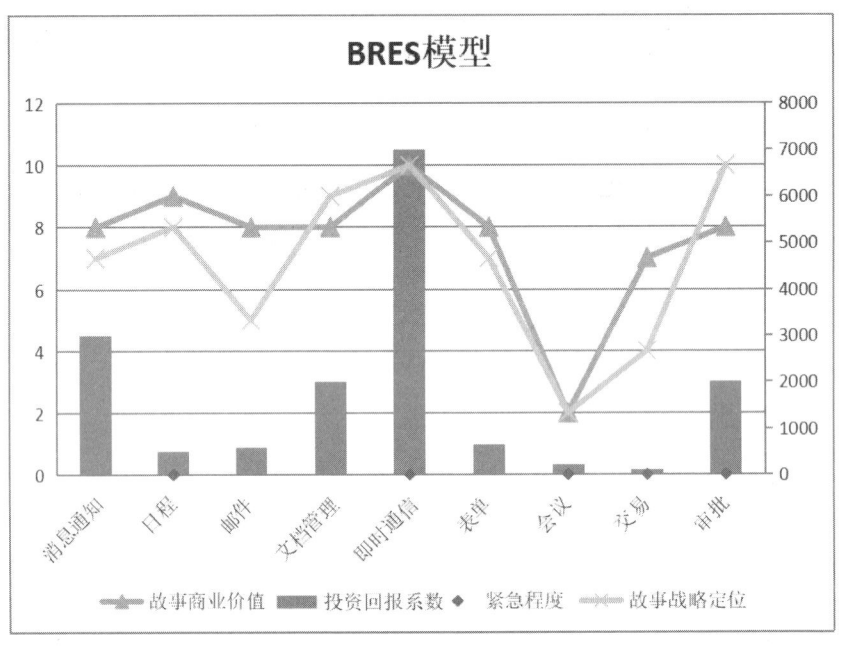

图 7-4

---

① BRES：Business（商业价值）、ROI（投入回报系数）、Urgent（紧急程度）、Strategy（战略定位）。

5. 优化迭代

提升需求决策的质量或业务决策的质量是产品经理重要的必修课之一。对个人或企业而言，优化需求决策的过程也需要不断升级、迭代，以保证持续、高质量的决策水平，进而保证团队的效率、提升企业内部的管理效率，这或许决定了一家企业的成败。

第 8 章
SaaS 产品上线及迭代

通过本章，读者可以学习 SaaS 产品从产品开发到产品上线，再到走向市场及产品迭代的整个过程，实现产品商业意义上的成功。由于 SaaS 产品的产品特质，客户成功是 SaaS 产品走向市场的核心指标。产品上线是产品新的起点，在运营团队、客户成功团队、市场团队的配合下不断迭代，让客户真正获得成功，才是 SaaS 产品的商业结果。

8.1 开发跟进

8.1.1 概述

需求评审通过之后，则正式进入开发阶段，开发阶段的管控影响项目上线的时间、质量，以及项目能否按照约定完成交付。通过开发跟进，一方面可以把控项目风险，另一方面便于与客户、运营、销售等相关方同步信息。

8.1.2 跟进机制

开发跟进过程中常见的机制包括周/日会机制、信息沉淀机制、信息同步机制。

项目组的日会及周会，是向项目相关人员集中同步项目进度、讨论项目问题的会议机制，简单的问题可以在会议上解决，复杂的问题可以在会下再具体讨论。产品经理作为项目的关键角色，要出席项目组的日会及周会，并且要专注参会，识别问题及风险。

信息沉淀机制是指基于项目管理过程中的事项做好信息沉淀的机制。这里的信息沉淀包括需求的版本变更记录、例会的会议纪要等。其中，需求的版本变更记录需要包括变更版本、变更人、变更内容、变更原因。SaaS 产品的复杂度高，经常会存在由于实现可行性或实现周期的原因，开发人员提出调整需求，做好变更原因的记录便于后续追踪，以免相关人员反馈产品经理频繁变更需求。

信息同步机制是基于项目管理过程中的需求变更、设计方案变更等信息通过一定的机制同步给相关人员，避免相关人员遗漏关键信息的机制。信息同步给相关人员有 3 种方式：第一种是在系统中做信息沉淀并通知相关人员，系统自动会做通知提醒；第二种是在项目群同步相关信息并@相关人员；第三种是单独沟通。一般变更信息需要多人知晓，建议前两种方式并行，而单独沟通可以作为特殊情况下的补充。

8.1.3　跟进沟通

开发跟进的主要工作是沟通：与项目经理沟通，与具体的开发人员沟通。在开发跟进的过程中有两种类型的沟通。一种是主动跟进的沟通，一般产品经理需要识别关键事项，对关键事项进行主动跟进，按照项目管理的关键要素，即项目资源、项目时间、交付范围对项目管理中的事项进行分类管理。产品经理需要主动跟进项目资源的到位情况、项目时间的关键节点、高优先级的需求，并在这个过程中对影响交付质量的关键风险进行识别和应对。另一种是被动跟进的沟通，针对开发、测试过程中遇到的需求疑问或实现问题，需要产品经理及时响应并给出解决方案。在沟通之后，如果需要对需求进行修改，则在进行需求修改时，一方面要对需求文档做好变更记录及变更标记，另一方面要将变更信息同步给相关人员。

无论是主动跟进的沟通还是被动跟进的沟通，当产品经理与开发人员在沟通过程中出现分歧时，一定要先回到场景中、回到客户价值上，然后基于需求细节或实现细节进行讨论。从客户中来、到客户中去是 SaaS 产品的基本原则，这一原则会贯穿 SaaS 产品整个生命周期，在产品经理与开发人员沟通的过程中也是如此。SaaS 产品服务于客户业务场景，很多开发人员对客户业务场景认知不足，这里的不足需要产品经理帮忙补齐，统一的场景及价值认识是高效沟通的基础。

8.1.4 质量把控

开发跟进的目的之一是对开发质量进行把控，质量把控的核心是保证开发人员对需求理解一致。详尽的需求文档是保证大家对需求理解一致的基础。在这个基础上，测试用例是在开发过程中检验大家是否对需求理解一致的手段之一。在评审测试用例时，首先，测试人员要站在使用者的角度讲解一遍其对需求的理解及相关操作的预期，这也是需求反串讲的简化方式；然后，项目组成员一起评审详细的测试用例。产品经理一定要全程参与测试用例评审，且做到专注参与，对于测试用例中出现的与需求不一致的地方一定要及时指出。如果发现测试人员和开发人员对需求的理解都是错误的，那么说明产品经理的需求描述有问题，如果产品经理只是纠正大家对需求的理解，而不优化需求描述，那么在需求开发过程中依旧容易出现理解错误的情况。因此，产品经理一定要优化需求描述，从源头上纠正错误，以保证大家理解一致。

8.2 产品验收

8.2.1 概述

产品验收是指产品经理对开发的结果进行检验，是产品上线前质量控制的重要一环。对于 SaaS 产品，产品验收不局限于传统的产品验收，因为产品上线是产品新的起点，在这之后客户成功及运营等相关人员都要付出较多的精力，让客户将产品使用起来，让客户感知到价值。因此，在合适的时机，可以让客户成功及运营等相关人员一起对 SaaS 产品进行验收。

8.2.2 验收时机

产品完成两轮测试：此时，整体 Bug 被控制在一定范围内，测试经理可以通知产品经理和设计人员进行初步验收。这时，产品经理和设计人员会发现较多问题，包括已经测试出但尚未解决的问题。但是，即便产品经理和设计人员发现较多问题也不要气馁，因为只有及早发现问题，开发人员才能有相对充裕的时间对问题进行修复。另外，也不要过早验收，如刚完成一轮测试就验收，这样既不能完整地验收业务场景，又浪费时间，还容易失望。

产品进入预上线环境：此时，整体 Bug 所剩无几，即便有几个 Bug，也属于优先级比较低的、不影响产品可用性的小 Bug。产品经理和设计人员可以在线上环境对产品进行第二次验收，因为线上环境和测试环境存在一定的差异，有些场景需要在线上环境才能更好地检验。

产品进入线上环境：此时产品已发布，公司内部人员可见，但尚未对客户进行灰度测试，客户不可见。这时，可以邀请产品上线后需要对产品进行实施、运营、服务的相关人员参与对产品的验收。如果是领导比较关注的项目，领导想要在产品面向客户前体验产品，则可以请领导参与对产品的验收。

8.2.3 验收内容

需求有没有满足：产品经理可以对比需求清单及需求描述，对产品进行详情验收，一是看有没有遗漏需求，二是看有没有达成需求预期。

设计有没有还原：设计人员可以对比设计稿，对产品进行设计还原验收，一是看设计是否还原，二是看还原后的设计稿是否满足客户体验诉求。

业务场景是否满足：产品经理、设计人员、客户成功经理、运营人员及测试人员，都可以先忽略测试用例和需求描述，基于需求目的使用产品，从使用者的角度验收产品，评估产品的可用性、易用性等。

8.2.4 验收注意事项

多端验收：SaaS 产品一般会适配多端，包括移动端、桌面端、Web 端，在进行产品验收时，需要对多端产品进行验收。如果多端产品是按照不同时间节奏上线的，则相关人员只需要验收即将上线的产品端，由测试人员对其他产品端进行兼容性验收。

多语言验收：如果 SaaS 产品支持多语言，则需要对多语言环境下的产品进行验收。在多语言环境下验收产品，一看文案内容的翻译是否得当，这部分可以由专业人士负责；二是看多语言环境下的交互设计是否会出现溢出、换行等问题，从而造成产品客户体验缺失。

多设备类型验收：互联网公司的设备普遍较好，而 SaaS 产品所服务的客户不一定都拥有很好的设备，要使用客户常用的设备类型去验收产品。比如，SaaS 产品 95%的客户使用的是安装 Windows 系统的电脑，则产品经理需要在 Windows 系统下验收产品才能发现客户可能遇到的问题。对于设计稿的验收更是如此，设计人员用设计师专用电脑制作的设计稿，看起来很"高大上"，在客户电脑上显示时却可能会变成废稿。比如，设计师经常用的高级灰在分辨率比较低的电脑上显示的却是白色，根本看不到什么高级灰。

8.2.5 验收结果

对于验收过程中遇到的问题要进行记录，并整理、汇总成验收清单。验收清单包括问题描述、功能模块、问题类型、优先级、处理状态、验收人员。

问题描述：包括具体的问题、图片截图、预期的结果或建议。其他角色在验收产品时，不会管需求是什么，更多是从客户使用角度给出建议、反馈，这是非常好的事情。

问题类型：包括 Bug 类型的问题、需求类型的问题（需求如此、需求缺失）、客户体验类型的问题、内容类型的问题等几大类型。验收清单整理完毕后，测试人员会对 Bug 类型的问题进行复现，然后提取问题单；对于非 Bug 类型的问题，产品经理会和项目经理进行沟通，对紧急问题优先处理，对其他问题做优化迭代处理。对于大的产品版本，一般会在版本内规划一个小迭代版本，即为优化需求留出一定的时间及人力。

优先级：基于问题类型和问题对产品可用性、易用性的影响，以及问题对客户价值、商业价值、战略价值的影响，对问题优先级进行排列。

处理状态：即当前问题是否复现、是否已经解决、是否已经排期等。

验收人员：指提出问题的人。SaaS 产品的验收会由各角色参与，应安排人员记录提出问题的人是谁，以便于在问题识别阶段找相关人员复现场景，以及在问题解决后向相关人员做出反馈。

验收结果中的问题可以按照问题类型，指定相关人员跟进。Bug 类型的问题由测试人员跟进，客户体验类型的问题由设计人员跟进，内容类型的问题由运营人员跟进，需求类型的问题由产品经理跟进。同时，对于验收结果中的关键问题，无论指定谁跟进，产品经理都应该关注问题的处理状态，及时跟进，避免影响产品的上线质量。

8.3 产品灰度

8.3.1 概述

产品灰度是产品线上后逐渐放量给客户使用的策略，通过对产品进行灰度测试可以控制版本上线后的影响范围，实现新模块、新功能的平稳过渡。产品灰度也是质量把控的一个环节，一般会在对产品进行灰度测试后安排一个灰度优化版本，将灰度测试过程中发现的问题快速解决，以保证产品面向全部客户发布时的产品质量。SaaS 产品的复杂度高，且使用者有强习惯依赖，即便产品优化后的价值更高，如果功能、交互变动过大，也会引发客户的投诉，甚至会造成版本回滚，所以对 SaaS 产品进行灰度测试不仅是对产品质量的把控，也是对客户可感知价值的验证。通过产品灰度及灰度优化版本可以调整 SaaS 产品与客户预期之间的差距。

8.3.2 灰度策略

在对产品进行灰度测试之前，产品经理要制定相应的灰度策略。SaaS 产品是使用者日常工作用的系统，所以在对产品进行灰度测试时，需要根据产品版本的属性制定相应的灰度策略。

对于普通的优化版本，既可以按照一定的比例随机"灰度"，保证各种类型的客户都可以被"灰度"到；也可以抽取客户编号尾号为特定数字的客户进行灰度测试，这也是保证各种类型客户都可以被"灰度"到的一种方式。

对于重构模块，需要先将客户按照功能模块的使用情况进行分类，然后进行有节奏的灰度测试。因为 SaaS 产品的使用者有着强大的使用惯性，所以针对重构版本，最大的风险在于高频使用的老客户，而新客户是第一次使用，没有历史使用包袱。因此，可以将客户分成 3 类，分别是高频使用的老客户、普通老客户、新客户，按客户类型分别进行灰度测试及数据追踪，其中高频使用的老客户是灰度测试的重点。如果重构模块是系统中重要且高频的模块，则对其进行灰度测试会更重要。在一定情况下，企业需要给客户提供回到老版本的策略，而不是强制客户一定要接受不完美的新版本。企业应通过不断优化方案、不断提高新版本客户的占比，最终下线老版本。

对于新业务模块，需要根据新业务的目标客群进行灰度测试。灰度测试的目的之一是尽可能多地收集目标客户的反馈意见以优化版本，如果刚开始的灰度客群与目标客群不符，则可能带偏方向。比如，新业务模块的目标客群是小客户，但进行灰度测试时面向的是大客户，而大客户反馈问题一般更积极、主动，且大客户的反馈声音有时会直达领导，从而带偏整体产品的方向，得不偿失。新业务模块的第一次灰度测试，可以针对客户调研时对新业务模块非常感兴趣的目标客户，以及在工单系统中反馈过类似需求的客户进行，这样既控制了灰度范围，又保证了建议、反馈的准确性。

8.3.3　灰度前的产品培训

当灰度测试已经开始面向真实的客户时，客户在遇到问题之后会咨询客户成功经理或客服人员，因此，在进行灰度测试之前，需要面向相关方针对产品进行产品培训。一般在进行产品灰度测试前 3 天就需要完成产品培训，以给相关人员留下足够的时间来消化培训内容。

产品培训内容应该包括背景、价值、功能及操作讲解。背景包括需求来源、客户的业务场景、为什么做这个功能等；价值包括解决客户的什么问题，对客户的直接影响是什么；功能及操作讲解包括具体的产品功能、产品截图、实施建议、注意事项等。产品培训资料是内部资料，不建议对外发布，对外发布的材料需要由对应部门的人员转化为市场宣传材料、销售材料等。

8.3.4 灰度跟进

实施跟进：基于 SaaS 产品的属性，针对重构的高频模块，一般客户成功经理会非常积极地进行实施跟进，否则其会被客户投诉。针对新功能，如果想要客户尽快地使用起来，还是需要客户成功经理跟进，帮助客户实施，让客户快速了解产品价值并尝试使用。SaaS 产品的客户多忙于日常业务，没有那么多时间来探索新功能，这时需要给客户成功经理一定的激励政策，否则客户成功经理就没有足够的动力来实施新功能。产品经理需要跟进客户成功经理介入的情况、实施新功能的反馈，从而更好地判断产品灰度数据背后的原因。

数据跟进：在对产品进行灰度测试之前，应该制定一定的灰度指标，即当灰度结果达到什么数值之后可以继续放量。灰度指标并不是一个强指标，多为产品经理对于产品的判断，而灰度过程是假设验证的过程。在对产品进行一段时间的灰度测试后，产品经理应基于放量的数据、客户使用的数据、留存的数据、工单数据等对灰度数据进行分析，并给出下一步行动建议。

放量跟进：基于产品的灰度策略给出放量节奏，并基于灰度测试的情况调整放量节奏。一般测试人员会根据放量节奏进行放量，并在每一次放量之前向产品经理进行二次确认。灰度测试的放量节奏并不是由产品经理一个人决定的，因为灰度测试的放量会直接影响客户成功及运营等相关人员的工作量，甚至干扰到他们的日常工作。比如，对于高频模块的重构，在放量之前如果没有提前通知客户成功及运营等相关人员，则他们无法提前部署工作，可能会收到大量客户投诉而无法应对。因此，产品经理需要与客户成功及运营等相关人员一起确定放量节奏，并在每一次扩大放量之前，将信息同步给相关方，以更好地服务客户。

8.4 产品上线

产品上线是 SaaS 产品面向客户的关键节点，也是 SaaS 产品走向另一阶段的新起点。在产品上线前要从 4 个维度做好准备：一是产品功能，二是产品材料，三是人员培训，四是数据部署。在 SaaS 产品上线后，产品经理主要对产品规划的内容进行验证，包括价值验证、易用性验证、其他验证。

8.4.1　产品上线前的注意事项

产品功能：满足价值闭环的功能范围集合达到上线标准。研发团队会基于项目剩余 Bug 的分值计算一个总分值，当总分值低于一定数值时，产品功能才能满足上线标准。

人员培训：SaaS 产品的上线是新起点，起点之后是面向客户成功的服务，这里涉及一系列服务人员，包括产品运营人员、客户成功经理、客户服务人员、售后服务人员。如果想要在产品上线后获得比较好的数据结果和商业结果，则需要对相关人员进行培训。人员培训的内容应该包括背景、价值、功能及操作讲解。背景包括需求来源、客户的业务场景、为什么做这个功能等；价值包括解决客户的什么问题，对客户的直接价值是什么；功能及操作讲解包括具体的产品功能、产品截图、实施建议、注意事项等。在进行人员培训的过程中，传递价值是非常重要的环节。大家对价值的认可是合作共赢的基础，也能够帮助大家更好地理解产品功能。在进行人员培训的过程中，答疑也是非常重要的一环，因为大家的疑问点也可能是客户的疑问点，答疑涉及的问题点还是 FAQ（常见问题解答）的素材。因为 SaaS 企业涉及的角色较多，在进行人员培训的过程中，可能部分人员无法到场，所以需要做好视频记录，避免重复培训。

产品材料：SaaS 产品上线前的材料包括产品功能的培训材料、销售材料、市场宣传材料、操作指南文档、操作视频、FAQ（常见问题解答）、最佳实践案例等。根据上线功能的大小、影响范围的广度，可以评估哪些材料是必要的、哪些材料是不必要的。部分材料需要由产品经理来准备，部分材料可以由相关人员根据内部培训材料转译成可以对外的相关材料。

数据部署：产品上线之前的数据部署包括示例数据的部署、数据埋点的部署、问卷调研的部署。示例数据是指能够很好地体现功能使用后效果的展示数据，其目的是吸引客户使用相应的功能模板，是 SaaS 产品在内部传递产品价值的手段之一。比如，文档模块可以展示多种类型的文档模板，吸引客户通过文档模板创建文档。数据埋点是指在产品上线前对关键操作、页面进行埋点，以满足数据统计及业务分析的目的。问卷调研是指对功能的满意度、NPS、问题/建议等进行问卷调研，产品经理应基于产品功能的属性部署相应的问卷。

8.4.2　产品上线后的注意事项

1. 价值验证

产品上线后即开始面向目标客户交付价值，而产品经理规划的客户价值与客户可感知价值之间可能存在一定的差值，这个差值出现的原因既可能是价值不准确，也可能是价值不足。产品上线后，通过客户使用及反馈可以对产品价值的定位进行验证。在大方向正确的情况下，可以通过调整价值点和细分客户的匹配关系优化产品的 PMF，如小客户更关注销售标准化流程的方法论及最佳实践建议，而大客户更关注销售标准化流程工具本身。通过优化价值点的描述可以更好地传递产品价值，如电子产品目录支持买卖双方协作生成买家采购清单，当价值点描述为"可协作"时，客户并不能感知电子产品目录的价值，当价值点描述为"支持买家快速反馈"时，客户便能感知电子产品目录的价值，这是因为客户常遇到的场景就是产品目录发出去之后收不到买家的反馈。

2. 易用性验证

在进行产品规划的过程中，产品经理会对客户的学习能力、产品复杂度、设计质量有一定的假设，基于这些假设，产品经理把规划的产品定位为免实施、轻实施、重实施的产品，并匹配相应的运营资源。在产品上线后，产品经理可能需要调整假设和预期，基于实际情况，一方面优化产品方案以降低使用门槛，另一方面调整运营资源以匹配客户需求。

3. 其他验证

在进行产品规划的过程中，产品经理会做很多假设，这些假设在产品线上后都要进行验证及调整。例如，在进行产品规划时，假设产品经理基于行业特色、专业建议、客户调研整理的销售标准化流程及销售建议能够覆盖大多数客户类型。在产品上线之后，其销售标准化流程确实覆盖了大部分客户，而因为客户细分行业的产品属性差异较大，其销售建议仅覆盖了小部分客户。基于此，销售建议的产品定位由内容调整为工具会更合适，其之后的优化方向便是通过优化产品功能让客户轻松构建自己的销售建议，让企业员工能够在开展业务时有所参照，提升销售效率及销售业绩。

8.5 走向市场

8.5.1 概述

GTM（Go To Market），即把产品推向市场。"从客户中来，到客户中去"是 SaaS 产品的第一原则，在此基础上构建达到 PMF 标准的产品。PMF 达标是产品走向市场的起点，也是一切市场、营销、销售工作的基础。在 PMF 达标的基础上，配合相应的市场策略、销售策略、运营策略，才能实现产品的成功。在这个过程中，产品经理要梳理产品的价值点，配合同事制定相应的 GTM 策略、生成相应的 GTM 材料、执行 GTM 策略，然后基于前线传来的"客户声音"调整产品策略、市场策略。

8.5.2 梳理价值点

产品经理应基于产品定位梳理客户价值，基于客户场景细化产品价值点，并用客户可以理解的语言描述产品价值点。比如，产品功能的价值是降低销售业务员的专业门槛，可以描述为"让小白业务员也知道如何回复买家"。

8.5.3 制定 GTM 策略

狭义的 GTM 策略多指市场策略，广义的 GTM 策略还包括产品的定价策略、渠道策略、销售策略、运营策略等。无论 GTM 策略的范畴是如何定义的，对于产品从上线、宣传、售卖、实施、运营到续约这一系列的事项，产品经理都要积极配合，以服务客户成功。比如，在销售部门制定销售策略时，产品经理不仅可以给出 Top3 核心售卖价值点，还可以根据产品属性生成产品价值计算器，辅助销售人员进行客户转化。SaaS 企业可以制定相应的 GTM 会议机制，产品经理可以通过 GTM 会议进行信息的跟进及反馈。

8.5.4　生成 GTM 材料

负责生成 GTM 材料的人员基于对产品的了解，会在撰写材料之前，向产品经理咨询产品功能、服务场景、客户价值等相关事项，然后基于产品经理提供的价值点清单、客户场景梳理传播点，整理成相应的宣传文章、海报、宣传图、销售材料等。这里需要注意 3 点：一是，所有对外材料的产品关键文案应该保持一致，如功能的名称、关键价值的文案；二是，针对不同的目标客户要准备不同的 GTM 材料，如针对大客户的价值宣传点和针对中小客户的价值宣传点要有所不同；三是，在进行产品灰度测试的过程中，要尽可能地找到积极评价并愿意做背书的客户，这些客户的使用案例是最好的 GTM 材料。

8.5.5　执行 GTM 策略

在执行 GTM 策略之前，SaaS 企业需要制定相应的指标，包括曝光量、阅读量、收集线索量等，以评估 GTM 策略的执行效果。对于不同的产品功能，产品经理在执行 GTM 策略时的侧重点不一定相同。比如，老功能的优化更侧重于让客户知道这件事情，一些创新功能可能更侧重于吸引潜在客户。

在目标的牵引下，通过合适的渠道推广相应的内容，以获得最佳的效果。这里的渠道包括搜索引擎、头条、微信公众号、视频号、朋友圈、微信群、线下活动等。

8.5.6　倾听客户声音

执行 GTM 策略后，SaaS 企业会收到很多"客户声音"，这里的"客户声音"来源很多，包括市场部门、销售部门、运营部门等。基于"客户声音"的来源、声音内容、客户类型，SaaS 企业可以迭代相应的产品策略、GTM 策略。产品经理需要对"客户声音"进行分类、汇总、过滤。在这个过程中，部分声音会转化成 Bug 清单，部分"客户声音"会转化成需求，部分"客户声音"会转化成 GTM 材料。比如，客户对产品功能的积极评价、使用心得，会成为市场材料、销售材料的素材。

8.6 产品复盘

8.6.1 概述

产品复盘是对产品从规划到上线的过程、结果进行复盘。围绕产品目标，基于产品上线后的数据结果、商业结果，结合整体的项目成本、项目进度，对产品的成败进行评估，并分析成功的关键要素或失败的根本原因。产品复盘的目的，一是对项目进行体检，二是减少重复犯错，三是为产品迭代做准备。SaaS 产品从上线到获得客户成功需要一定的实践，其数据结果和商业结果都是暂时性的结果，而非最终的结果，但暂时性的结果也可以帮助产品经理识别问题、找到路径，从而走向客户成功。

一般产品经理及其他相关人员会在产品上线两周或一个月左右时对产品进行复盘，此时已经产生了一定的使用数据或商业数据。及时复盘，一方可以面通过飞轮效应提升团队的能力，另一方面可以敏捷地响应市场。产品复盘并不是产品经理自己的事情，需要影响客户成功的关键角色都在场，包括设计人员、运营人员等。产品复盘也不是由产品经理自己进行评估、分析、调整策略即可，而是由团队成员一起进行。在进行产品复盘时，一方面需要集思广益，另一方面需要将相关事项具体到人。

8.6.2 围绕产品目标进行复盘

在正式进行产品复盘之前，首先要回顾产品目标。当初的产品目标是什么，即针对哪些目标客群提供哪些客户价值？目标是否被分解为相应的指标，即是否给出实现目标的路径，是否明确了路径上的产品指标？在项目实施过程中，产品目标做了哪些调整，调整的原因是什么？回过头看，产品目标设置得是否合理？产品目标需要被拆解为清晰的客户成功指标，否则很难识别产品带来的影响。

例如，产品目标是提升客户成单率，而影响客户成单的因素有很多，包括买家质量、公司产品质量、公司工厂实力、业务资料专业度、业务员水平等，其中有些因素可以通过产品化来提升，而有些因素不能。如果产品目标没有被拆解为具体的指标，则很难识别产品结果和客户成功指标（客户成单率）之间的关系，那么整个产品规划就是不精准的，所带来的数据结果、商业结果也必然不理想。

进行产品复盘时，即使数据结果或商业结果不好，也不要气馁。产品上线是产品新的起点，在进行产品第一次复盘时，客户成功经理、运营人员还没有完全介入，"让子弹飞一会"可能结果会不一样。在进行产品复盘时可以将实施因素考虑进来，不同的实施定位对实施资源的要求是不一样的，如免实施、轻实施、重实施等；而产品复杂度不同，产品的实施周期也会不一样。比如，ERP产品是重实施产品，需要较多的实施人员，也需要较长的实施周期。又如，独立站是中度实施产品，需要经过规划网站定位、准备相应素材、上传素材、内容编辑、网站检测、网站优化、网站发布一系列环节，总共可能需要一个月的时间。

8.6.3 对产品结果进行客观评估

产品结果评估是指针对产品的数据结果、商业结果，结合整体的项目成本、项目进度进行评估。产品经理在进行产品结果评估时，要实事求是，要基于产品质量（数据结果、商业结果）、产品成本（项目资源）、产品进度（项目周期）对产品结果进行客观评估，找到当前结果与预期结果的差异。比如，产品原本预计在9月上线，9月有行业的展会活动，正是产品功能所服务的业务场景，是非常好的推广时机。但因为中间的资源缺失，使得产品在10月才上线，错过了最佳推广时机，产品的数据结果与预期有较大差距。比如，产品定位为免实施，预计有40%的曝光量、50%的留存率，但在后期运营时，运营人员识别产品功能能很好地带来客户黏性，便主动进行了线上实施，使得产品的留存率达到了70%。

8.6.4 分析到位

在对产品结果进行客观分析后，产品经理应针对评估的结果分析产品获得成功的关键要素或失败的根本原因。产品经理在进行分析时要注意两个事项：一是，分析的目的是得出结论，但不要轻易下结论；二是，一定要分析到位、刨根问底，最终的分析结果一定要具体到人，毕竟事在人为。事在人为也是复盘的核心思想，即便有客观原因的存在，也应该基于客观原因及时调整策略或目标。

前面的案例介绍，产品原本预计在 9 月上线，9 月有行业的展会活动，正是产品功能所服务的业务场景，是非常好的推广时机，但因为中间的资源缺失，使得产品在 10 月才上线，错过了最佳推广时机，产品的数据结果与预期有较大差距。在这个案例描述中，好像产品的数据结果没有达到预期的原因是资源缺失，那么产品经理首先需要分析的是，在资源缺失的情况下，产品一定无法按时上线吗？如果只是从 9 个人减少到 8 个人，那么这里的资源缺失是可以通过调整需求范围或调整项目成员的休息时间来解决的。如果资源缺失是从 9 个人减少到 4 个人，那么需要问一下为什么资源缺失得那么严重？是没有招到人，还是被别的项目组占用了？在这种资源缺失的情况下，没有进行资源调拨吗？如果有进行资源调拨而领导层未同意，那么是因为该产品的优先级不高吗？如果产品的优先级不高，那么是因为产品价值不高吗？如果产品价值高，那么是因为没有给领导层传递清楚产品价值吗？最终的分析结果可能是人力资源的问题、项目管理的问题、产品价值的问题或价值传递的问题。

8.6.5 调整优化

基于分析的结果，产品经理应制定相应的策略，并分配给具体的人来执行。比如，针对产品目标设置不合理的问题，需要产品经理重新调整目标；针对人力资源不到位的问题，需要项目经理进行资源调拨；针对项目优先级的问题，需要产品经理向上传递产品价值。最终的策略要沉淀为可以复用的经验及知识，通过飞轮效应提升团队的作战实力。

针对调整优化，重在落地，相应的计划及行动一定要"细"，这里可以参考

SMART 原则。事在人为是复盘的核心思想，即正确的人通过正确的方式做正确的事。

8.7 产品迭代

一种新产品上线，从 0 到 1 是比较容易的阶段，上线之后都要经过摸索期、优化期、爬坡期、稳定期，SaaS 产品更是如此。产品上线是产品新的起点，SaaS 产品需要不断迭代提升 PMF、提升客户价值，从而获得客户成功。进行产品迭代时，产品经理首先要识别产品现状，然后基于产品现状识别产品存在的关键问题，最后基于关键问题制定相应的迭代策略。

8.7.1 识别产品现状

识别产品现状，主要是指基于正在使用的客户、弃用的客户、未曾使用的客户来综合分析当前产品的使用量、使用场景、使用频次、使用操作等。识别产品现状一般会涉及数据分析、真实使用案例、工单分析、线上访谈、线下调研几个步骤，以结构化数据分析为骨架，更重要的是以场景化分析为血肉，从而真正地识别产品的使用情况。

在识别产品现状时，产品经理要对数据及资料进行多方对比，并进行验证和调整，不断地迭代、收敛、验证调研结论。产品经理基于不同客户类型的分析和不同业务状态的分析，进行客户分层、问题分层、需求分层、价值分层，一方面要识别产品的正面信息，如使用频次高的客户、场景、案例，另一方面要识别产品的负面信息，如客户不知道、不想用、不会用。

8.7.2 识别关键问题

针对产品现状的负面信息，要识别导致负面信息的关键问题。识别关键问题是为了回答产品相关问题的构成因素，如"为什么不用""为什么要返回旧版本"等。产品经理可以通过客户调研识别关键问题的构成因素，并基于关键问题的构成因素给出对应的解决方案。关键问题一般比较明确，产品经理可以借用客服资源快速完成对几十家客户的调研，并快速得出有效结论。

针对关键问题，产品经理和运营人员可以给出可能的构成因素，并在客户调研时补充更多的构成因素。这也是一个假设验证的过程，可以检验产品经理和运营人员的预判能力。以"客户为什么不用"为例给出可能的构成因素，如图 8-1 所示。

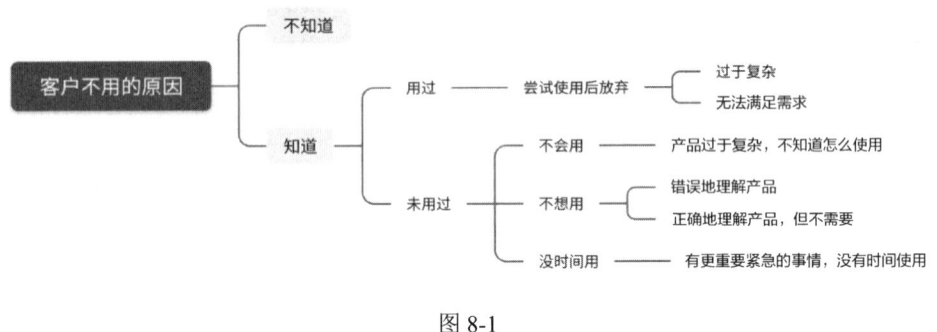

图 8-1

8.7.3 制定迭代策略

在制定迭代策略之前，首先要回顾产品目标，基于产品目标明确版本迭代的目标，然后拆解为对应的迭代策略。迭代策略包括两个方向，一是对产品正面信息进行"扬长"，如针对使用频次高的客户、场景、案例进行分析，对于已经被市场验证的价值点优化体验做深价值；二是对产品负面信息进行"避短"，如针对使用频次低的客户不使用的原因进行分析，逐一攻克。另外，在制定产品迭代策略时，要配合相应的运营策略、销售策略等，形成整体的解决方案，这样才能更快地实现业务目标。

第 9 章

SaaS 产品经理技能精进

通过本章，读者可以了解 SaaS 产品经理应具备的能力模型，包括软技能和硬技能。作为 SaaS 产品经理，只有不断精进各维度的技能，量变引起质变，才能实现跨越。学习本章内容后，希望读者能够更好地规划自己的职业生涯，拥有更美好的未来。

9.1 以结果为导向的能力模型

9.1.1 概述

"一位优秀的产品经理应该具备什么素质？应该具备什么能力模型？""不同阶段的产品经理之间有什么差异？""不同水平的产品经理能带来多大的差距？"无论是产品经理的协作方、公司的 CEO 或产品经理本身可能都有这样的疑问。想要成为一个拥有美好未来的产品经理，需要有一个明确的、可以进阶的职业发展路径。但是初级产品经理、中级产品经理、高级产品经理、产品总监、产品 VP（副总裁）等只是在进阶路上的职称而已，产品经理的发展路径不止一条。最关键的是要知道产品经理的价值在哪里，不同产品经理的差值在哪里。在职场发展中，我们需要向相关方传递自己的价值。

怎么衡量一位产品经理的价值？那就是看结果，没有结果，其他什么都不是。有人说 SaaS 产品的结果比较难衡量，从产品设计到客户使用，需要经过产品开发、产品发布、产品售卖、产品激活、产品实施、产品迭代这些环节，客户使用起来也需要比较长的周期，所以产品结果比较难衡量。在这里笔者提出否定意见，不以结果衡量，既不能实现有效激励，也不能实现优胜劣汰，那又何来卓越的团队？任何事情都可以以结果为导向，只是这个结果需要拆解和明确，并给出达成这些结果的能力模型。

SaaS 产品经理在自己的职业道路上，应审视结果、审视价值，并对产品经理这个岗位进行深度的洞察，形成核心竞争力，构建壁垒，制定可持续发展路径，探索符合个人能力模型的商业模式。

9.1.2 结果维度

基于 SaaS 产品经理的工作职责和产出，SaaS 产品经理的结果可以分为 3 个维度，分别是产品设计结果、产品数据结果、商业结果。这 3 个维度的结果要求 SaaS 产品经理把事情做对，同时要做对的事情。初阶产品经理，需要根据指示行事，侧重考核产品设计结果和产品数据结果；而高阶产品经理，需要把握产品方向，侧重考核商业结果。

产品设计结果是指高效、快速地将需求产品化。面对同样的问题或需求，优秀的产品经理能够提供更好的解决方案，需要更少的开发量，能让产品方案更快地上线。解决方案的优劣、开发量的多少、上线的快慢在很大程度上取决于产品设计结果。例如，用半年做出来的和用两个月做出来的同功能、同扩展性、同结果的产品化方案，后者的投资收益是前者的 3 倍，这些数据之间的差值就是产品经理之间的差值。这里更多强调的是"把事情做对"，即把事情分配给你，你可以以性价比最高的方式做出来、做好。

数据结果是指对于客户对产品的使用情况，需要产品经理更准确、更多、更系统地挖掘客户的场景，系统性地解决场景背后的问题，并使得上线之后的产品得到更多客户的认可和使用。同样是花了 2 个月优化了某模块，有的产品经理可以让模块使用人数增 2 倍，有的产品经理只可以让模块使用人数提升 20%，有的甚至使优化之后的模块使用人数下降了。这些数据之间的差值就是产品经理之间的差值。

商业结果一方面是指产品方案短期带来的收入，如 SaaS 产品的新签价值、续约价值；另一方面是产品方案长期带来的战略价值，如产品矩阵的构建、产品架构支撑大客户的扩展、产品方案支持新领域的布局等。例如，有的功能上线之后，在续约模型中贡献了 20%的续约系数，有的功能上线后既不会有人因此续约，也不会有人因此新签，更不会因此减少开发成本或减少断约。这些商业价值的直接差值即产品经理之间的差值。这里更多强调的是"做对的事情"，即基于业务，你知道要做什么以达成商业目标。

9.1.3 能力模型：产品设计结果

优秀的产品设计结果要求产品经理构建优质的产品方案、清晰地表达需求、做好价值传递、积极地沟通协作、识别风险并管控，并基于此高效、快速地将需求产品化。

产品设计能力：基于一个问题或需求构建优质的产品方案的能力。相同的问题有不同的解决方案，产品经理需要考虑：什么方案的性价比最高？什么方案最具有扩展性？什么方案最能系统地解决问题？产品经理应基于系统性思维、可扩展、高性价比来设计产品方案，以满足客户的诉求或解决问题。

需求表达：清晰地表达需求，让团队快速理解且理解一致，是提升开发效率的基础。产品经理应以合适的方式表达需求，如双向串讲、及时沟通等，让团队快速理解且理解一致。前期信息的一点点不对称，都可能在后期被无限放大。

价值传递：向团队（开发、设计等）传递产品价值，让大家从根本上认同产品，这样更容易高效地做出优质的产品。产品经理有责任打造一个"传教士"般的团队，如果只有产品经理自己关心产品的意义，那么大概率是做不好一个产品的。

项目沟通协作：良好的沟通能力，能让问题更高效地得到解决，减少时间的浪费。在产品开发过程中，遇到问题是特别正常的事情，与预期有一定的不符也是特别正常的事情。产品经理应快速地与相关人员进行沟通并解决问题，而不是撕扯，因为这样很影响效率。产品经理应控制情绪，基于事实与相关人员进行沟通，让团队站在客户的立场思考，尽快解决问题。如果项目流程中有什么不对，事后大家可以进行回溯。在项目实施过程中最重要的就是保持同理心，积极沟通，及时、快速地解决问题，让项目有序推进。这里可以运用 4F 法则进行沟通，即

Feeling（问感受）、Facts（问事实）、Finding（问发现）、Future（问未来）。

风险的识别和管控：产品经理应具备对风险的敏感性、把控力、及时处理的能力，能够快速、准确地识别产品上线后可能出现的风险或未来扩展时可能遇到的问题，并预先准备保底方案，让风险可控。有人可能认为这是项目经理应该做的事情，可最终对产品结果负责的是产品经理，所以产品经理应承担这份职责。

9.1.4 能力模型：产品数据结果

优秀的产品数据结果要求产品经理对客户进行深刻的洞察以识别真正的需求，并在产品上线后，通过价值传递，让客户感受到价值。

客户洞察：对客户问题或需求进行判断。这需要产品经理在对应领域有一定的积累，不断进行客户调研，不断假设验证，总结迭代，提升判断的准确性。

产品侧对客户的价值传递：产品设计中除了功能设计，还包括客户可感知价值的设计，产品侧应提升客户对价值的感知，并满足基本的易用性要求，使得客户能够感知产品价值并使用产品。如果产品方案设计得合理，那么产品侧对客户价值的传递而言就是一个"放大器"，起到杠杆作用，这是一件性价比非常高的事情。

运营侧对客户的价值传递：产品价值首先应该在公司内进行传递，激励运营侧运用运营手段向客户传递产品价值，产品经理可以和运营人员协作制定产品宣传方案，这需要跨部门协作的能力。因为产品经理对产品结果负责，所以调动公司一切可调动的资源也是产品经理的基本能力。产品经理将产品价值传递给相关协作方，让他们来帮他进一步在产品系统外将价值传递给客户。相关协作方的OKR和产品经理的OKR在某些方面应该是一致的、共振的。

9.1.5 能力模型：商业结果

优秀的商业结果要求产品经理对行业、业务进行深刻的商业洞察，把握方向，基于客户洞察、商业洞察、产品解决方案提供满足优质财务模型的销售方案和销售激励政策，配合销售人员一起将产品售卖出去。

商业洞察：包括局部框架内的商业洞察，混沌信息中的商业洞察，有序、可控、可迭代的商业探索。高级产品经理做到局部框架内的商业洞察即可，即公司给定战略和大方向，高级产品经理在大框架内尽量给出满足商业结果的方案。而产品总监、产品 VP 需要在开放的混沌信息中，基于商业洞察，为公司提供一定的方向，构建产品矩阵或进行未来战略布局，并进行有序的、可控的、可迭代的商业探索，探索出有门槛的、有核心竞争力的、满足优质财务模型、具有业务可扩展性的商业模型。

案例包装：优秀的案例包装是最直接的销售素材和市场推广素材。案例包装是产品经理的职责之一，为销售人员提供 6~8 个案例可以让产品在市场化的路上走得更顺。如果连产品经理都找不到合适的推广案例，那么销售人员又该如何推销产品呢？

销售方案和销售激励：基于客户洞察、商业洞察、产品解决方案提供满足优质财务模型的销售方案和销售激励政策。销售方案和激励政策对产品的市场成功具有很关键的作用。销售方案的制定需要结合产品经理对客户的洞察，哪些模块是刚需？哪些模块具有很高的价格弹性？哪些模块具有很低的价格弹性？客户的画像是怎么样的？不同的客户画像匹配什么样的销售方案？这些问题需要产品经理和销售人员一起回答，并制定满足优质财务模型的销售方案和销售激励政策。

9.2 跨团队沟通协作

9.2.1 概述

产品经理扮演的是一个杠杆性的角色，无法单兵作战。产品经理需要靠他的领导力撬动设计、开发、运营等部门的资源，一起为客户打磨出具有深度价值的产品，共同服务于客户成功。因此，跨团队沟通协作几乎是产品经理每天都要做的事情。在进行跨团队沟通协作时，遵循一些沟通原则可以有效地提升协作效率，获得更好的协作效果。

9.2.2　统一目标及思想

统一目标及思想是指在进行跨团队沟通协作时，在开展项目之前，首先需要统一项目目标，其次应该统一项目思想。项目目标要服务于公司整体目标，产品经理应基于公司整体目标阐明项目背景、明确项目目标。项目目标是大家的北极星，指引大家前进的方向。统一项目思想，是指每个项目都有指导思想，这个指导思想是大家遇到问题时的精神食粮。比如，针对创新性项目，"不设限"是指导思想，即不要拘泥于现有的产品边界做产品创新；针对复杂度较高的技术型项目，"不言败"是指导思想，即遇到问题要努力克服，不要轻易妥协。产品经理可以通过项目前期沟通会和项目说明文档，将项目目标和项目思想传递给跨团队的相关人员。

9.2.3　彼此信任

彼此信任是指跨团队成员之间应该互相信任。基于信任的原则，首先，彼此协作的跨团队成员之间的 OKR 应该是公开、透明的；其次，每个阶段，大家手上的工作应该是互通、透明的。虽然部门之间可能有界限，但项目之间没有界限，透明的机制能够在一定程度上打破部门墙。基于 OKR 的透明和手上工作的透明，跨团队协作成员之间也更容易互相理解。在此基础上，产品经理可以整理沟通地图，沟通地图涉及跨团队沟通的人员、部门、角色、主要工作职责、OKR、联系方式等。

9.2.4　有效沟通

有效沟通是指大家都站在客户成功的角度，基于 4F 法则进行沟通。还有一些沟通小技巧可以提升大家的沟通效率：针对沟通环境，要尽可能地消除干扰，基于沟通信息的隐秘性寻找合适的私密空间，基于沟通信息的复杂性和紧急性寻找合适的沟通时机；针对沟通信息，需要提前组织语言、叙述明确、集中在主题上，也可以用故事形式更生动地表达主题思想；针对沟通情绪，以平静的声音说话，尽可能地让听众放松，注意眼神交流，并留心倾听。

9.2.5 建立机制

针对高频且复杂的事项，可以建立特定事项的协作机制，提升彼此协作的效率及效果，协作机制一般包括资料和流程两部分，资料是信息的载体，流程是信息传递的通道。比如，产品经理需要对多个部门的同事培训产品内容，那么建立培训机制可以减少产品经理的培训次数，同时提升培训质量。产品培训机制的信息载体是产品培训材料，包括产品背景、解决的场景、产品价值、产品功能介绍等。产品培训机制的信息传递通道是培训流程，包括什么时候需要培训、什么时候撰写完培训材料、什么时候向相关人员预约培训时间、培训执行过程中是否需要录屏、培训过程中的遗留事项什么时候答复，以及培训资料在哪里沉淀等。

9.2.6 建立个人关系

在人情社会，与跨团队协作成员之间建立个人关系，会产生非常神奇的力量，会大幅提升沟通效率。在职场，一起吃午餐可以很好地增加对彼此的了解，共享一些必要的信息。对于需要密切配合的同事，让双方的工位离得近一些，也会很好地增加彼此的感情。对于异地同事，必要时出差、面对面沟通都可以提升沟通的温度。

9.3 项目管理

9.3.1 概述

项目管理的目的是在时间、资源、交付范围明确的情况下，保证项目结果的质量。研发侧的项目管理更关注从需求评审到版本发布的过程，而产品经理视角的项目管理需要端到端地管理一个项目从无到有，再到迭代的整个过程。

产品经理要把握的项目过程包括项目调研、项目立项、产品规划、需求撰写、需求评审、交互设计、产品开发、产品测试、产品灰度、产品上线、产品运营、产品复盘、产品迭代等，即一个项目"从客户中来，到客户中去"整个端到端的过程。对此有的人可能会持否定意见，认为如果什么都需要产品经理把握，那么他哪有时间做产品方案。首先，不得不说产品经理确实是比较劳碌的岗位，需要对结果负责，而这些过程直接影响结果，所以产品经理不得不去关注这些过程。其次，产品经理把握项目过程，不代表产品经理直接取代项目经理，可以把整个项目分为不同的阶段，每个阶段有对应的主项目经理，而产品经理可以作为副项目经理做好项目跟进、风险把控、问题解决等工作。

9.3.2 项目时间

在规划项目时间时，首先，不要理想化。项目过程中遇到的问题肯定比你想到的要多。其次，在每个项目阶段都留一些迭代时间。比如，交互设计需要评审，评审之后修改，修改之后再次评审，之后才会定稿。最后，时间留白。留白是一种艺术，在项目管理中，一定比例的留白时间可以用来应对突如其来的需求或问题，让项目更稳健地上线。

9.3.3 项目资源

项目资源是保证项目按时按质交付的基础。产品经理在管理项目资源时，一要确认资源范围，即多少个前端、多少个后端、多少个测试、多少个设计等，二要确定资源到位的时间，即这些资源在什么时候可以投入项目中，以及投入项目的比例是多少。当一家公司有多个项目同时进行时，经常会出现项目之间资源挤占的情况。比如，因 A 项目的延期导致 B 项目的前端资源没有到位。当出现资源到位不及时的情况时，首先，产品经理要将资源风险及时通报给相关方，尤其是领导层；其次，争取资源也是产品经理的职责之一，在顾全公司大局的情况下，尽力争取资源是对项目成员的负责；最后，在资源确实有限的情况下，产品经理应及时调整交付范围，以保证交付价值的闭环。当项目资源调整时，产品经理要重新计算项目的投入产出比，以保证大家对项目结果进行相对公允的评判。

9.3.4 交付范围

交付范围是指项目结果所包括的内容，在保证项目质量的情况下，在时间、资源、范围 3 个要素中，一般情况下，最先调整的是交付范围。交付范围需要对多个客户价值进行闭环，当项目时间或项目资源出现调整时，需要相应地调整交付范围。交付范围的调整可以从两个维度入手：一个是价值维度，一个是客群维度。基于价值维度，产品方案可以给客户提供多个价值闭环，每个产品价值之间是层层递进的关系，产品经理可以通过缩小产品价值范围来缩小交付范围。比如，飞书的文档模板是第一层产品价值，支持协作的文档模板是第二层产品价值，当资源有限时，产品经理可以仅交付第一层产品价值即文档模板。基于客群维度，产品方案可以面向多个客群提供产品价值，产品方案兼容的客群类型越多，交付复杂度就越高，因此产品经理可以通过缩小产品方案面向的客群来缩小交付范围。比如，面向小客户的 SOP 仅需要一个标准化流程，面向大客户的 SOP 则需要自定义能力，当资源有限时，产品经理可以先交付面向小客户的 SOP。

9.3.5　找对人

与靠谱的人进行合作，可以减少很多沟通成本和管理事项。靠谱的人一般会凡事有交代，件件有着落，事事有回音。因此，在项目成立之前，先将靠谱的人笼络到项目中是头等大事。敲定项目成员之后，再进行任务分配。在项目管理中，一定要将任务分配到人，并确定任务的前后依赖关系，这里可以应用项目管理中常用到的工作分解工具 WBS（Work Breakdown Structure），将项目工作按照一定的原则进行分解：先将项目分解成任务，再将任务分解成一项项工作，然后将一项项工作分解到具体的人。WBS 的每一层任务或工作应该满足 MECE 原则，即相互独立，完全穷尽。

9.3.6　跟对事

在项目管理过程中，人的精力总是有限的，尤其是产品经理。产品经理可以对事项进行分类管理，选择性跟进，只要跟对关键事项，即可把控整体的项目节奏。在项目管理中，产品经理可以按照项目管理的关键要素即项目资源、项目时间、交付范围对项目管理中的事项进行分类管理。在精力有限的情况下，产品经理只需要关注项目资源的人员到位、项目时间的关键节点、高优先级的需求，并在此过程中对影响交付质量的关键风险进行识别和应对。产品经理的风险识别及应对能力直接影响项目的成败,因为产品经理的大部分工作就是在识别问题和解决问题。关键事项中的关键风险不能依赖于他人把控,产品经理一定要亲自跟进。

9.4 团队管理

产品经理遇到的团队管理分为两种类型,一种是基于项目进行团队管理,一种是基于职能进行团队管理。无论是进行项目管理还是团队管理,其核心都是对人的管理,通过招人、用人、育人、留人形成团队合力,共同推动业务结果。

9.4.1 招人

对的人是一切事情的基础,基于错的人,做再好的培养、管理都事倍功半。基于此,管理者中一半以上的经理应该被用于招聘合适的人。针对缺失人才,如果市面上有具备相关经验的人,则需要对匹配的经验进行明确的定义,避免招到有错位经验的人。在这个场景下,即使招聘一个无经验的人,也好过招聘有错位经验的人。因为有错位经验的人还需要克服习惯性经验,而无经验的人只有学习的过程,没有克服的过程,所以无经验的人比有错位经验的人更好培养,这也是大公司更青睐应届生的原因之一。针对前沿领域或创新项目,有时市面上也没有合适的人才,这时一定要招聘沟通能力强、理解能力强、聪明的人,因为一般这种人的自驱力和自我管理能力很强,基于此可以衍生万物。

9.4.2 用人

将合适的任务分配给合适的人是用人的基础。任务事项可以分为两类:一类是重经验的,一类是重潜力的。对于比较成熟的业务,经验是很重要的,潜力并不能弥补经验的不足,经验是直接的价值。对于全新的业务,潜力比较重要,潜力所带来的价值会随业务发展而逐步提升。

将任务以恰当的方式分配给成员是输出结果的保障。产品经理可以根据成员的专业能力分配任务,并在分配任务时调整任务描述的开放程度。针对自己比较专业的事项，可以给予框架，然后让成员酌情发挥；针对自己不那么专业的事项，善用比自己更优秀的人，给成员足够的信任及发挥空间，可能会有超出预期的结果。但无论是哪种情况，一定要给出任务的目的，让成员基于目的发挥。

对结果公平考量才能更好地用人。当大家做同样的事情时，有对比才有好坏之分，如果没有对成员的结果对比，那么就要将成员的结果与自己的预期做对比。这个预期是没有参照物的，预期依赖于信息的对称性、管理者对信息的判断力、管理者对人的判断力、管理者给予的时间等多重因素影响，预期的合理性是对管理者综合能力的考验。这里注意避免因印象评价人，对人的第一印象、对这个人是否喜欢、这个人的整体素质等都会影响结果考量的客观性。

当结果不理想时，可以从意愿、能力、条件三要素来进行分析。成员是否有意愿做这件事情，是勉强接受被分配的任务，还是积极主动的态度？成员是否有足够的能力做这件事情，是否具备相应的技能？成员是否有足够的条件来做这件事情，给予的时间、资源是否充分？在成员能力匹配的情况下，尽可能让成员选择自己喜欢的工作，给予足够的支持或调整要求，这样才能保持长久的伙伴关系。

9.4.3 育人

育人，即培养人，是比较辛苦的事情。当大家是长期伙伴关系时，培养人是必要的；当大家可能不构成长期伙伴关系时，管理者一般没有培养人的意愿。在培养人的过程中要尊重能力的成长规律，不能急于求成。

具体而言，在培养人的过程中，可以分为我做你看、我做你帮忙、你做我帮忙、你做我看4个环节。这里的"我"不代表是管理者自己，可以是团队中在某方面比较优秀的成员。"我做你看"即展示案例，"我做你帮忙"即以"我"为主共同产出，"你做我帮忙"即以"你"为主共同产出，"你做我看"即对工作结果进行指导及评估。

另外，管理者应该给自己培养接班人，青出于蓝而胜于蓝是好事。"后其身而身先，外其身而身存"，先忘记自己的得失，反而会让自己更进一步。

9.4.4 留人

留人的核心是用待遇吸引人，用文化凝聚人，用价值激励人。

用待遇吸引人，是指将有限的资源分配给优秀的人。优胜劣汰，是避免劣币驱逐良币的基础。人分四类，分别是聪明且勤奋的人、聪明不勤奋的人、不聪明不勤奋的人、不聪明但勤奋的人。这里的"聪明"更多的是指"找对方向"。在工作中，有时最怕的就是找不对方向但勤奋的人，因为这类人有时不仅不会增加业务产出，还会制造麻烦，但在绩效考核时，还需要给予他一些"苦劳"，这会干扰团队的公平性，造成劣币驱逐良币的境况。产品经理扮演的是一个杠杆性的角色，不同等级产品经理的产出价值差异较大，其待遇差值也较大，如果企业奉行平均文化，则很难留下优秀的人。

用文化凝聚人，是指以亲和的文化氛围吸引和留住人才；尊重成员的意愿及意见，定期进行坦诚、透明的沟通，及时识别成员的情绪，减少流失风险；真心地关心团队成员，不是基于领导角色或管理者角色，而是基于平等地位，单纯地做一个阳光温暖的人，照耀他人。毕竟工作只是我们人生中的一部分，谁也不是为工作而生的。

用价值激励人，是指让大家一起做有意义、有价值的事情。越来越多的人开始探索人生使命，追求人生意义。做有价值的事情，可以让人获得成就感，让人生不那么空虚。

9.5 职业发展

9.5.1 概述

多数人在毕业之初，都致力于构建一个新的产业，成为某个领域的鼻祖，或者想要引领某个产业的发展。产品经理也是如此，想要靠创造出某款产品改变大家的生活，而 SaaS 产品经理更想通过自己的产品推动某个产业。更多的人是在工作了 N 年之后，仍然只是构建一些东西而已，甚至没有一件相对出名的作品，这里的作品不局限于软件产品。多数人在职业发展的过程中，首先没有清晰的职场阶段概念，其次是不知道如何跨越职场阶段。希望大家可以通过多方位的技能提升，跨越职场阶段，实现人生破局。

9.5.2 事业进阶的 5 个阶段

事业进阶可以分为 5 个阶段，大家可以参考每个阶段的关键资源或技能，进行深入的思考，找到自己当前所处的位置，思考要跨越的阶段，补充缺少的技能或资源。举例来讲，构建一件轰动的作品需要深刻的客户洞察及市场营销，具体来说就是，你不仅要理解客户的现有需求，还要挖掘客户的潜在需求，甚至要洞察客户自己都不知道的需求，一旦你构建出来满足这些需求的作品，就会占有先发优势。一个人想要构建一个产业是不可能独立完成的，一个产业意味着对上下游产业链的深入了解和影响，毫无疑问需要深厚的人脉关系，并与其他合作伙伴建立长期的战略合作关系。

第一阶段：构建一件作品，其关键资源或技能是"基本岗位技能及自我管理能力"。

第二阶段：构建一件轰动的作品，其关键资源或技能是"深刻的客户洞察及市场营销"。

第三阶段：构建一个组织，其关键资源或技能是"雇人、构建文化、制定战略、领导力"。

第四阶段：构建一家公司，其关键资源或技能是"跨职能领导力及公司创立"。

第五阶段：构建一个产业，其关键资源或技能是"长期战略及合作伙伴"。

9.5.3 关键技能

1. 岗位技能

SaaS 产品经理是非常综合的岗位，向前洞察行业，向后支持售后；既要掌握宏观趋势，又要描述文案字符串的位数；既要遵守一定的规范，又要有创造力；既要与技术人员同频沟通，又要与设计人员深入配合。因为 SaaS 产品经理主要服务于企业经营,其能力模型上还要求掌握企业管理、经济学、财务管理、市场营销等知识。除此之外,SaaS 产品经理还要掌握产品经理都应该具备的项目管理、统计学等知识。在高速新陈代谢的职场中,SaaS 产品经理必须不断更新迭代自己的知识库。知识的掌握是相对容易的,只要愿意花时间,执行到位,总是能够掌握的。必要的知识储备是 SaaS 产品经理在职场上获得发展的必要条件,没有远虑必有近忧。不同阶段的 SaaS 产品经理需要掌握的知识技能不同,可以列举出当前岗位的 5 个关键知识技能,识别哪些是自己比较擅长的,哪些是自己不擅长的,做有针对性的、有计划的、可衡量的提升,这里可以参考 SMART 原则。基于熟练的岗位技能,一位普通的 SaaS 产品经理可以逐渐成长为一位业务成熟的 SaaS 产品经理。

另外,横向知识的广度和纵向知识的深入都是必要的。横向的广度可以让人找到合适的方向,纵向的深入可以让人集中火力。什么样的人最有魅力?知识丰富的人。

2. 领导力

什么叫作领导力?不依托权力,可以让别人信服,让别人跟随能力就是领导力。如果因为所在的职位和拥有的权力才让下属听从、服从,则只是威慑。SaaS 产品经理是典型的需要领导力的岗位,多数情况下,项目团队里的人不是 SaaS 产品经理的下属,但 SaaS 产品经理要带着团队把产品做出来,如果没有领导力、团队成员不支持,那么这个产品估计要延期了。

3. 管理

文化管理、绩效管理、人员管理、项目管理等都属于管理的范畴,SaaS 产品经理应掌握与管理相关的知识和技能。

4. 战略

战略分 3 个层面,即产业层面、公司层面、团队层面,产品经理应基于自己的岗位,制定高出自己岗位一层的战略,保证战略方向大致正确。为什么是大致正确呢?首先,战略是随环境变化而调整的,至少是微调,否则就会僵化。其次,整体的战略大方向一般情况下是不会瞬变的，保证大方向正确，那么努力就不会白费，因为无论中间怎么调整，你还是一路向西。

5. 结果导向

衡量结果的方式有很多，如 KPI、OKR、平衡计分卡等，我们要选择适合自己的、适合团队的结果衡量方式。合理地衡量结果，有利于牵引工作方向、凝聚团队力量、激发团队潜能。

6. 文化

每家企业都有自己的文化，每家成功的企业使用的都不是同样的文化，不要听到华为就想参考"狼性"，提到谷歌又想照搬"人性"。有的企业文化强调培养员工，有的企业文化强调员工的成长应该由自己负责，这两种文化没有好坏之分，只看是否适合，至少让创业企业培养员工是比较难的。要选择适合自己的，适合团队的，与大环境匹配的文化。合适的文化可以有效地降低沟通成本、让组织效率更高，这是一个企业基业长青的基石。

7. 构建你的董事会

什么是董事会？董事会是一个可以给你很好的建议，帮助你做决策的团体。董事会应该在你的事业相对顺利时构建，因为在这时构建董事会相对容易，构建之后要随着环境的变迁更新董事会成员。

对于个人而言，董事会成员可以包括自两类人：同侪和良师。同侪是指职能、阶段、公司相似且可以互相支持的同龄人，如过去的同事。良师的概念大家都能意会，那哪些人适合做良师呢？一般人称不上良师，良师必须具有非凡的判断力、广泛的技能和社交网，值得信赖，坦诚，体贴。所以良师难求！那么，怎么找到良师？在可触及的关系中，寻找满足条件的、个性契合的人，强化你们之间弱关系，通过老师的"考核"，让你自己成为值得被信赖、值得培养、值得交往的人。这里补充一句，什么是人脉？人脉是基于对等能力的交友范围，只有自己的强大，才能带来强大的人脉。想拥有强大的人脉，要先让自己成为别人的资源。同理，想要找到好的良师，那么你也必须有能力成为良师的资源。

8. 灵魂 3 问

问题 1：你适合做创业者还是构建者？

创业者是创建一家企业的主发起人。构建者是构建一个产品或一件作品或一个组织的人。一个构建者如果想要成功，最好的策略是加入一家好的企业，然后努力和创始人一起把企业做大，跟随企业的成长一起成长并获得相应的收益。

问题 2：什么是你今生的事业？

什么事情让你兴奋，让你不会疲惫，可以激发你的每一个细胞？可以做个假设，假设你半夜起来做某件事情，你觉得会是什么事情呢？

问题 3：哪些人是你的董事会成员？

董事会成员是由良师和同侪构成的，你找到合适的人了吗？如果没有，哪些人是你潜在的董事会成员？如何去找到属于你的董事会成员？

9. 采取行动

确定你的特有优势，明确职场方向，清楚自己当前的位置及想到达到的阶段。制订具体的、可衡量的、相关的、有时限的计划，满足 SMART 原则。开始逐步构建属于自己的董事会。勇敢一点，开始行动。